Lebenslauf und Raumerfahrung

Biographie und Gesellschaft

Herausgegeben von
Werner Fuchs, Martin Kohli, Fritz Schütze

Band 9

Lothar Bertels
Ulfert Herlyn (Hrsg.)

Lebenslauf und Raumerfahrung

Leske + Budrich, Opladen 1990

CIP-Titelaufnahme der Deutschen Bibliothek
Lebenslauf und Raumerfahrung/Lothar Bertels; Ulfert Herlyn
(Hrsg.). — Opladen: Leske u. Budrich, 1990
(Biographie und Gesellschaft; Bd. 9)

ISBN: 3-8100-0741-2

NE: Bertels, Lothar [Hrsg.]; GT

Druck und Verarbeitung: Druckpartner Rübelmann GmbH, Hemsbach
Printed in Germany

ii

Einleitung

Lothar Bertels/Ulfert Herlyn

Die bis heute vorhandene Forschungslücke, die ansatzweise mit dieser Textsammlung geschlossen werden soll, wurde schon vor fast einem Vierteljahrhundert von A. Mitscherlich bezeichnet: „Wie weit das Cachet der Städte...
wie weit diese ganz eigentümliche Lebensluft bestimmend in die Biographie
der Bürger hineinwirkt, wissen wir keineswegs. Wahrscheinlich wirkt sie
sehr tief" (1965, S. 32 f.). Und er fährt fort: „Der Anthropologe kommt
aus der Verwunderung darüber nicht heraus, daß die merkantile Planung
unserer Städte offenbar nur für einen Alterstypus und da noch mangelhaft
genug geschieht, und zwar für den erwerbsfähigen Erwachsenen. Wie das
Kind zu einem solchen wird, scheint ein zu vernachlässigender Faktor" (S.
91 f.). Zwar ist immer wieder in stadt– und regionalsoziologischen Untersuchungen die Kategorie „Stellung im Lebenszyklus" als analytische Variable
verwandt worden, aber einen erkenntnisleitenden Stellenwert hat sie bis
heute dort nicht erreicht. Fast immer ist das Thema der sozialräumlichen
Verhaltensmuster in den verschiedenen Altersphasen der Kindheit, Jugend,
Erwachsenenzeit oder Alter nur getrennt analysiert worden, zu deren Über-
windung die Lebenslaufforschung u.a. angetreten ist (vgl. Kohli 1978).

Es ist evident, daß Menschen im Verlaufe ihres Lebens unterschiedliche
Grunderfahrungen mit dem Raum machen. Mit dem Übergang von einem
Status in den anderen ist in der Regel auch ein neuer Handlungsraum verbunden. Ein Kleinkind, das vom Kindergarten in die Schule wechselt, sucht
den neuen Ort in der Regel allein auf, ohne an die Hand genommen und
geführt zu werden. Es macht neue Bekanntschaften und besucht Klassenka-
meraden in einer anderen Straße mit bisher unbekannten Erlebnisräumen.
Menschen, die zusammenziehen, eine Familie gründen wollen, verändern
das soziale Beziehungsgeflecht und wechseln die Wohnung oder auch den
Ort. Mit fortschreitendem Lebensalter beobachten wir wieder einen Rückzug aus verschiedenen Räumlichkeiten. Behnken u.a. sagen daher zu Recht:
„Statuspassagen sind zugleich Raum–Passagen" (1988, S. 14).

In welchem Umfang neue Technologien die Raumerfahrungen verändern
werden, ist z.Z. noch nicht mit Sicherheit vorherzusagen. Wird es einen Verlust der sozialen Bedeutung des Raumes geben? Zunehmend mehr können
Informationsdienste und Dienstleistungen von zuhause abgerufen werden.
Der Ort, an dem sich die Gelegenheiten befinden, geht in seiner Bedeutung zurück. Demnach kann vermutet werden, daß die gewohnten Abläufe
für ihre Nutzung durchbrochen werden. Die Menschen können prinzipiell

Wege sparen oder zumindest die entsprechenden Einrichtungen zeitlich relativ flexibel nutzen, da viele standardisierte Geschäftsabläufe (wie Einkaufen, Kontakte mit Behörden und Banken) über die neuen Systeme relativ ortsunabhängig abgewickelt werden können. Vorerst ist vieles davon für die überwiegende Mehrheit der Bevölkerung noch Zukunftsmusik; bei der rasanten technischen Entwicklung, die wir z.Z. erleben, kann das ein oder andere jedoch schneller Wirklichkeit werden als wir noch heute glauben.

Die vorliegende Textsammlung versucht, die Bedeutung der räumlichen Verhältnisse, insbesondere der „ökologischen Übergänge" (Bronfenbrenner), für das Gelingen von Statuspassagen im Lebensverlauf darzustellen. Dabei wird hier die städtische Umwelt sowohl als Chance wie auch als Barriere für die Verwirklichung von Lebensplänen wie z.B. Wohnansprüchen verschiedener sozialer Gruppen in unterschiedlichen Lebensphasen diskutiert. Der vorgefundene, vorarrangierte Raum ist ja keinesfalls für alle Lebenssphären und schon gar nicht für alle Lebensweisen der „richtige" Raum. Nicht erst die Bürgerinitiativen im lokalen und überlokalen Raum haben dies Problem sichtbar gemacht. Der Vandalismus von Jugendlichen in den verschiedenen (vor)städtischen Gebieten ist auch Ausdruck dessen, daß der zugewiesene Raum für bestimmte Gruppen „unwirtlich" ist. Neben diesem eher ohnmächtigen, reaktiven Verhalten zur räumlichen Umwelt gibt es zunehmend die Möglichkeit für bestimmte Gruppen, sich den Raum aktiv anzueignen. Die Alternativbewegung und neue Konsumeliten sind Beispiele für Gruppen, die auch räumliche Veränderungsprozesse in unseren Städten einleiten können. Unsere am Konzept der Lebenslaufforschung orientierte Frage ist, wie sich das sozialräumliche Verhalten in einzelnen Phasen und Markierungspunkten des Lebenslaufs verändert und unter welchen Bedingungen dies geschieht. Die Anforderungen an den Raum wandeln sich erheblich mit lebenszyklischen Veränderungen oder Krisen und mit ihnen auch die Fähigkeiten der Raumbewältigung.

Eine besondere Problematik ist dabei in der konträren Entwicklung der gesellschaftlichen Prozesse von Institutionalisierung und Individualisierung der Lebensläufe zu sehen. Einerseits führt die „Zeit" Regime für die Phasierung sozialräumlicher Abläufe, andererseits – und dazu konträr – wird die Phaseneinteilung im Zuge von Individualisierungskonzepten aufgehoben, durch eine Pluralisierung von Lebensstilen überlagert. Es ist nicht nur das akzeptierte Vorrecht der Jugend, eigenwillig neue Lebensstile für sich zu reklamieren, denn die biografische und gruppenspezifische Sonderung hat auch im Zuge der Alternativbewegung, der Frauenbewegung wie auch der Herausbildung neuer (städtisch orientierter) Konsumeliten wie zum Beispiel „Yuppies" oder „Dinks" weitere Altersgruppen erfassen können. Die Wahlmöglichkeiten und damit zugleich ein neuer Entscheidungsdruck bzw.

2

–zwang des einzelnen nehmen in den verschiedenen Lebensbereichen (Ausbildung, Wahl von Lebenspartnern, generatives Verhalten, Wohnbereich etc.) zu, während sich althergebrachte normative Vorgaben verflüchtigen. So ist z.b. der Wechsel von Wohnungen zunehmend Ergebnis individueller Entscheidungen und nicht mehr so sehr kollektiv vorprogrammierter traditioneller Mobilitätsmuster.

Die in diesem Band versammelten Beiträge decken – mit Ausnahme des ersten – nur einen Teil der im Zusammenhang mit dem Thema 'Lebenslauf und Raumerfahrung' aufgeworfenen Fragestellungen ab. Die Originalbeiträge gründen sich alle – und das war ein entscheidendes Kriterium für die Aufnahme in diesen Band – auf z.t. sehr umfangreiche empirische Forschungserfahrungen in dem jeweiligen thematischen Bereich. Sie können als Mosaiksteine für eine alters– und familienphasenspezifische Auseinandersetzung mit der räumlichen Umwelt der Stadt gelten, gewissermaßen als eine erste Annäherung zwischen der 'Soziologie des Lebenslaufs' und der 'Soziologie der Stadt'. Sie erreichen jedoch zusammen noch nicht den Standard einer diachronen Analyse einer bestimmten Fragestellung durch alle Lebensphasen. Auch fehlen heute noch (und daher auch in dieser Textsammlung mit der partiellen Ausnahme des Beitrags „Initiativenarbeit im Lebenslauf von Frauen einer Neubausiedlung") biographieanalytische Arbeiten, die systematisch von den internen Dynamiken von Lebensgeschichten ausgegangen wären.

In dem konzeptionell angelegten, ersten Beitrag unternimmt *Ulfert Herlyn* den Versuch, eine theoretische Standortbestimmung des Zusammenhangs von Lebenslauf und Raumerfahrung vorzunehmen und dabei die Frage der Aneignung von Räumen im Verlaufe des menschlichen Lebens aus der Perspektive einer lebenslauforientierten Forschung zu entfalten. Mit diesem programmatisch ausgerichteten Aufsatz werden Grundprobleme thematisiert, die aus verschiedenen Blickwinkeln in den folgenden Arbeiten wieder aufgenommen werden.

Die weiteren Beiträge lassen sich in drei Gruppen zusammenfassen. In den ersten Arbeiten geht es um eine *gruppenspezifische Betrachtung*. Neben den besonders raumempfindlichen sozialen Gruppen der Kinder und alten Menschen wird eine Randgruppe, die Nichtseßhaften diskutiert und zwar deshalb, weil der allgemein vorherrschende Denkansatz immer von einem dauerhaften Wohnort ausgeht und sich aus der Perspektive jener, die keinen festen Wohnort haben wollen oder können, eine völlig andere Raumerfahrung ergibt. Schließlich wird die Rolle des Hausbesitzes bei dauerarbeitslos gewordenen Arbeitern diskutiert.

Helga Zeiher befaßt sich mit der Frage: „Organisation des Lebensraums bei Großstadtkindern – Einheitlichkeit oder Verinselung?". Offenbar leben unsere Kinder in einer gespaltenen, doppelten Welt. Wie lassen sich räumliche Spezialisierungen und Entmischungen in der individuellen Lebensraumorganisation wiederfinden? Immerhin scheinen bestimmte Muster der individuellen Organisation von Lebensräumen bei Kindern zu existieren. Wie diese aussehen und welche Formen der sozialen Integration damit verbunden sind, wird am Beispiel von ausgewählten Wohnquartieren Berlins (West) dargestellt.

Vor dem Hintergrund räumlich-sozialer Aussonderungsprozesse in Städten geht *Laszlo A. Vaskovics* der Frage nach, welche soziale Bedeutung dies für die alten Menschen hat. Ist die räumliche Konzentration alter Menschen das Resultat eines Verdrängungsprozesses durch die „sozial Starken", leben sie aufgrund ihrer Stellung im Lebenszyklus in ganz bestimmten Standorten mit altersgemäßer Infrastrukturversorgung, oder sind sie als „Restgröße" – nach der Abwanderung der jungen Bewohner – dort geblieben? Welche Bedeutung kommt der schichtenspezifischen Segregation oder der familienzyklischen Migration in dieser Frage zu?

„Vom Leben auf der Straße" heißt der Beitrag von *Arno Giesbrecht*, in dem er den Weg und das Dasein in extremer Armut am Beispiel von Nichtseßhaften in Hagen beschreibt. Gibt es bestimmte Karrieremuster, die die dünne Haut der Normalität und das administrativ geknüpfte Netz sozialer Sicherung reißen lassen? Wie sind die Raumerfahrungen dieser Gruppe, wie regeln sie ihre Übernachtungen, wie den Tagesablauf mit dem Bemühen, sich ihre materielle Existenz in der Stadt zu sichern?

In ihrem Beitrag „Lebenszyklus, Arbeitslosigkeit und Hauseigentum" gehen *Hartmut Häußermann* und *Werner Petrowsky* der Bedeutung eines offensichtlich zentralen Ziels bundesdeutschen Strebens nach: Leben im Eigenheim. Wie kommt diese Eigentumsbildung nach alters- und schichtenspezifischen Merkmalen zustande und welche Bedeutung hat der Hausbesitz als strukturierendes Element in der Lebenslaufplanung und bei Arbeitslosigkeit?

Eine zweite Gruppe von Beiträgen thematisiert verschiedene *Formen der räumlichen Mobilität*, die begleitend zu Status-Passagen im Lebenslauf auftreten. Räumliche Mobilität ist als das Scharnier zu werten, mit dem zwischen Angebot und Nachfrage auf dem Arbeitsmarkt und auf dem Wohnungsmarkt ein gesellschaftlich befriedigender Ausgleich erreicht werden kann. Sie sind daher von weitreichender Bedeutung und müssen in verschiedenen Facetten beleuchtet werden.

Michael Wagner geht in seinem Aufsatz „Regionale Herkunft und Lebensverlauf" der Frage nach, in welchem Maße der Geburtsort die Berufsverläufe und die familiäre Entwicklung beeinflußt. Dabei stützt er sich auf eine Repräsentativerhebung des Projekts „Lebensverläufe und Wohlfahrtsentwicklung", in der 2.171 Personen der Geburtsjahrgänge 1929–1931, 1939–1941 und 1949–1951 retrospektiv befragt wurden.

Mit dem Thema „Wohnungsmarkt und Lebenszyklus" greift *Detlev Ipsen* auf empirische Untersuchungen zu Wohnungsteilmärkten und Filteringsprozessen (Anfang der 80er Jahre in Mannheim) zurück. Die Individualisierung – so seine These – verknüpft die Lebensphasen mit neuen Raumansprüchen, und diese Verbindung vollzieht sich über das Verlangen des Individuums nach räumlicher Abgrenzung und Distanzierung. Diese Problemstellung diskutiert der Autor vor dem Hintergrund schichten– und klassenspezifischer Aspekte und der Stadtentwicklung.

Ausgehend vom Konzept der Aktionsraumforschung beschreibt *Jürgen Friedrichs* die „Aktionsräume von Stadtbewohnern verschiedener Lebensphasen" und stellt anhand von vier typischen Gruppen (junge Menschen, Erwerbstätige, Hausfrauen, Rentner) das unterschiedliche raumbezogene Verhalten dieser Bewohner und die Bedingungsfaktoren dar.

In der dritten Gruppe von Beiträgen werden spezifische *Muster der Raumbewältigung* am Beispiel von Großsiedlungen der 60er/70er Jahre erörtert. Durch eine weitverbreitete erzwungene Mobilität in die Neubausiedlungen werden Chancen und Grenzen der Aneignung besonders deutlich.

In „Die Neubausiedlung als Station in der Wohnkarriere" thematisiert *Ulfert Herlyn* die ökonomischen und psychosozialen Probleme von Wohnungswechslern, indem er die Verbindung von Status– und Raumpassagen am Beispiel von Großsiedlungen der 60er und 70er Jahre diskutiert. Welche Tendenzen ergeben sich im Zuge sozialer Umschichtungsprozesse für den Stadtteil und seine Bewohner? Sind diese als sozial–räumliche Stabilisierungselemente zu begreifen?

Am Beispiel von „Initiativenarbeit im Lebenslauf von (alleinerziehenden) Frauen einer Neubausiedlung" in Dortmund diskutiert *Lothar Bertels*, welche Bedeutung die Trennung vom Partner für das Leben der Frauen im Stadtteil hat. Gestützt auf Interviewaussagen wird vermutet, daß der sozial–räumlichen Umwelt in dieser Lebensphase eine ungewöhnliche Bedeutung zukommt. Es wird diskutiert, ob das Engagement in einer Stadtteilinitiative einen Beitrag zur Restabilisierung oder Umorientierung im Lebenslauf leistet.

Literaturverzeichnis

BEHNKEN, I., M. DU BOIS–REYMOND und J. ZINNECKER 1988: Raumerfahrung in der Biographie. Das Beispiel Kindheit und Jugend, (Studienbrief der FernUniversität Hagen)

KOHLI, M. (Hg.) 1978: Soziologie des Lebenslaufs, Darmstadt/Neuwied

MITSCHERLICH, A. 1965: Die Unwirtlichkeit unserer Städte, Frankfurt

Zur Aneignung von Raum im Lebensverlauf*

Ulfert Herlyn

1. Zur Vernachlässigung der räumlichen Dimension in der Soziologie des Lebenslaufes

Es mag verwundern, daß die Analyse von Raumerfahrungen im Zusammenhang mit einer „Soziologie des Lebenslaufs" bis heute unterentwickelt geblieben ist, obgleich die Soziologie des Lebenslaufs sich in den letzten Jahren rasant entwickelt hat. Vor einem Vierteljahrhundert hat der Soziologe und Planer GANS herausgearbeitet, daß städtische Lebensformen „nicht Funktionen von ökologischen Eigenschaften der Siedlung, sondern von Gesellschaftsschicht und Lebenszyklus–Phase sind" (1974, S. 84). War die schicht– und klassenspezifische soziale Ungleichheit auch immer ein dominantes Thema stadtsoziologischer Forschung, so steckt die – im wörtlichen Sinne – Verortung von Lebensläufen noch heute in den Kinderschuhen.

Daß „das Wohnverhalten in den zahlreichen neueren Beiträgen zu einer sozialwissenschaftlichen Theorie des Lebenslaufs nicht thematisiert wird" (MATTHES 1978, S. 154), trifft auch heute noch weitgehend zu (vgl. z.B. HOERNING und FUCHS 1988). Wenn „der Zugang zu Lebenschancen oder die Hindernisse im Zugang zu Lebenschancen" als eine Hauptkomponente für die Entwicklung des Lebenslaufs angenommen wird (CLAUSEN 1976, S. 207), dann müssen auch die räumlichen Strukturen daraufhin geprüft werden, für wen und auf welche Weise ihnen eine Lebenslaufrelevanz zukommt. Daß der Lebenslauf raumvermittelt ist, liegt nahe. „Es gehört zu den selbstverständlichen Grunderfahrungen des Lebens, über die wir uns oftmals weiter keine Gedanken machen, daß die einzelnen Schritte unseres Lebenslaufs mit räumlicher Bewegung und Ortswechsel verknüpft sind" (BEHNKEN/DU BOIS–REYMOND/ZINNECKER 1988, S. 5).

Die Frage nach Begründungen für die Vernachlässigung der räumlichen Dimension in lebenslaufsoziologischen Untersuchungen und Konzeptualisierungen führt uns zu ganz verschiedenen Überlegungen.

– Am weitreichendsten wäre die These, daß die traditionsreiche „Ausblendung des Raumes aus der soziologischen Theorie" (KONAU 1977, S. 6) immer noch Nachwirkungen für Theoriebildungsversuche bis zum heutigen Tage hat. In diesem Zusammenhang wird unter anderem auf PARSONS verwiesen,

---

*Ich danke Lothar Bertels für die kritische Durchsicht des Manuskripts sowie ergänzende Bemerkungen.

der den Raumbezug sozialen Handelns vernachlässigte: „while the phenomena of action are inherently temporal... they are not in the same sense spatial" (PARSONS 1967, zit. bei KONAU 1977, S. 45). In seiner leider zu wenig beachteten Schrift rechnet Hans Linde mit der soziologischen Theorie ab, die Sachen („alle Gegenstände, die Produkte menschlicher Absicht und Arbeit sind", S. 11) außerhalb ihrer Erklärungsansätze beläßt und als Kategorie der soziologischen Analyse von Vergesellschaftungsprozessen außer acht läßt. „Jede allgemeine Soziologietheorie, die in ihrer kategorialen Struktur von einem (a) Grundphänomen menschlicher Vergesellschaftung von (b) höchster Variabilität und effektiver Dynamik, wie wir es im Sachbezug sehen, abstrahiert, ... deklassiert sich von vornherein zur irrelevanten Abstraktion" (1972, S. 79). Sicherlich ist die gebaute Umwelt nur ein gewisser Ausschnitt aus der Gesamtheit von 'Sachen', aber – wie ich meine – ein letztlich sehr relevanter Teilbereich. Bis auf wenige Ausnahmen (WEBER, SIMMEL, TÖNNIES, SOMBART) blieben Fragen des räumlichen Bezugs in der Regel außerhalb sozialwissenschaftlicher Theoreme verschiedener Provenienz, eine Hypothek, die heute in vielen Forschungsfeldern noch wirksam zu sein scheint.

– Was die Lebenslaufforschung als Teil soziologischer Theorie und Empirie anbetrifft, so scheinen die fraglos im Zentrum lebensgeschichtlicher Rekonstruktionen stehenden familialen und beruflichen Ereignisse und Entwicklungen die verschiedenen lokalen bzw. regionalen sozial–kulturellen Milieudifferenzierungen zu überdecken. In deutlichem Kontrast zu dieser Vernachlässigung steht die Tatsache, daß die Ortsangaben von Geburt, einzelnen Lebensphasen und schließlich vom Tod ein fester Bestandteil alltäglicher Lebenslaufdarstellungen sind. Doch nicht nur der jeweilige Ort bzw. die jeweilige Stadt ist ein wichtiges Element der Darstellung des Lebensweges, sondern zu den privaten Erzählorientierungen gehört vor allem auch die Wohnung: „Lebensgeschichte stellte sich als Geschichte verschiedener Wohnungen dar" (LEHMANN 1983, S. 180). Die verschiedenen, für einzelne Biographien hochbedeutsamen lokalen Milieudifferenzierungen scheinen sich einer auf Generalisierung angelegten Lebenslaufforschung zu sperren; diese Erscheinung hat eine bedeutende Parallele in der traditionellen sozialen Ungleichheitsforschung, die milieuübergreifend gesellschaftliche Großgruppen wie Schichten und Klassen zur Beschreibung von sozialer Ungleichheit herangezogen hat (vgl. HRADIL 1987). Wenn KÖNIG kritisch zur Ausklammerung des Raumbezugs anmerkt, daß Gesellschaften „gewissermaßen in der Luft schweben, ohne die Erdoberfläche zu berühren" (1972, zit. bei KONAU 1977, S. 4), dann erfährt man in der Regel auch kaum etwas von räumlichen Bezügen in der soziologischen Analyse von Lebensläufen, die praktisch ohne Boden unter den Füßen in der Luft zu hängen scheinen.

– Schließlich stellt sich die Aufgabe der Bewältigung räumlicher Tatsachen ungleich viel elementarer bei den demographischen Randgruppen der jungen und alten Menschen, die in der Regel geringere Möglichkeiten haben, räumlichen Mißständen ausweichen zu können. Da Soziologie und insbesondere empirische Sozialforschung vor allem von Erwachsenen in jüngerem und mittlerem Alter betrieben wurde und wird, liegt möglicherweise auch eine altersspezifisch verzerrte Problemwahrnehmung zuungunsten der vor allem für demographische Randgruppen relevanten Raumbezogenheit vor.

– Hinzu kommt von der Seite der Stadt– bzw. Regionalsoziologie, daß die lebenszeitliche Dimension von einer überwiegend quantitativ orientierten empirischen Sozialforschung weitgehend unbeachtet geblieben ist, was mit der auf stadtsoziologische Arbeiten gemünzten Formel „time ist left out" (GALLAHER) treffend charakterisiert wurde.

Im folgenden soll nun die Art und Weise des Zusammenhanges zwischen Lebensverläufen einerseits und räumlichen Gegebenheiten und ihren Erfahrungen andererseits erörtert werden. Bevor mögliche Formen der Verschränkung aufgezeigt werden können, wird die Kategorie der Raumerfahrung soziologisch erläutert.

2. Zur sozialen Dimension des Raumes

Sozialwissenschaftliche Erörterungen des Raumproblems beginnen in der Regel mit der Feststellung, daß nicht der physikalische Raum in seiner objektiven Realität gemeint ist, sondern „immer der im Erleben und Handeln erschlossene Raum" (KRUSE und GRAUMANN 1978, S. 177; vgl. auch HAMM 1982, S. 24 ff.). Schon 1931 formulierte VON DÜRCKHEIM in seinen Untersuchungen zum gelebten Raum: „Zwischen dem lebendigen Selbst und seinem Raum besteht ein konkretes Sinnverhältnis; denn das lebendige Selbst und der gelebte Raum stehen zueinander im Verhältnis der Verwirklichung" (V. DÜRCKHEIM 1931, S. 473). So bedarf es z.B. einer spezifischen Wahrnehmungs– und Interpretationsleistung, um Ausschnitte aus der uns umgebenden Natur als Landschaft zu konstituieren. Um sie als eine spezifische, unverwechselbare Gestalt erfahren zu können, waren historische Voraussetzungen notwendig, die sowohl im gesellschaftlichen Wandel als auch im Wandel individueller Erlebnischancen zu suchen sind (vgl. GRÖNING und HERLYN, (Hg.) 1989). Was nun die gebaute Umwelt der Siedlungen, insbesondere der Städte anbelangt, so interessiert nicht ihre Physiognomie als solche, sondern das Verhältnis der Menschen zu ihr, z.B. in Form von Identifikationsprozessen, über die Anhänglichkeiten vermittelt werden und damit die Integration der Bewohner vorangetrieben wird. (vgl. WALTER 1981; BERTELS 1987).

So einig man sich darin ist, daß es immer bei sozialwissenschaftlichen Annäherungen um diesen subjektiv definierten, benutzten bzw. interpretierten Lebensraum geht, so verschiedenartig sind die Ansätze, die die Vermittlung von Raum und Person, von organisierter materieller Umwelt und sozialem Verhalten thematisieren. Abweichend von Ansätzen der ökologischen Psychologie bzw. dem verbreiteten Territorialitätskonzept in der Ethnologie (vgl. die Literatur bei KRUSE 1974) und zusätzlich zu sozialgeographischen (vgl. WERLEN 1988), sozialökologischen bzw. materialistischen Forschungsansätzen (vgl. ALBRECHT 1982), soll hier von der Position der Philosophischen Anthropologie ausgegangen werden, daß der Mensch von seiner Natur aus auf keine bestimmte artspezifische Umwelt festgelegt ist (vgl. bes. GEHLEN 1966). Es gibt beim Menschen nicht die für die Tierwelt insgesamt typische, jedoch nach Tiergattung spezifische Abstimmung von „Umwelt und Innenwelt" (UEXKÜLL). Die menschliche Umwelt zeigt einerseits eine große Verschiedenartigkeit und eine konkrete materielle Umwelt erlaubt andererseits in der Regel eine große Variationsbreite des menschlichen Verhaltens. Wie der Selbstfestlegungsprozeß und der Umweltgestaltungsprozeß immer kultur- und gesellschaftsspezifisch ausgeprägt sind, so ist auch das Verhalten in - bzw. gegenüber - der gebauten Umwelt von kultur- und gesellschaftsspezifischen Werten und Normen abhängig. Bei dem Verhältnis der Individuen zur räumlichen Umwelt ist (a) der Raum als Handlungsort von (b) dem Raum als Orientierungsort zu unterscheiden (vgl. dazu HERLYN und HERLYN 1983, S. 32 ff.; außerdem KRUSE 1974).

ad a) „Raum als die Möglichkeit des Beisammenseins" (SIMMEL) verstanden, deutet auf die Möglichkeit der Beeinflussung des 'Beisammenseins' durch die materielle Organisation und Größe des Raumes hin. Interaktions- und Kommunikationschancen können durch „passive Kontakte" (FESTINGER) entstehen, indem durch räumliche Arrangements Begegnungen zwischen den Bewohnern einer Wohnung, eines Hauses oder Wohnquartiers so gelenkt oder kanalisiert werden, daß sie entweder begünstigt oder behindert werden. Es gibt also soziale Beziehungen, die nur deshalb aufgenommen werden können, weil die räumlichen Arrangements sie ermöglichen. Aber räumliche Nähe und die bauliche, in bestimmter Weise angeordnete Umwelt können Kommunikationschancen höchstens eröffnen und vermehren; zu dem endgültigen Zustandekommen dauerhafter Sozialbeziehungen ist es jedoch immer notwendig, daß soziokulturelle Umweltbedingungen, wie z.B. eine Alters- oder Statushomogenität, hinzutreten.

ad b) Aufgrund der sozialen Definition kann die gebaute Umwelt dann selbst zum *Symbol* der sozialen Ordnung werden und insofern eine Orientierungsfunktion für das soziale Verhalten haben, was uns besonders deutlich wird am Beispiel eindeutig definierter Räume, wie z.B. Kirche oder Spielplatz.

Die Architektur kann als „präsentative Symbolbildung" (LORENZER 1969) die symbolische Transformation von Erfahrungen im vorbegrifflichen Raum vermitteln. Wenn, nach Maßgabe des hier vertretenen interaktionistischen Ansatzes, „die Bedeutung ... des Dinges ... (nicht) als Ausfluß seiner inneren Beschaffenheit (zu verstehen ist, sondern) vielmehr aus den Interaktionsprozessen zwischen verschiedenen Personen hervorgeht" also „soziale Produkte" sind (Blumer 1973, S. 83), dann können also erst soziale Beziehungen mit spezifischen, im Sozialisationsprozeß erworbenen Wertvorstellungen und Normierungen der baulich–räumlichen Umwelt spezifische Bedeutung verleihen. „Wenn Menschen einander immer wieder an dem gleichen Ort begegnen und sich dort unterhalten, gemeinsam arbeiten oder was auch immer, so wird dieser Ort (ein Lokal, ein Platz in der Stadt) in der Vorstellung derjenigen, die dort zusammenkommen, schließlich unlöslich mit ihrer eigenen Gruppe verbunden, daß er einfach dazugehört... Schließlich stehen diese Symbole ganz für sich genommen, für die sozialen Beziehungen" (LENZ–ROMEISS 1970, S. 42; vgl. auch HALBWACHS 1967). Darum auch können Eingriffe in die materielle Umwelt, wie z.b. radikale Veränderungen in Bauformen und Straßenbildern, auch zum Verlust von Umwelt führen, weil die gängigen Interpretationsschemata und Verhaltensmuster auf diese veränderte 'Umwelt' nicht mehr übertragen werden, sie nicht mehr 'aufschließen' können.

Diese Überlegungen münden in die Auffassung von einer als Einheit zu begreifenden sozial–räumlichen Umwelt des Menschen. „Räumliche und soziale Umwelt sind nur unter einem begrenzten analytischen Aspekt zweierlei ... Eine konkrete Umwelt ... besteht immer auch aus räumlichen Elementen mit sozialer Bedeutung und sozialen Elementen, die sich auch räumlich strukturieren" (BAHRDT 1974, S. 20). Für die Interpretation sozial–räumlicher Strukturen bedeutet das, daß die Analyse der Verhaltensrelevanz spezifischer Wohn– und Stadtstrukturen im Zusammenhang mit der je gegebenen sozialen Umwelt vorzunehmen ist, also unter Einbeziehung der spezifischen Werte, Normen, Verhaltensgewohnheiten und Interpretationsmuster der Beteiligten. Deshalb muß z.b. davon ausgegangen werden, daß nicht objektive Dichte von Personen in einem gegebenen Gebiet allein zu Streßwirkungen führt, sondern daß zumindest einige soziale und personale Faktoren (z.B. lebensgeschichtliche Hintergründe) hinzutreten müssen, wenn die Dichte subjektiv als Enge erlebt wird. Allerdings erfordert die Dichte von vornherein mehr Disziplin, mehr Regelungen und Organisation, also auch mehr Kontrolle.

Die beiden Aspekte des Verhältnisses zum erlebten Raum können zusammengeführt werden mit dem Begriff der *Aneignung*. Könnte der häufig in diesem Zusammenhang verwandte Begriff der Wahrnehmung noch ein eher passives Verständnis von Raumrezeption nahelegen, so zielt der Begriff der Aneignung auf den aktiven und selbstbestimmten Umgang mit räumlichen Gegenständen (OBERMEIER 1980). Aneignung des Raumes heißt „sich den physikalischen (aber auch: sozialen, geistigen) Raum handelnd so erschließen, daß Orientierung, also Handlungsentwurf und -realisation, in ihm möglich ist, wobei die Erschlossenheit des Raumes oder einzelner seiner Bereiche oder Merkmale als Horizont individuellen Lernens historisch kumuliert und gesellschaftlich vermittelt ist" (KRUSE und GRAUMANN 1978, S. 187). Die Chance für das Gelingen solcher Aneignungsprozesse ist zum einen abhängig von personalen Fähigkeiten der Bewegung sowie der Verfügung über einen Symbolvorrat und zum anderen von der spezifischen Unverwechselbarkeit der räumlichen Umwelt einschließlich ihrer konstitutiven Bedingungen (wie Rechtstitel, Zugänglichkeit u.ä.) selbst. Entgegen psychologisierenden Interpretationen ist es notwendig, mit CHOMBART DE LAUWE die gesellschaftliche Dimension herauszustellen: „Die Aneignung des Raumes ist kein individueller und isolierter Akt. Sie ist vielmehr gesellschaftlicher Natur, da die Objekte und ihre Verteilung im Raum als Träger von Botschaften und Bedeutungen fungieren. Derart ist die Aneignung des Raumes ein Kommunikationsprozeß" (1977, S. 6).

Das führt mich nun zu zwei wichtigen, nicht immer genügend berücksichtigten Problemen: den gesellschaftlichen Barrieren von Aneignungsprozessen (1) und der unterschiedlichen Aneignungsfähigkeit von Individuen und Gruppen (2).

ad 1) Die baulich-räumlichen Verhältnisse müssen immer schon als Ausdruck geschichtlicher und heutiger Sozialstrukturen begriffen werden; d.h. bei der Raumverteilung in Quantität und Qualität handelt es sich im Grundsatz um einzelne Individuen übergreifende, durch gesellschaftliche Interessen gesteuerte Prozesse. Die Funktionalisierung des Raumes für Kapitalverwertungsinteressen begegnet uns angefangen von der Industrieansiedlung über die verkehrsmäßige Erschließung von lokal bedeutsamen Ressourcen, betrieblich orientierten Infrastrukturen bis hin zu ökonomisch begründeten Quartiersgrößen und Wohnungsgrundrissen; erst nachrangig dazu werden in der Regel die Interessen der Bewohner berücksichtigt. Grob gesagt rangieren in der Regel bei der Verteilung, der Vergabe und Organisation des Raumes Produktionsinteressen vor den Reproduktionsanforderungen der Bevölkerung. Das ist ablesbar sowohl an der funktionalen Standortverteilung von Industrie, Gewerbe, Wohnen und Kultur/Bildung wie auch an den segregierten Wohnstandorten für verschiedene soziale Schichtungs- und Altersgruppen in der modernen Stadt. Die sozio-ökonomischen Rahmenbedingungen einschließlich der rechtlichen Institution des Eigentums definieren „Schranken der Aneignung des Raumes" (CHOMBART DE LAUWE 1977, S. 2), die allzuoft in eher psychologisch orientierten Ansätzen zu gering geschätzt werden. Die Verfügungschance über die einzelne Wohnung bzw. das Haus als klassische Orte der Raumaneignung wird z.b. entscheidend geprägt durch das jeweilige Rechtsverhältnis. Eigentum an Grund und Boden, Häusern und Wohnungen befördert in der Regel die Aneignung durch die Besitzenden und kann im Falle der Vermietung zur Ausübung von Macht führen, wenn die Handlungsmöglichkeiten der Mieter eingeschränkt werden.

ad 2) Die Subjektivität im Aneignungskonzept bedeutet, daß bestimmte Räume von verschiedenen sozialen Gruppen je nach ihrer Sozialisation und ihrer sozio–kulturellen Situation ganz unterschiedlich wahrgenommen, verfügbar gemacht und bewertet werden. „Je nach Erziehung, Schulbildung, Beruf – kurz: je nach sozialer Lage nehmen Menschen ihre Umwelt unterschiedlich wahr" (SIEWERT 1974, S. 147), weil je nach sozialer Lage die kulturellen Werte und insofern auch die Bedeutungen, die der dinglichen Umwelt zugeschrieben werden und wahrscheinlich ebenfalls die die Bedeutungen repräsentierenden Symbole, variieren werden. In welchem Umfang von geschlechtsspezifischen Raumerfahrungen und Raumaneignungschancen ausgegangen werden muß, kann hier nur vermutet werden. Es ist jedoch wahrscheinlich, daß Frauen und Männer im Zuge der Nutzung und Aneignung von Räumen unterschiedliche „Mischungsverhältnisse" eingehen, da die emotionale Besetzung von Wohnung und Wohnumfeld anders ist (vgl. BEHNKEN u.a. 1988, 2. Kurseinheit, S. 51 ff. und den Beitrag von BERTELS in diesem Band). Ein plastisches Beispiel für die unterschiedliche Interpretation von Umwelt ist die historische Tatsache, daß erst eine existentielle Freisetzung vom unmittelbaren Bearbeitungszwang der Natur Chancen zur ästhetischen Erfahrung und Aneignung als Landschaft eröffnete. „Der Bauer kennt das Land, das er bearbeitet, das ihn ernährt, er blickt zum Himmel, der Licht und Regen sendet, die Landschaft aber berührt ihn kaum; genießende Schau kann nicht aufkommen, wo Not und Nutzen vorwalten." (FRIEDLÄNDER 1963, S. 27 f.) Obwohl Menschen durch ihre soziokulturellen Prägungen prinzipiell nicht auf Dauer 'festgestellt' sind, muß im Hinblick auf das einzelne Individuum davon ausgegangen werden, daß die Variabilität faktisch begrenzt ist; denn es ist anzunehmen, daß der Mensch „nichts vergißt" und insofern menschliches Verhalten das Ergebnis der jeweiligen Lebensgeschichte, „der ... gewonnenen Erfahrungen (ist)" (ROSE 1973, S. 278).

3. Raumerfahrungen im Lebensverlauf

In dem hier angesprochenen thematischen Zusammenhang interessiert vor allem die Tatsache, daß Verfügungschancen von Räumen einschließlich der

Bedeutungszuschreibungen bzw. Interpretationen von konkreten Räumlichkeiten in der Regel nicht ein für allemal im Leben festgelegt sind, sondern sich im Lebensverlauf in typischer Weise verändern. Zwar gibt es „je nach kulturellen Gegebenheiten nur eine begrenzte Zahl möglicher Interpretationsschemata für Räume" (BAHRDT 1974, S. 38), und die Interpretationsmuster von räumlichen Gegebenheiten verfestigen sich im Lebensfortschritt aber im Verlauf der altersbedingten Rollenwechsel werden grundsätzlich Gegenstände unserer Umwelt erneut zur Diskussion und Interpretation gestellt. Zu der Perspektive, daß Erweiterungen, Verschiebungen oder Verengungen von Interpretationsweisen der räumlichen Umwelt in verschiedenen Lebensphasen sich ereignen, muß die mit ihr eng verzahnte Frage diskutiert werden, inwiefern die räumliche Umwelt die Lebenschancen verschiedener Altersgruppen beeinflußt.[1]

Wenn kürzlich HOERNING in ihrem Resümee das theoretische Interesse an einer soziologischen Perspektive in zwei Dimensionen skizzierte, nämlich 1. „die makro–soziologische Perspektive des Lebenslaufs, bei der es um die gesellschaftlichen Bedingungen geht, die den Lebenslauf 'formen' und 'prägen' und 2. die mikro–soziologische Perspektive des Lebenslaufs, bei der es darum geht, die Regeln zu erkennen, nach denen sich Menschen im Verlauf ihres Lebens bestimmte gesellschaftliche Gegebenheiten für ihren Lebensvollzug aneignen" (HOERNING 1988, S. 20), dann ist offenkundig, daß die räumliche Komponente in beiden Sichtweisen eine zentrale Bedeutung haben kann.

In makro–soziologischer Perspektive ist das gebaute Raumgefüge in einer Gesellschaft mit den Verteilungen von spezifischen Räumlichkeiten für bestimmte Funktionen und soziale Gruppen historisch unter konkreten Macht und Herrschaftsstrukturen entstanden. Diese interessengesteuerten Verteilungsmuster werden durch institutionelle Regelungen (z.B. das Privateigentum an Grund und Boden) abgesichert, die für den einzelnen kaum veränderbare Hürden darstellen. Das Überspringen ist in der Regel nur kollektiv möglich.

Was die mikro–soziologische Perspektive anbelangt, so sind die räumlichen Erfahrungen aufgehoben in einem Ansatz altersbestimmter Rollen und Situationsdeutungen, denn der Lebenslauf wird als „Aufeinanderfolge von Rollen und wechselnden Rollenkonstellationen" konzipiert (NEUGARTEN/DATAN 1979, S. 363). Auf der einen Seite schleppen wir vergangene Rollenzuschreibungen als biographische Hypotheken mit, auf der anderen

---

[1]Es kann an dieser Stelle nicht darum gehen, die Kategorie des Lebenslaufs bzw. der Biographie eingehend zu entfalten, was u.a. in dem ersten Band dieser Reihe schon geschehen ist (vgl. VOGES, (Hg.) 1987; vgl. auch HOERNING/FUCHS 1988; KOHLI 1978).

Seite wird in der Regel antizipatorisch sozialisiert, d.h. der Sozialisationsprozeß wird auf die zukünftige Rollenübernahme ausgerichtet (vgl. HOERNING 1988, S. 86 ff.).

Beide Perspektiven, unter denen Lebensläufe analysiert werden können, sind jedoch nur aus der jeweiligen historischen Zeit heraus verstehbar. Lebenslaufanalysen sind und bleiben immer gebunden an bestimmte Phasen gesellschaftlicher Entwicklung insofern, als die faktische Wirtschafts- und Sozialstruktur und die sich auf sie beziehenden Norm- und Wertsysteme rahmensetzend für Chancen und Restriktionen für individuelle Lebensverläufe angesehen werden müssen. Einzelne Generationen und Kohorten teilen in der Verfügung über Lebenschancen ein gemeinsames kollektives Schicksal, dem sie in gewissen Grenzen nicht entweichen können; d.h. sie verfügen über eine ähnliche „Erlebnisschichtung" (vgl. MANNHEIM 1978, S. 46 f.).

Die beiden Perspektiven verzahnen sich in kaum aufzulösender Weise in der gegenwärtigen Diskussion von Lebensläufen zwischen *Institutionalisierung* auf der einen und *Individualisierung* auf der anderen Seite. Es ist eine vor allem von KOHLI vertretene These, daß die Bedeutung des Lebenslaufs in der modernen Zeit darin liegt, eine 'soziale Institution' geworden zu sein: „Lebenslauf als Institution bedeutet also zum einen die Regelung des sequentiellen Ablaufs des Lebens (im Sinne von strukturell festgelegten Sequenzen), zum anderen die Strukturierung der lebensweltlichen Horizonte, innerhalb derer die Individuen sich orientieren und ihre Handlungen planen" (KOHLI 1986, S. 185; vgl. auch 1985). In diesem Sinne spricht er vom Lebenslauf als einem „Regelsystem. . . , das die zeitliche Dimension des individuellen Lebens ordnet" (S. 183). Gegenüber einem unübersehbaren Prozeß der Ausdifferenzierung altersbezogener Institutionalisierungen wird seit kurzem ein gesellschaftlicher Individualisierungsschub konstatiert, der nach BECK bedeutet, „daß die Biographie der Menschen aus vorgegebenen Fixierungen herausgelöst, offen, entscheidungsabhängig und als Aufgabe in das Handeln jedes einzelnen gelegt wird" (1986, S. 216). Die Institutionalisierung als gesellschaftliche Regelung von Lebensläufen wurde nun nicht durch eine Individualisierung von Lebenswegen ersetzt, sondern beide Prozesse verlaufen insofern parallel, als alternative Lebensformen immer an das gebunden bleiben, was „soziokulturelles Programm" ist (vgl. FUCHS 1988, Kurseinheit 4, S. 93).

Vor allem die privaten Lebensformen erleben einen tiefgreifenden Wandel, denn die Familie ist als kulturelle Selbstverständlichkeit ins Wanken geraten und alternative Lebensformen haben an Boden gewonnen. Diese seit einiger Zeit weithin sichtbare „Destandardisierung des Familienzyklus" (vgl. KOHLI 1986) hat nun weitreichende Konsequenzen für die Wohnkarrieren insofern, als zahlreiche Verwerfungen und Diskontinuitäten in der familialen Entwicklung mannigfache und kaum prognostizierbare Brüche im Wohnverhalten und den präferierten Wohnformen nach sich ziehen.

3.1 Raumerfahrungen in der Kindheitsphase

Nicht umsonst ist der Rolle räumlicher Faktoren in der Erfahrungswelt von Kindern bisher die größte Aufmerksamkeit zuteil geworden (vgl. u.a. MUCHOW/MUCHOW 1978 (zuerst 1935); BRUHNS 1985; LANG 1985; HARMS u.a. 1985; BEHNKEN u.a. 1988; ENGELBERT 1986), da einmal Kinder im besonderen Maße abhängig sind von Vorgaben und Vorleistungen Erwachsener und zum anderen sich bei ihnen die räumliche Erfahrungswelt erst konstituiert. „Das familienabhängige Kind wird in ein sozialräumlich fixiertes Interaktionssystem hineingeboren; es findet eine bestimmte sozialräumliche Form seiner unmittelbaren sozialen Lebenswirklichkeit vor und bildet – in verschiedenen Phasen – seine Muster sozialräumlichen Verhaltens in der Aneignung dieser Lebenswirklichkeit und im allmählich sich entfaltenden Umgang mit ihr." (MATTHES 1978, S. 157) Innerhalb des Sozialisationsprozesses gewinnt das Kind zu großen Teilen im Spiel Erfahrungen über Beschaffenheit, Veränderbarkeit und Gebrauchsmöglichkeit von Gegenständen der Umwelt, die nicht nur für die Personwerdung im Ganzen und insbesondere die kognitive Entwicklung (PIAGET und INHELDER 1971) von nicht zu unterschätzender Bedeutung sind.

Eine entscheidende Dimension für Art und Funktion räumlicher Orientierung ist die Frage, ob sich die Raumerlebnisse als „Anschauungsinseln" oder „Raumkontinua" (BAHRDT 1982, S. 170) darstellen. BAHRDT selbst läßt keinen Zweifel daran, daß vor allem jüngere Kinder eines einheitlichen Lebensraumes bedürfen, in dem sich für sie ihre verschiedenen Anschauungen und Aktivitäten sinnvoll aufeinander beziehen lassen und der eine schrittweise Vergrößerung im Sinne konzentrisch um die Wohnung angeordneter Kreise ermöglicht. Es scheint jedoch eine Tendenz zu einem verinselten Lebensraum zu geben, indem für verschiedene Aktivitäten sich spezialisierte Räume entwickeln, die relativ unverbunden sind. Dieses, von ZEIHER in diesem Band entwickelte Modell, trägt der Tatsache Rechnung, daß die Raumstruktur unserer Städte und Gemeinden durch eine zunehmende funktionale Segregation gekennzeichnet werden kann. Seitdem in der „Charta von Athen" das Funktionstrennungsprinzip festgeschrieben wurde (vgl. HILPERT 1984), läßt sich in städtischen Agglomerationsräumen eine funktionale Zersplitterung feststellen, die weitreichende Konsequenzen für die räumliche „Inbesitznahme" hat. Das beginnt für die Kinder in der Wohnung durch eigens für sie vorgesehene Zimmer und Zonen[2], setzt sich fort im Wohnumfeld mit eigenen Spielplätzen, im Wohnquartier finden sich spezifische Einrichtungen für Kinder wie Kindergärten und verschiedene Bildungsinstitutionen. Die verschiedenen, für Kinder ausgewiesenen Bereiche werden zudem von Erwachsenen, sog. „Torhütern", kontrolliert: „Der Pförtner eines Wohngebäudes, die Aufsichtsperson eines Spielplatzes, ein Hausbesitzer, der Parkwächter und der Polizist reglementieren und definieren alle die räumliche Zugänglichkeit einer Vielzahl verschiedener Bereiche." (ITTELSON u.a. 1977, S. 250). Aus dieser erwachsenenzentrierten Verregelung vieler Räume vor allem in den hochverdichteten Stadtregionen liegt die Forderung nahe, einmal Raum für Kinder in eigener Nutzungsregie (z.B. bestimmte Teile von Nachbarschaftsparks) zuzulassen, zum anderen jedoch den Räumen besondere Aufmerkamkeit in Wissenschaft und Planung zu widmen, in denen sich gewöhnlich die Teilkultur der Kinder mit der Erwachsenenkultur durchdringt, so z.B. der öffentliche Raum der Straße, die nach ZINNECKER ein „privilegierter Lernort zu gesellschaftlichem Anschauungsunterricht" ist (1979, S. 730; vgl. auch BEHNKEN u.a. 1988).

Die „Individualisierung des Ortes" (SIMMEL) für Kinder befördert bei diesen früh die Einsicht, die Trennung der kindlichen von der Erwachsenensphäre sei etwas Erstrebenswertes und bürdet den Erwachsenen zusätzliche kulturelle Vermittlungsaufgaben auf. Tendenzen für eine Rückgewinnung des funktional zersplitterten bzw. zugerichteten Raumes wie z.B. Konzepte von Wohn- und Spielstraßen oder aktivierter Nachbarschaft werden allerdings sichtbar, seitdem Kinder durch ein verändertes generatives Verhalten „knapp" geworden sind.

Was die Wahrnehmung der räumlichen Umwelt anbelangt, verfügen Kinder noch über eine große Potentialität bei der Zuordnung von Bedeutungen, die erst allmählich durch sozialisatorische Maßnahmen kanalisiert und verfestigt wird. Die vielseitige „Bedeutungsverleihung" im Spiel von Kindern hat BAHRDT anschaulich beschrieben: „Wenn ein umgedrehter Tisch als Schiff dient und die Sofadecke als Segel, dann ist dies genauso legitim wie der Gebrauch, den wir sonst von Tisch und Sofadecke machen." (1974, S. 131)

---

[2]Die Fülle von den sozialen Kontakt begrenzenden Regeln, die sich nur teilweise in räumlichen Grenzziehungen wiederfinden und auch nicht nur für Kinder gelten, geht aus dem folgenden Zitat hervor: „Die Kinder dürfen zu bestimmten Zeiten nicht ins Schlafzimmer von Mammi und Pappi, Mammi und Pappi dürfen jederzeit ins Kinderzimmer, Mammi darf nur mit wichtigen Anliegen ins Arbeitszimmer von Pappi, Pappi darf jederzeit in die Küche, die Kinder und Mammi dürfen nur in den Hobbyraum, wenn sie nichts anrühren, niemand darf ins Bad, wenn jemand drin ist (außer es sind die Kinder), Mammi darf nicht in Pappis Sessel, Pappi darf nicht im Kleiderschrank rumwühlen, die Kinder schon gar nicht, Mammi muß die Spielsachen der Kinder aufräumen, nicht aber den Schreibtisch von Pappi usw." (BOHLE) 1984, S. 139).

Für unsere Erörterung verweist dieses Beispiel darauf, daß Gegenstände der räumlichen Umwelt oft als Symbole handlungsrelevant werden, und Kinder über einen kaum erschöpfbaren Vorrat an symbolischen Bezügen verfügen, mit dem sie in der Regel nicht hinter dem Berge halten.

Hinsichtlich des Einflusses verschiedener räumlicher Bedingungen für die Persönlichkeitsentwicklung, kommt VASKOVICS in einem, die Ergebnisse der ökologischen Sozialisationsforschung resümierenden Beitrag zu dem ernüchternden Fazit, daß „über die tatsächliche Wirkung von Wohnungs– und Wohnumweltbedingungen auf die innerfamiliäre Sozialisation nichts Sicheres ausgesagt werden kann." (1988, S. 52). Gleichwohl nennt er eine Reihe von empirischen Studien, in denen Zusammenhänge zwischen verschiedenen Merkmalen der Wohnung und innerfamiliärer Sozialisation behauptet werden (vgl. auch ITTELSON u.a. 1977, S. 226 ff.). Letzten Endes erhalten bzw. behalten diese angenommenen Wirkungen nur ihre Gültigkeit im Rahmen bestimmter Sozialisationsmilieus und insofern bleibt es fraglich, wie weit generalisierende Aussagen überhaupt möglich sind.

Als entscheidendes Defizit der Forschung bleibt m.E. jedoch das Fehlen von Informationen darüber, wie sich räumliche Erfahrungen in der Kinderzeit in spätere Phasen des Lebenslaufs vermitteln. Unter diesem Gesichtspunkt ist besonders auf den Versuch bei Wagner in diesem Band hinzuweisen, frühe und späte Phasen des Lebensverlaufs hinsichtlich der räumlichen Mobilität in Beziehung zu setzen.

3.2 Raumerfahrungen in der Jugendphase

Die räumlichen Erfahrungen von Jugendlichen lassen sich einmal mit dem Verlust kindlicher Schutz– und Schonräume im Rahmen der Herkunftsfamilie und zum anderen mit der zunehmenden selbständigen Eroberung neuer Räume charakterisieren. Wenn „Statuspassagen zugleich Raumpassagen sind" (BEHNKEN u.a. 1988, S. 14), dann trifft das in besonderem Ausmaß auf die Rollen im Übergang vom Kind zum Erwachsenen zu. Entsprechend der weit verbreiteten Rollenunsicherheit in dieser Lebensphase findet man auch hinsichtlich der Raumaneignung ein Probierverhalten, das die Vermittlung von Lebenschancen auslotet. Bestimmte öffentliche Orte, die als Treffpunkte unter Jugendlichen auserkoren werden, werden nicht selten sehr kurzfristig wieder verlassen. Auf der Basis einer „Erfahrung sozialräumlicher Diffusion" entwickelt sich bei ihnen in der Regel ein „schweifendes Raumbewußtsein", das nach MATTHES über kurz oder lang in Widerspruch gerät zur wachsenden Neigung der „sozialräumlichen Fixierung von Sozialbeziehungen" (MATTHES 1978, S. 161 f.; vgl. auch die Verwendung des Begriffs „Streifraum" bei MUCHOW/MUCHOW 1978).

Gerade bei Jugendlichen müssen heute mehr denn je und mehr als bei anderen Altersgruppen verschiedene soziale Milieus unterschieden werden, für die sich die Aneignung öffentlicher Räume nach sehr verschiedenen Mustern vollzieht. Für einzelne Mikro–Milieus, wie z.b. Motorradfahrende Rockergruppen, ist die kurzfristig wechselnde Raumbeherrschung sogar ein konstitutives Merkmal. BEHNKEN u.a haben eingehend die Beziehung zwischen Räumen und der kollektiven Identität von Jugendgruppen diskutiert. So steht der kollektiven, raumgebundenen Identität unterer Sozialschichten der bürgerlich–individualisierte Habitus anderer Gesellschaftsgruppen gegenüber. Aufgrund neuerer Befunde der Jugendforschung kommen sie zu dem Ergebnis, „daß bestimmte Formen sozialer Strukturiertheit von Raum Voraussetzung sind für die Herausbildung solcher spezifischen Sozialgefüge von Jugendlichen samt der sie kennzeichnenden Formen und Inhalte von Aktivitäten" (BEHNKEN u.a. 1988, S. 135).

Angesichts der Vernachlässigung jugendlicher Interessen bei der räumlichen Organisation unserer Städte ist es nur zu verständlich, daß Jugendliche sich in erheblichem Umfang, häufiger als Erwachsene, in ihrer Phantasie in Fluchtorte bzw. Traumgegenden versetzen (vgl. BEHNKEN u.a. 1988, S. 145 ff.). In der empirischen Untersuchung dominieren Träume einerseits vom 'Schlaraffenland', jenen handlungs– und arbeitsentlasteten Räumen, in denen 'Milch und Honig' fließt und andererseits von 'alternativen Räumen' vorindustrieller Prägung, die auf Überforderungen in unserer wissenschaftlich–technisch durchrationalisierten Welt hinzudeuten scheinen (vgl. BEHNKEN u.a. 1988, S. 159 ff.).

Die moderne Großstadt mit ihrem hochgradig verregelten und kontrollierten Räumen und der fast durchgängigen Kommerzialisierung stellt für die Jugendlichen eine Herausforderung dar, für die viele noch nicht die passenden Antworten gefunden haben. Besonders deutlich wird die Nichtberücksichtigung ihrer Interessen in den neuen Großsiedlungen, in denen kaum Gelegenheiten für Aktivitäten von Jugendlichen eingeplant waren. Das farbigste Beispiel für die daraus erwachsene Mutlosigkeit und Ohnmacht stellt der Bericht von Christiane F. aus der Gropiusstadt dar (1979). Die oft beklagte Verletzung von durch andere soziale Gruppen „besetzte" Territorien kann als eine fast zwangsläufige Folge dieser Mißachtung jugendlicher Rauminteressen erklärt werden. Es ist daher nicht zufällig, daß die Herausgeber dieses Bandes sich vor allem mit den neuen Großsiedlungen unter dem Gesichtspunkt der Lebenslaufrelevanz auseinandergesetzt haben.

Der offenkundigen Geringschätzung der Raumbedürfnisse von Jugendlichen bei der Organisation und Planung von Städten entspricht eine lediglich periphere Behandlung des Jugendproblems in der stadt– und regionalsoziologischen Literatur. Ein nicht unerheblicher Grund dafür mag genau in dem soeben skizzenhaft analysierten Modus der räumlichen Orientierung und Erfahrung von Jugendlichen liegen. Sie haben in der Regel (noch) nicht konkrete Orte, an denen sich ihr Leben dauerhaft vollzieht, sondern hospitieren gewissermaßen mal hier mal dort, was für eine sozialwissenschaftliche Forschung Schwierigkeiten bereitet, die – und hier beziehe ich mich auf die Kritik von HÄUSSERMANN und SIEBEL – oft genug ihre Untersuchungsgegenstände räumlich definiert (1978). Es bedarf vermutlich einer lebensweltlich orientierten Anlage der Untersuchung, um die räumliche Sozialisation erfassen zu können, da eine angenommene Raumbegrenzung gerade bei Jugendlichen verfehlt wäre, sind doch Entgrenzungsversuche – in der Vorstellungswelt oder in der Realität – gerade in dieser Phase aktuell (und in den anderen zumindest potentiell) vorhanden.

3.3 Raumerfahrungen in der Phase der Erwerbsfähigkeit von Erwachsenen

Die Erwachsenen scheinen unter dem Gesichtspunkt des Raumbezugs relativ unproblematisch zu sein, weil sie einmal im Prinzip Möglichkeiten haben, bestimmten beeinträchtigenden Raumsituationen auszuweichen. Selbstverständlich sind diese Möglichkeiten der Raumveränderung abhängig von der jeweiligen ökonomischen Situation. Aber es besteht grundsätzlich die Chance – heute eher als in früheren Zeiten – durch Umzug unbefriedigenden Wohnverhältnissen zu entkommen oder aber auch mit diversen Verkehrsmitteln – allen voran das Auto – kurzfristig Räume zu wechseln. Diese gelockerte Raumbeziehung scheint Freiheitsmomente zu implizieren, die dazu führen, das Raumproblem Erwachsener als gering zu veranschlagen. Zum zweiten kontrollieren sie – wie im Abschnitt 3.1 ausgeführt – die meisten Räume und legen ihre Verwendung weitgehend für andere Gruppen, z.B. Kinder und Jugendliche, fest. Schließlich ist – wie MITSCHERLICH schon vor einem Vierteljahrhundert anklagend formulierte – „die merkantile Planung unserer Städte ... . auf den erwerbsfähigen Erwachsenen" (1965, S. 91 f.) zugeschnitten. Das würde bedeuten, daß die erwerbstätigen Erwachsenen den eigentlichen Profit aus ungleichen Raumzuweisungen und Raumorganisationen ziehen, indem ihre Raumbedürfnisse vorrangig bei der Planung berücksichtigt werden. Wenn man z.B. an die Zurichtung des Raumes für Verkehrszwecke denkt, um die Raumüberwindung zwischen Wohnung und Arbeitsplatz zu optimieren, dann fällt die Antwort nicht schwer, daß ihre Interessen vorrangig berücksichtigt wurden. Dabei ist wichtig anzumerken, daß Männer den größten Teil der Erwerbstätigen ausmachen und insofern die angesprochene Bevorzugung nicht den Hausarbeit leistenden Frauen zugute kommt, deren Unterprivilegierung im städtischen

Raum in jüngster Zeit Gegenstand mehrerer kritischer Studien gewesen ist (vgl. DÖRHÖFER/TERLINDEN 1987; GREWE und WIRTZ 1986; STEG und JESSINGHAUS, (Hg.) 1988).

Unter der Voraussetzung einer gelungenen „räumlichen Sozialisation" und gesicherter ökonomischer Lage haben Erwachsene mittleren Alters zwar eine hohe Raumsouveränität, aber es werden auch gerade von ihnen weitreichende raumrelevante Entscheidungen im Wohnbereich abverlangt. MATTHES spricht m.E. zu Recht von einem „Wohnbetrieb", den das Familienwohnen in der ausgebauten konsolidierten Familienphase annimmt, die „durch Verbesserungs- und Expansionswünsche einerseits, durch ... Ablösungserscheinungen auf seiten der erwachsenen Kinder andererseits gekennzeichnet ist" (1978, S. 168). Mit dem Größerwerden der Kinder werden häufig wohnungsinterne Veränderungen notwendig und wenn diese Anpassungsstrategien nicht ausreichen, um den sich ändernden Wohnansprüchen der Familienmitglieder entgegenzukommen, dann stehen komplizierte Entscheidungen an, von denen hier beispielhaft auf den *Wohnungsumzug* und die *Eigentumsbildung* eingegangen werden soll.

Am Beispiel des Umzugs von einer Wohnung bzw. einer Stadt in eine andere kann man am besten die folgenreiche Verknüpfung von Raum- und Statuspassagen untersuchen. Diese „ökologischen Übergänge" (BRONFENBRENNER 1978) vollzogen sich nach relativ festen Mustern, solange die verschiedenen Stadien des Familienzyklus von der überwiegenden Mehrheit der Bevölkerung in einem erwartbaren Wohnzyklus durchlaufen wurden.[3] Das wird treffend zum Ausdruck gebracht von POSENER : „Wenn es gut geht, so erleben wir eine Kindheit im Garten, eine Jungmännerzeit im Appartment, die Zeit der jungen Ehe, etwa bis das erste Kind zwei Jahre alt ist, in der Wohnung, die Elternjahre wieder im Hause und die alten Tage wieder im Appartment" (1966, S. 774). Die anfangs erwähnte individualisierungsbedingte Aufweichung des traditionellen Familienzyklus hat weitreichende Diskontinuitäten in dem Wohnverhalten und der Wohnungsnachfrage zur Folge. So bleibt heute ein größerer Teil der Bevölkerung allein oder lebt mit einem Partner zusammen, ohne einen gemeinsamen Haushalt zu gründen („living apart together") seltener als in früheren Zeiten ist mit der Eheschließung auch eine Familiengründung assoziiert, häufiger als früher führen Scheidungen zumindest für einen Elternteil in einen „Rückfall" zu früheren Wohnformen bis im Falle der Wiederverheiratung möglicherweise eine neue Wohnkarriere beginnt. Die mit den vermehrten und häufig nicht erwarteten Brüchen im Wohnzyklus verbundenen Bedarfsschwankungen erstrecken sich

---

[3]So konnte E. PFEIL noch 1954 in ihrer Untersuchung über die Wohnwünsche von Bergarbeitern klare prognostische Schlüsse ziehen, was den Wandel von Wohnanforderungen anbelangte (1954).

auch auf das weitere Wohnumfeld sowie die ganze Stadt mit ihren diversen öffentlichen Einrichtungen.

Was die Eigentumsbildung anbetrifft, so stellt sich bei arrivierter Position zunehmend die Frage des Eigenheimwohnens (vgl. zur Attraktivität HÄUSSERMANN/PETROWSKY in diesem Band), um die eigenen Rauminteressen besser dauerhaft verwirklichen zu können, denn – wie weiter oben ausgeführt – fördert Eigentum die Chancen zur Aneignung von Raum am weitreichendsten. Die wohnungsbezogene Selbstverwirklichung durch den Bau bzw. Kauf eines Hauses stellt sich jedoch erst mit einer zeitlichen Verzögerung zur familialen Entwicklung ein: ein nicht unerheblicher Teil der Haushalte erwirbt Haus– oder Wohnungseigentum erst in der familialen Schrumpfungsphase (vgl. HERLYN 1988). Wenn auch angesichts der langen Prosperitätsperiode in der Bundesrepublik und der verminderten Kinderzahl die Formel „mehr verfügbares Wohneigentum für weniger Erben" (GEISSLER u.a. 1987, S. 56) richtig ist, so ist für die Zukunft die Frage noch nicht entschieden, ob vermehrt Lebenswege ins Eigenheim führen oder ob die Attraktivität in dem Maße nachläßt, wie traditionale Familienorientierungen an Boden verlieren. Wer interessiert sich denn schon für ein „Familienheim", wenn er keine Familie auf Dauer gründen will? Hindernisse der Wohneigentumsbildung liegen vor allem in dem Mißverhältnis einer relativen Kurzfristigkeit von Lebensperspektiven im stark individualisierten Lebenszuschnitt jüngerer Leute und der Langfristigkeit von Eigentumsentscheidungen.

Diese beiden Beispiele mögen genügen, um die hohen Verfügungschancen von Erwachsenen über Räume zu verdeutlichen, vorausgesetzt, es sind die finanziellen Möglichkeiten vorhanden, die Raumansprüche zu verwirklichen. Das dies für große Teile der Bevölkerung nicht der Fall ist, zeigt eine verbreitete „erzwungene Seßhaftigkeit" (KREIBICH 1985) in angespannten Wohnungsmärkten. In dem Beitrag von IPSEN wird z.B. deutlich, wie unterschiedlich die Chancen für Menschen in verschiedenen Lebensphasen sind, angemessene Wohnungen zu finden.

3.4 Raumerfahrungen in der Altenphase

Entsprechend des dreigeteilten, um das Erwerbsleben organisierten Normallebenslaufs in unserer Gesellschaft, beginnt für die meisten Personen mit dem Ausscheiden aus dem Produktionsprozeß die Lebensphase des Alters. Die Altersphase ist durch zunehmende „Ausdehnung" und „Heterogenität" charakterisiert, für die „Verjüngungen und Entberuflichung des Alterns einerseits und die verlängerte Lebenserwartung andererseits" (GÖCKENJAHN und von KONDRATOWITZ 1988, S. 13) verantwortlich zu machen sind. Gerade bei Analysen von Lebensformen in dieser Lebensphase ist die Einbeziehung des Erlebens verschiedener zeitgeschichtlicher Ereignisse besonders wichtig, wie es z.b. im Vierten Familienbericht geschehen ist, der vom Standpunkt 1985 aus die älteren Arbeitnehmer der Geburtsjahrgänge 1930–1936 von den Vorruheständlern und Frührentnern der Jahrgänge 1920–1929, diese von den jüngeren Rentnern der Jahrgänge 1910–1919 und schließlich von den Ältesten der Jahrgänge 1909 Geborenen unterscheidet (vgl. Deutscher Bundestag 1986; zur generationsspezifischen Betrachtung der zahlenmäßig den Männern überlegenen älteren Frauen vgl. LEHR 1987). Die unterschiedlichen Lebenserfahrungen aufgrund differierender 'Erlebnisschichtungen' müssen vor allem bei Erklärungen von Verhaltensmustern und Lebensorientierungen von allem älterer Menschen einbezogen werden. Was z.b. die Raumerfahrung anbelangt, so hatten die ersten drei soeben erwähnten Jahrgangsgruppen in mehr oder weniger jungen Jahren während Krieg und Nachkriegszeit zu großen Teilen den Verlust ihrer Wohnungen, Häuser und Heimaten erlebt, was später in einem ausgeprägten Sicherungsdenken und einer durch Besitzbindung verstärkten Seßhaftigkeit zum Ausdruck gekommen ist. Diese Verlusterfahrung reiht sich ein in die allgemeine Mangelsituation der Kriegs- und Nachkriegszeit, so daß verständlich wird, daß sich – ohne präzise kohortenspezifische Analyse – diese Jahrgangsgruppen in ihrer materialistischen Grundorientierung heute deutlich abheben lassen von postmaterialistischen Orientierungen überwiegend bei jüngeren Altersgruppen (vgl. INGLEHART 1979).

Was nun den Bewegungsradius von älteren Menschen anbelangt, so läßt er sich grob durch eine Schrumpfung der Chancen zur Umwelterschließung charakterisieren, denn die selbstbestimmte, aktive Raumnutzung reduziert sich in der Regel mit der Abnahme körperlicher Kräfte und/oder sozialer Kontakte. Diese Reduktion bzw. Einengung des sozialräumlichen Radius erscheint aus der Perspektive der Angehörigen anderer Altersphasen nicht selten als eine zugemutete Erscheinung, hingegen aus der Selbstsicht alter Menschen nicht nur als ein die Lebenschancen mindernder Verlust sondern möglicherweise auch als eine wohltuende Entlastung. Ob erzwungen oder nicht sind sie in der Lage, diejenigen Räume zu meiden, in denen sie sich in früheren Lebensphasen nicht durchsetzen, bzw. entfalten konnten oder von denen sie wissen, daß ihre altersspezifische Rolle zu den Erwartungen in Widerspruch geraten würde. An den Orten, an denen man regelmäßig alte Menschen trifft, geht von ihnen nicht selten eine erstaunliche Sicherheit des Umgangs mit den verschiedenen Raumsymbolen aus.

Wenn MATTHES bei alten Menschen von einer „Totalisierung der Wohnerfahrung" (1978, S. 165) spricht, dann stellt diese Tatsache alle, die mit der Organisation von Raum zu tun haben vor die große Aufgabe, die alten Menschen bei der Raumbewältigung nicht alleine zu lassen. Dies umgreift einmal die Schaffung einer „prothetischen Umwelt" (LINDSLEY, zit. bei ITTELSON u.a. 1977, S. 262), die innerhalb der Wohnungen und Häuser wie auch im öffentlichen Bereich der Straßen und Plätze Ausrüstungen und Hilfen für ältere Menschen bereitstellt. Diese garantieren ihnen sichere Bewegungsräume und bieten ihnen auch Chancen zur Partizipation am gemeindlichen Leben ein. Hier ist vor allem an zahlreiche altersspezifische Infrastruktureinrichtungen zu denken. Allerdings muß in Rechnung gestellt werden, daß heute nur „knapp vier Prozent der alten Menschen im Alter von 65 Jahren und älter in rund 5.800 Altenwohnheimen, Altenheimen oder Altenpflegeheimen mit rund 450.000 Plätzen" leben (GROSSHANS 1987, S. 16; vgl. zur Geschichte des Altenheims KONDRATOWITZ 1988), d.h. die weit überwiegende Zahl älterer Menschen verbleibt in eigenständiger Lebensführung im engeren oder auch weiteren Familienverband und wird nicht zwangsverpflichtet auf eine räumlich isolierte, für alte Menschen in besonderer Weise zugerichtete Wohnumwelt.

Eine nicht zu unterschätzende Bedeutung hat für ältere Menschen das *Zusammenleben mehrerer Generationen*. Noch nie zuvor haben wegen der gestiegenen Lebenserwartung so viele Generationen gleichzeitig gelebt wie heute und zwischen ihnen bestehen auch bei getrennten Wohnstandorten mannigfache, oft lebenswichtige Beziehungen (vgl. DIEWALD 1986 und in diesem Band den Beitrag von HÄUSSERMANN und PETROWSKY). Damit es zu einem Leistungsaustausch zwischen den Generationen im Alltag kommen kann, ist u.a. erforderlich, daß sie in einer räumlichen Entfernung wohnen, die tägliche Hilfe erlaubt. Die möglichst weitgehende Ausschöpfung des Selbsthilfepotentials zwischen den Generationen ist ausgesprochenes Ziel der Bundesregierung (vgl. Deutscher Bundestag 1986), die deshalb Voraussetzungen für ein „Wohnen um die Ecke" in demselben Wohnquartier schaffen will. Angesichts der weitverbreiteten und zunehmenden Segregation alter Menschen im Siedlungsraum (vgl. SCHÜTZ 1985 sowie der Beitrag von VASKOVICS in diesem Band) liegen diese siedlungspolitischen Überlegungen nahe. Wenn der mehrmals im Lebenslauf notwendige Wohnungswechsel sich häufiger innerhalb des Wohnquartiers vollziehen kann, fördert diese begrenzte Seßhaftigkeit auch eine Identifikation mit dem Wohnquartier, die eine entscheidende Voraussetzung für die Teilnahme am öffentlichen Leben im Quartier darstellt.

4. Raumerfahrung und lebensgeschichtliche Kontinuität

Wenn sich – wie wir versucht haben zu zeigen – die Raumerfahrung in jedem Stadium des Lebensverlaufs erneut stellt, so ist es richtig, sie in einer lebenslauforientierten Sozialisationsforschung aufzuarbeiten. Sie geht aus vom „Lebenslauf als Erfahrungszeitraum" (HOERNING 1988, Kurseinheit 2, S. 18) und muß daher versuchen, aus einer integrierten Betrachtung der Lebensphasen den stattfindenden Rollenwandel zu beschreiben und zu erklären. Mit Absicht wurde eben von *erneuten* Raumerfahrungen gesprochen, denn neue Erfahrungen können zu großen Teilen auf früheren aufbauen. Sie dienen als „biographische Ressourcen" (HOERNING 1988, Kurseinheit 2, S. 91), die gewollt oder ungewollt in spätere Interpretationen und Deutungsmuster von räumlichen Situationen einfließen. Deshalb ist auch zu erklären, daß den (Raum)Erfahrungen in früher Kindheit vielfach eine solch überragende Bedeutung für die Persönlichkeitsentwicklung zuerkannt werden; gleichzeitig wird aber auch die Notwendigkeit deutlich, spätere Erlebnisschichten zu analysieren.

Das Gesagte soll beispielhaft an dem Konzept von *Heimat* erläutert werden, ein Begriff der m.E. besser als alle anderen die Verklammerung objektiver Umweltstrukturen mit subjektiven Erlebnissen der Bewohner leistet.

Die Sammlung von Erfahrungen zur Gewinnung von Identität ist in der Regel gemeint, wenn von Heimat gesprochen wird. Die soziale, kulturelle und räumliche Verortung des einzelnen ergibt sich in der Regel durch eine lang andauernde Zeit der Aneignung. Häufig werden die Orte als Heimat definiert, in denen die Kindheit und/oder Jugend verbracht wurde, denn die Primärerfahrung der Kindheit und Jugend bildet meistens den sozialen Bezugspunkt des Heimat–Phänomens im Sinne der bekannten Spruchweisheit: „Vergiß nie die Heimat, wo Deine Wiege stand, Du findest in der Fremde kein zweites Heimatland". Das schließt jedoch nicht aus, daß auch für Erwachsene Orte noch zur Heimat werden können, daß wir „immer noch Heimat vor uns haben" (WALDENFELS 1985, S. 35 f.). Es mag ein spezifisches Kohortenschicksal sein, daß viele Vertriebene nach erfolgreichem ökonomischem und sozial–kulturellem Neuaufbau von der Stadt Wolfsburg als ihrer „Zweiten Heimat" sprechen (vgl. HERLYN u.a. 1982). Unabhängig von diesem Sonderfall besteht aber auch generell die Möglichkeit, noch als Erwachsener neue Orte zur Heimat werden zu lassen. So wichtig sozialräumliche Erfahrungen in der Kindheit sind, so wichtig ist die Feststellung, daß sie in allen Altersgruppen gemacht werden: Heimat muß somit als eine *biographisch durchaus variable Raumdeutung* begriffen werden und sollte nicht – wie es immer wieder fälschlicherweise passiert – auf eine Lebenslaufetappe begrenzt werden.

Angesichts der individualisierungsbedingten Diskontinuitäten in diversen Subzyklen des Lebenslaufs gewinnt die Frage an Bedeutung, ob und inwieweit in unserer „schnellebigen" Zeit den räumlichen Verhältnissen stabilisierende Funktionen zugeschrieben werden können (vgl. zum folgenden HERLYN 1988). Wenn auch mannigfach gebrochen und durch eine Enträumlichung des Lebens durch moderne Verkehrs– und Nachrichtentechnologien verändert (vgl. KROMREY 1988), so kann die für vormoderne Gesellschaften typische stabilisierende Funktion konstanter räumlicher Umwelten[4] auch heutzutage nicht geleugnet werden. „Kontinuitätserfahrung im Rahmen der Alltagszeit heißt, daß ein Alltag in steter Gleichförmigkeit auf den anderen folgt, d.h. sich 'nichts verändert'" (KOHLI 1986, S. 190). Zu dieser, trotz bzw. wegen des enormen gesellschaftlichen Wandels und biographischer Veränderungen notwendigen Konstanz und Stabilität trägt nicht unwesentlich die Unveränderbarkeit der räumlichen Umwelt bei. Der französische Soziologe HALBWACHS hat es eindringlich formuliert: „Sie (die materiellen Gegenstände) kommen einer schweigsamen und unbeweglichen, an unserer Unrast und unseren Stimmungswechseln unbeteiligten Gesellschaft gleich, die uns den Eindruck von Ruhe und Ordnung gibt" (Halbwachs 1967, S. 127). Diese 'Ruhe und Ordnung' ist nicht zuletzt durch die Weltkriege und ihre Folgen für große Gruppen von Menschen, angefangen von den Einrichtungsgegenständen über die Wohnungen und Häuser, Stadtquartiere bis hin zu ganzen Städten gründlich zerstört worden. Aber trotzdem oder gerade deswegen scheint die das soziale Leben *stabilisierende Funktion räumlicher Umgebung* immer wieder neu gesucht und gebraucht zu werden (vgl. die Diskussion der Bedeutung des Hausbesitzes im Beitrag von HÄUSERMANN u. PETROWSKY). Dieses Verlangen ist ablesbar an der „Trauer um ein verlorenes Zuhause" (FRIED 1971) der durch Stadtsanierungen nicht nur zwangsweise an den Stadtrand verdrängten, sondern auch dadurch aus ihrer eigenen Lebensgeschichte vertriebenen Bewohner.

Soziale und räumliche Identität ist erst Ausdruck jener Kontinuität im alltäglichen Lebenszusammenhang, die durch unveränderte räumliche Bezugspunkte gefördert werden kann: „Die verschiedenen Viertel innerhalb einer Stadt und die Häuser innerhalb eines Viertels haben einen festen Platz und sind ebenso stark im Boden verankert wie Bäume und Felsen, wie ein Hügel oder eine Hochfläche. Daraus ergibt sich, daß die Gruppe

---

[4] Ende des 18. Jahrhunderts geht MORITZ in seinem biographischen Roman „Anton Reiser" auf die Wirkung des Ortes ein: „So mächtig wirkt die Vorstellung des Ortes, woran wir alle unsere übrigen Vorstellungen knüpfen. – Die einzelnen Straßen und Häuser, die Anton täglich wiedersah, waren das Bleibende in seinen Vorstellungen, woran sich das immer Abwechselnde in seinem Leben anschloß, wodurch es Zusammenhang und Wahrheit erhielt, wodurch er das Wachen von Träumen unterschied" (MORITZ 1987; zuerst 1785, S. 91).

der Städter nicht den Eindruck hat, sich zu verändern, solange das Aussehen der Straßen und Gebäude gleichbleibt" (HALBWACHS 1967, S. 103 f.; vgl. auch LEHMANN 1983, S. 177). Die über längere Zeiträume in der Regel gleichbleibende Stadtgestalt hat eine stabilisierende Wirkung auf die soziale Dynamik von Lebensläufen. Kontinuierlich stattfindende Begegnungen sowohl mit Menschen wie auch mit gebauter Umwelt sind eine wichtige Voraussetzung dafür, daß Identifikationsleistungen erbracht werden können, die sich aufschichtend u.U. zu dem führen, was man als Identität umschreiben könnte: das Verstehen der symbolischen Bedeutungen von Gegenständen, die Verläßlichkeit und Vertrautheit hervorrufen und garantieren. Auf die sozial–stabilisierende Wirkung hebt auch BECK ab, wenn er als eine nicht unerhebliche Bremskraft gegen Individualisierungsprozesse „die ungebrochene Wirksamkeit der an die Geschichte von Landschaften und Ortschaften gebundenen regionalen Kulturidentitäten" (1983, S. 60) erkennt. Denn die baulich–räumliche Umwelt stammt zu großen Teilen – vor allem für jüngere Menschen – aus vorlebensgeschichtlicher Zeit und vermag so auch historische Wert– und Normvorstellungen abzubilden, die u.U. relativierend auf aktuelle Lebensstile einwirken.

5. Retrospektive Lebenslaufanalysen als Methode

Der ältere Mensch kann in der Regel auf eine ganze Palette von diversen Raumerlebnissen und –erfahrungen zurückblicken und diese in der biographischen Relevanz beurteilen. Genau dies ist u.E. der Grund dafür, für die weitere Forschung zum Thema Lebenslauf und Raumerfahrung retrospektive Analysen über die Muster subjektiver Verarbeitung von Raumerfahrungen im Verhältnis zu verschiedenen Lebensstadien bzw. –stationen vorzuschlagen.[5]

Ökologische Merkmale fungieren häufig genug als Krücken, soziale Phänomene der Biographie ins Gedächtnis zu rufen und zu rekonstruieren. Erst vom nachhinein sind Menschen prinzipiell in der Lage, die Bedeutungen von sozial–räumlichen Erfahrungen, d.h. von räumlichen An– und Enteignungen „über den Tag hinaus" einzuschätzen und zu ihrer Biographie ins Verhältnis zu setzen. Ein Beispiel, das Schule machen sollte sind die biographischen Dokumente von alten Bewohnern des Stadtteils Gumpendorf in Wien darüber „wie ein und dasselbe Viertel im lebensgeschichtlichen Zusammenhang unterschiedlich charakterisiert werden kann". So treten die verschiedenen Häuser, Plätze und Einrichtungen neben ihrer allgemein anerkannten Zuordnung auf einer zweiten Ebene in individuelle Bedeutungs-

---

[5] Vgl. dazu die Beiträge in der Sektion Biographieforschung „Retrospektivität als Programm und Methode, in: FRIEDRICHS, J. (Hg.) 1987; außerdem SCHENDA 1981.

zusammenhänge ein. Sie bilden dabei den jeweiligen Hintergrund für sehr verschiedene Biographien und werden dadurch in gewissem Sinne selbst auch verschieden" (HOVORKA und REDL 1987, S. 114 ff.).[6] Damit wird z.T. das umgesetzt, was KEIM als „historische Milieu-Analyse" bezeichnet und für ältere Stadtquartiere methodisch entwickelt hat: „Geschichtliche Zeit interessiert speziell im Ineinandergreifen der unterschiedlichen Zeitstrukturen von städtischer Entwicklung allgemein und der lebensgeschichtlichen Erfahrung ehemaliger und derzeitiger Gebietsbewohner" (KEIM 1979, S. 52). Mit einem solchen empirischen Ansatz würde das vereitelt bzw. zurückgedrängt, was nicht nur in den vorliegenden empirischen Untersuchungen, sondern auch noch in diesem Band und Beitrag vorherrscht: eine nach verschiedenen Lebensphasen additiv aufgespaltene Analyse von sozialräumlichen Problemen aus der Perspektive der einzelnen Altersphasen. Mit dieser, u.a. von KOHLI (1978, 1986) wiederholt geforderten Integration in die einzelne Lebensgeschichte erscheint es wahrscheinlich, die biographische Wandelbarkeit von räumlichen Interpretationsmustern stringent herausarbeiten zu können. Die retrospektive Analyse von räumlichen Erfahrungen, die alte Menschen im Laufe ihres Lebens in Beziehung zu verschiedenen Sozialmilieus gemacht haben, könnte die gegenwärtige Lebenslaufforschung entscheidend bereichern.

Ausgehend von der Behauptung KÖNIGs, „daß die Soziologie keineswegs immer als Spitzenreiter der Erkenntnis auftritt, sondern eigentlich zumeist in zweiter Linie das vorher dichterisch Geschaute zu systematisieren sucht" (1980, S. 34), erscheint es gerade bei diesem Thema geboten, die außerwissenschaftliche Literatur heranzuziehen, insbesondere die Autobiographien, also jene literarisch verarbeiteten authentischen Lebensberichte, die zur Aufgabe haben – wie GOETHE in „Dichtung und Wahrheit" sagt – „den Menschen in seinen Zeitverhältnissen darzustellen und zu zeigen, inwiefern ihnen das Ganze widerstrebt, inwiefern es ihn begünstigt, wie er sich eine Welt- und Menschenansicht daraus gebildet..." (1962, S. 7). „Der Entwurf der eigenen Welt und Deutung des Ichs aus dieser Welt" – so die Zielformulierung der Autobiographie nach LEITNER (1982) – erscheint für die Deutung räumlicher Erfahrungen als Quelle besonders geeignet, weil einmal bei der Retrospektion die subjektive entwicklungsgeschichtliche Dimension eindeutig im Vordergrund steht und zum anderen der Gesamtverlauf des individuellen Lebens – das Leben als Totalität – thematisiert wird.

---

[6] Sie entwickeln in ihrem Ausblick eine biographisch orientierte Forschungsperspektive, die mir als Gegengewicht zu bisher dominierenden Forschungspraktiken sehr wichtig zu sein scheint: „Universitäre und außeruniversitäre Forschungsstellen und Bildungseinrichtungen suchen, als Antwort auf die rational- technokratisch verengte Sichtweise der siebziger Jahre von Stadtgeschichte und Stadtleben, die alltäglichen Lebenswelten aus biographisch erfahrener Sicht der Bewohner zu erkunden und zu interpretieren" (S. 262).

Von besonderem Interesse ist in diesem Zusammenhang eine Arbeit über die Wohnungsverhältnisse im 19. Jahrhundert, wie sie sich in Autobiographien darstellen (vgl. STEMLER 1985). Wenn auch der Stellenwert der Wohnverhältnisse sowohl bei Proletariern wie Bürgern bzw. Großbürgern eindeutig hinter der subjektiv zugeschriebenen Bedeutung anderer Lebensbereiche wie Arbeit, Schule, Gesundheit, Ernährung, Familie rangiert, so finden sich doch deutliche schichtspezifische Differenzen der angesprochenen Aspekte des Wohnens. Erste Vorstudien des Autors über die Raumbezogenheit von Autobiographien vermitteln das Bild eines trotz des eindeutigen schichtspezifischen Bias äußerst ergiebigen Materials: Ob nun THOMAS MANN die Stadt Lübeck als Motor seiner Arbeit beschreibt (1956, S. 581), für KAFKA die Stadt Prag den Nährboden seiner Arbeiten darstellt, in BÖLLs Werken immer wieder die Stadt Köln als Vorbild dient (1987, S. 111) oder in den autobiographischen Erzählungen der Lebensgeschichte von CANETTI verschiedene Städte (Manchester, Wien, Berlin, Zürich, Frankfurt) als Prägestöcke seiner geistigen und emotionalen Entwicklung identifiziert werden (1977 und 1980), immer wird dort die Stadt, in der gearbeitet und gewohnt wird, als Gegenstand der Erfahrung aufgearbeitet. Nicht selten werden Erinnerungen von räumlichen Gestalten zu „Erinnerungsstützen" (LEHMANN 1983, S. 177) für die soziale Rekonstruktion, insbesondere der Kindheit und Jugend; im Falle von BRÜCKNER (1980) ist es die Funktionalisierung des Raumes für politische Interessen und bei R.A. SCHRÖDER der nicht selten zu findende sehnsüchtig–sentimentale Rückblick in das eigene Elternhaus (SCHRÖDER o.J., S. 5).

„Ich nehm noch oft den Weg
Durch die gewohnte Gasse,
Daß hinterm Gitter schräg
Ich dort ein Haus erpasse.
Zwölf Fenster schaun mich an;
Den Blick erwidr ich eben
Und bin, eh ich's versann
Ich meinem alten Leben".

Literaturverzeichnis

ALBRECHT, G. 1982: Theorien der Raumbezogenheit sozialer Probleme, in: L. VASKOVICS (Hg.): Raumbezogenheit sozialer Probleme, Opladen, S. 19–57

BAHRDT, H. P. 1974: Umwelterfahrung, München

BAHRDT, H. P. 1982: Großvaterbriefe. Über das Leben mit Kindern in der Familie, München

BECK, U. 1986: Risikogesellschaft. Auf dem Weg in eine andere Moderne, Frankfurt

BEHNKEN, I.; BOIS–REYMOND, M. DU; ZINNECKER, J. 1988: Raumerfahrung in der Biographie. Beispiel Kindheit und Jugend, Fernkurs der Universität Hagen

BERTELS, L. 1987: Neue Nachbarschaften, Frankfurt

BERTELS, L. 1989: Gemeinschaftsformen in der modernen Stadt, Opladen

BLUMER, H. 1973: Der methodologische Standort des symbolischen Interaktionismus, in: Arbeitsgruppe Bielefelder Soziologen (Hg.): Alltagswissen, Interaktion und gesellschaftliche Wirklichkeit, Reinbek bei Hamburg

BOHLE, R. 1984: Uner–Fahrene Orte, in: Urbs et Regio, Kasseler Schriften zur Geographie und Planung, H. 34, Kassel

BÖLL, H. 1987: Stadt der alten Gesichter, in: Ders.: Rom auf den ersten Blick. Reisen, Städte, Landschaften, Bornheim–Merten (zuerst 1959)

BRONFENBRENNER, U. 1978: Ansätze zu einer experimentellen Ökologie menschlicher Entwicklung, in: Oerter, R. (Hg.): Entwicklung als lebenslanger Prozeß, Hamburg, S. 33–65

BRUHNS, K. 1985: Kindheit in der Stadt, München

BRÜCKNER, P. 1980: Das Abseits als sicherer Ort. Kindheit und Jugend zwischen 1937 und 1945, Berlin

CANETTI, E. 1973[3]: Die gerettete Zunge. Geschichte einer Jugend, München und Wien

CANETTI, E. 1980: Die Fackel im Ohr. Lebensgeschichte 1921 bis 1931, München und Wien

CHOMBART DE LAUWE, P.–H. 1977: Aneignung, Eigentum, Enteignung. Sozialpsychologie der Raumaneignung und Prozesse gesellschaftlicher Veränderung, in: arch+, H. 34, S. 2–6

CHRISTIANE F. 1979: Wir Kinder vom Bahnhof Zoo. Ein Stern–Buch, Hamburg

CLAUSEN, J. A. 1976: Die gesellschaftliche Konstitution individueller Lebensläufe, in: HURRELMANN, K. (Hg.): Sozialisation und Lebenslauf, Reinbek bei Hamburg, S. 203–220

DEUTSCHER BUNDESTAG (Hg.) 1986: Die Situation der älteren Menschen in der Familie, Vierter Familienbericht. Drucksache 10/6145, Bonn

DÖRHOFER, K.u. U. TERLINDEN 1987: Verbaute Räume. Auswirkungen von Architektur und Stadtplanung auf das Leben von Frauen, Köln

DÜRKHEIM, K. V. 1931: Untersuchungen zum gelebten Raum, in: Neue Psychologische Studien 6

ENGELBERT, A. 1986: Kinderalltag und Familienumwelt, Frankfurt a.M.

FRIEDLÄNDER, M. J. 1963: Über die Malerei, München

FRIEDRICHS, J. (Hg.) 1987: Technik und sozialer Wandel. Beiträge der Sektionen und ad-hoc-Gruppen des 23. Deutschen Soziologentages in Hamburg, Opladen

GANS, H.J. 1974: Urbanität und Suburbanität als Lebensformen: Eine Neubewertung von Definitionen, in: HERLYN, U. (Hg.): Stadt- und Sozialstruktur, München, S. 67-90

GEHLEN, A. 1966: Der Mensch. Seine Natur und seine Stellung in der Welt, 8. Aufl. Bonn

GEISSLER, C. u.a. 1987: Lebenspläne und Wohnentscheidungen, hrsg. von der Landesbausparkasse Hannover, Hannover

GOETHE, J. W. 1962: Dichtung und Wahrheit, dtv-Gesamtausgabe Bd. 22, München

GÖCKENJAN, G.u. H.-J. V. KONDRATOWITZ 1988: Altern - Kampf um Deutungen und um Lebensformen, in: Dies. (Hg.): Alter und Alltag, Frankfurt/M.

GREIWE, U.u. WIRTZ, B. 1986: Frauen leben in der Stadt, Dortmund

GROSSHANS, H. 1987: Wohnen im Alter, H. 19 des Gesamtverbandes Gemeinnütziger Wohnungsunternehmen, Köln

GRÖNING, G.u. HERLYN, U. (HG.) 1989: Landschaftswahrnehmung und Landschaftserfahrung. Texte zur Konstitution und Rezeption von Natur als Landschaft, München

HALBWACHS, M. 1967: Das kollektive Gedächtnis, Stuttgart

HAMM, B. 1982: Einführung in die Siedlungssoziologie, München

HARMS, G.; PREISSING, T.; RICHTERMEYER, A. 1985: Kinder und Jugendliche in der Großstadt, Berlin

HÄUSSERMANN, H. u. SIEBEL, W. 1978: Thesen zur Soziologie der Stadt in: Leviathan H. 4, S. 484-500

HERLYN, I. u. HERLYN, U. 1983²: Wohnverhältnisse in der Bundesrepublik, Frankfurt/M.

HERLYN, U. 1988: Lebensverlauf, Wohnungs- und Stadtstruktur (Studienbrief der FernUniversität)

HERLYN, U. u.a. 1982: Stadt im Wandel. Eine Wiederholungsuntersuchung der Stadt Wolfsburg nach 20 Jahren, Frankfurt/M.

HILPERT 1984: Le Corbusiers „Charta von Athen". Texte und Dokumente. Kritische Neuausgabe, Braunschweig/Wiesbaden

HOERNING, E. M.u. FUCHS, W. 1988: Lebenslauf und Gesellschaft. Grundfragen der Soziologie des Lebenslaufs, Hagen (Studienbrief der FernUniversität)

HOVORKA, H. u. REDL, L. 1987: Ein Stadtviertel verändert sich, Wien

HRADIL, ST. 1987: Sozialstukturanalyse in einer fortgeschrittenen Gesellschaft, Opladen.

INGLEHART, R. 1979: Wertwandel in den westlichen Gesellschaften: Politische Konsequenzen von materialistischen und postmaterialistischen Prioritäten, in: KLAGES, H. und P. KMIECIAK, P. (Hg.): Wertwandel und gesellschaftlicher Wandel, Frankfurt

ITTELSON, W. H. u.a. 1977: Einführung in die Umweltpsychologie, Stuttgart

KEIM, K.D. 1979: Milieu in der Stadt. Ein Konzept zur Analyse älterer Wohnquartiere, Stuttgart

KOHLI, M. (Hg.) 1978: Soziologie des Lebenslaufs, Darmstadt/Neuwied

KOHLI, M. 1985: Die Institutionalisierung des Lebenslaufs, in: Kölner Zeitschrift für Soziologie und Sozialpsychologie, 37. Jg., H. 1

KOHLI, M. 1986: Gesellschaftszeit und Lebenszeit. Der Lebenslauf im Strukturwandel der Moderne, in: BERGER, J. (Hg.): Die Moderne – Kontinuitäten und Zäsuren, Sonderband 4 der Sozialen Welt, Göttingen S. 183–208

KONAU, E. 1977: Raum und soziales Handeln. Studien zu einer vernachlässigten Dimension soziologischer Theoriebildung, Stuttgart

KONDRATOWITZ, H. J. VON 1988: Allen zur Last, niemandem zur Freude, in: GÖCKENJAN, G. u. ders. (Hg.): Alter und Alltag, Frankfurt/M., S. 100–136

KÖNIG, R. 1980: Leben im Widerspruch. Versuch einer intellektuellen Biographie, München/Wien

KREIBICH, V. 1985: Wohnversorgung und Wohnstandortverhalten, in: FRIEDRICHS, J. (Hg.): Die Städte in den 80er Jahren, Opladen, S. 181–195

KROMREY, H. 1988: Auswirkung der Nutzung neuer Informations- und Kommunikationstechniken in privaten Haushalten; in: BERTELS, L. u. HERLYN, U. (Hg.) 1988 Lebenslauf und Raumerfahrung, Hagen (Studienbrief der FernUniversität) Kurseinheit 3, S.ß8–61

KRUSE, L. 1974: Räumliche Umwelt. Die Phänomenologie des räumlichen Verhaltens als Beitrag zu einer psychologischen Umwelttheorie. Berlin, New York

KRUSE, L.u. GRAUMANN, C. F. 1978: Sozialpsychologie des Raumes und der Bewegung, in HAMMERICH, K. und KLEIN, M. (Hg.): Materialien zur Soziologie des Alltags. Sonderheft 20 der Kölner Zeitschrift für Soziologie und Sozialpsychologie, Opladen, S. 177–219

LANG, S. 1985: Lebensbedingungen und Lebensqualität von Kindern, Fankfurt a.M.

LEHMANN, A. 1983: Erzählstruktur und Lebenslauf. Autobiographische Untersuchungen, Frankfurt

LEHR, U. 1987: Zur Situation der älterwerdenden Frau. Bestandsaufnahmen und Perspektiven bis zum Jahr 2.000, München

LEITNER, H. 1982: Lebenslauf und Identität. Die kulturelle Konstruktion von Zeit in der Biographie, Frankfurt a.M.

LENZ–ROMEISS, F. 1970: Die Stadt – Heimat oder Durchgangsstation?, München

LINDE, H. 1972: Sachdominanz in Sozialstrukturen, Tübingen

LORENZER, A. 1969: Städtebau: Funktionalismus und Sozialmontage? Zur sozialpsychologischen Funktion der Architektur, in: H. BERNDT u.a. (Hg.): Architektur als Ideologie, Frankfurt/M., S. 51–104

MANN, T. 1956: Lübeck als Lebensform, in: Ders.: Werke Bd. 9, Frankfurt (zuerst 1926)

MANNHEIM, K. 1978: Das Problem der Generationen, in: KOHLI, M. (Hg.): Soziologie des Lebenslaufs, Darmstadt/Neuwied (zuerst 1928), S. 38–53

MATTHES, J. 1978: Wohnverhalten, Familienzyklus und Lebenslauf, in: KOHLI, M. (Hg.): Soziologie des Lebenslaufs, Darmstadt/Neuwied, S. 154–172

MITSCHERLICH, A. 1965: Die Unwirtlichkeit unserer Städte. Anstiftung zum Unfrieden, Frankfurt

MORITZ, K. P. 1972: Anton Reiser. Ein psychologischer Roman, Stuttgart (zuerst 1785)

MUCHOW, M. u. MUCHOW, H.H. 1978 (zuerst 1935): Der Lebensraum des Großstadtkindes, Bensheim

NEUGARTEN, B. L.u. DATAN, N. 1979: Soziologische Betrachtung des Lebenslaufs, in: BALTES, B. P. (Hg.), Entwicklungspsychologie der Lebensspanne, Stuttgart S. 368–378

OBERMEIER, D. 1980: Möglichkeiten und Restriktionen der Aneignung städtischer Räume, Dortmund

PFEIL, E. 1954: Die Wohnwünsche der Bergarbeiter, Tübingen

PIAGET, J.u. INHELDER, B. 1971: Die Entwicklung des räumlichen Denkens beim Kinde, Stuttgart

POSENER, J. 1966: Das Lebensgefühl des Städters, in: Stadtbauwelt, Jg. 57, Nr. 10, S. 766–774

ROSE, A.M. 1973 (zuerst 1962): Systematische Zusammenfassung der Theorie der symbolischen Interaktion, in: HARTMANN, H. (Hg.): Moderne amerikanische Soziologie, Stuttgart

SCHENDA, R. 1981: Schriftliche Autobiographien älterer Mitbürger, in: BREDRICH, R.W. u.a. (Hg.), Lebenslauf und Lebenszusammenhang, Freiburg, S. 107–115

SCHRÖDER, R. A. o.J.: Unser altes Haus. Jugenderinnerungen, Bremen

SCHÜTZ, M. W. 1985: Die Trennung von Jung und Alt in der Stadt, Hamburg

SIEWERT, J. 1977: Bestimmt die bauliche Umwelt das menschliche Verhalten? in: Der Bürger im Staat 24, H. 2, S. 144–148

STEG, E.u.J. JESINGHAUS (Hg.) 1988: Die Zukunft der Stadt ist weiblich, Bielefeld

STEMLER, H. 1985: Die Wohnverhältnisse im 19. Jahrhundert – dargestellt anhand von Autobiographien. Arbeitspapier Nr. 175 des Sonderforschungsbereichs 3 „Mikroanalytische Grundlagen der Gesellschaftspolitik" der Universitäten Frankfurt und Mannheim.

VASKOVICS, L.A. 1988: Veränderungen der Wohn- und Wohnumweltbedingungen in ihren Auswirkungen auf Sozialisationsleistungen auf die Familie, in: NAVE–HERZ, R. (Hg.): Wandel und Kontinuität der Familie in der Bundesrepublik Deutschland, Stuttgart, S. 36–60

WALDENFELS, B. 1985: Heimat in der Fremde, in: FÜHR, E. (Hg.): Worin noch niemand war: Heimat. Eine Auseinandersetzung mit einem strapazierten Begriff, Wiesbaden/Berlin, S. 33–41

WALTER, H. 1981: Region und Sozialisation. Ein neuer Schwerpunkt zur Voraussetzung menschlicher Entwicklung, in: Ders. (Hg.): Region und Sozialisation Band 1, Stuttgart–Bad Cannstatt, S. 1–55

WERLEN, B. 1988: Gesellschaft, Handlung und Raum. Grundlagen handlungstheoretischer Sozialgeographie, Stuttgart

ZINNECKER, J. 1979: Straßensozialisation, in: Zeitschrift für Pädagogik, 25, H. 5, S. 727–746

I. Gruppenspezifische Raumerfahrungen

Organisation des Lebensraums bei Großstadtkindern - Einheitlichkeit oder Verinselung?

Helga Zeiher

1. Räume für Kinder

Die Entstehung eigener Räume für Kinder gilt Kindheitshistorikern als eines der Zeichen für die historische Herausbildung von Kindheit als einer besonderen gesellschaftlichen Lebensform. Daß im Schulhaus und nicht mehr nur im gemeinsamen Alltag mit Erwachsenen gelernt wird, daß in Familienwohnungen eigene Kinderzimmer abgegrenzt werden, daß zum Spielen draußen besondere Plätze hergerichtet werden, zeigt an, daß ein Zustand gesellschaftlicher Arbeitsteilung erreicht ist, der zu einer räumlichen Trennung der Generationen führt. ARIES spricht von einem „langen Prozeß der Einsperrung der Kinder (...), der bis in unsere Tage nicht zum Stillstand kommen sollte und den man als Verschulung (...) bezeichnen könne" (1975, S. 48). Bis heute sind immer mehr und immer detaillierter definierte Lebensfunktionen der Kinder aus ihrer traditionellen Einbettung in familiäre und nachbarschaftliche Lebenszusammenhänge gelöst und je für sich von gesellschaftlichen Zentralinstanzen organisiert worden. Dieser Prozeß hat bei uns zuletzt in den sechziger und siebziger Jahren einen starken Entwicklungsschub erfahren, verursacht durch das Ineinandergreifen einer Reihe von Veränderungen. Ohne auf die treibenden gesellschaftlichen Kräfte eingehen zu können, seien hier nur die wichtigsten Erscheinungen aufgezählt, sofern sie Abdrücke im gebauten und gestalteten Raum hinterlassen haben, die für Kinder von Bedeutung sind.

Dichterer Autoverkehr, neue Schnellstraßen, das Verschwinden der letzten ungenutzten Flächen zugunsten von Gebäuden, Straßen, Parkplätzen und Grünanlagen haben Kindern die Aufenthalts- und Spielorte draußen genommen (GÖSCHEL 1980; ZACHARIAS 1985; ZEIHER 1983). Verkehrsgefährdung der Kinder wurde zum Problem und zum Anstoß für vermehrten Spielplatzbau (SCHOTTMAYER/CHRISTMANN 1977; THOMAS 1979). Die neue aktive Bildungspolitik erfaßte auch den Freizeitbereich. Es entstanden pädagogisch betreute Kinderfreizeiteinrichtungen verschiedener Art. Ein neuer Typ der Sozialplanung, in großen Dimensionen und auf Funktionsspezialisierung bedacht, trat ebenso in den neuen Hochhaus-Trabantenstädten in Erscheinung wie in den integrierten Zentraleinrichtungen der Bildungsreform, den Mittelpunktschulen, Gesamtschulen und Kindertagesstätten. Die Expansion von Wissenschaftszweigen und von Berufen, die sich mit Belangen der Kinder befaßten, ging einher mit der Zerlegung dieser Belange in immer mehr Spezialaspekte, Spezialkonzepte und Spezialeinrichtungen. In reformbegleitenden Forschungen wurden Problempotentiale von Neuerungen aufgedeckt und Weiterentwicklungen angeregt, die oft neue Spezialisierungen waren. Neuartige pädagogische Konzepte veränderten nicht nur die Praxis in den Institutionen, sondern auch in den Familien. Vermehrte Müttererwerbstätigkeit, aber auch eine hohe pädagogische Gewichtung der Elementarerziehung vergrößerten den Bedarf an Kinderbetreuungseinrichtungen[1]. Die allgemeine Wohlstandsentwicklung führte zur Entdeckung der Kinder als Konsumenten und verhalf den meisten Kindern zu einem mit Spielzeug vollgestopften Kinderzimmer[2]. Telefon, Fernsehen und Privatautos verbreiteten sich jetzt in nahezu alle Familienhaushalte.

An diesen konkreten Veränderungen lassen sich einige Tendenzen des Wandels räumlicher Lebensbedingungen identifizieren, die zugleich Tendenzen des gesellschaftlichen Wandels der Bedingungen für das Aufwachsen von Kindern heute sind.

1. Nachdem ein Teil des kindlichen Lebens schon seit langem durch die Schule gesellschaftlich zentral organisiert ist, wird jetzt auch der Freizeitbereich der Kinder vermehrt von Institutionalisierungen erfaßt. Geschlossene und offene Betreuungseinrichtungen sowie institutionalisierte Angebote zur Ausübung einzelner Tätigkeiten sind, im Unterschied zum staatlichen Schulwesen, von einer unkoordinierten Instanzenvielfalt getragen: von kommunalen Behörden, Kirchen, Wohlfahrtsverbänden, Vereinen. Die Teilnahme ist freigestellt, doch nötigt oft die Situation zu Annahme von Angeboten, weil diese die verlorenen ungeregelten Gelegenheiten ersetzen: der Kinderhort[3]

---

[1] 1960 gab es für 32.8% der Kinder im Alter von drei bis unter sechs Jahren Kindergartenplätze; 1982 für 76,7% dieser Kinder (BUNDESMINISTER FÜR BILDUNG UND WISSENSCHAFT 1986, S. 13). Zum Kindergartenbesuch vgl. auch ENGELBERT (1986), MUNDT (1980), ROSENBLADT (1978). Zur historischen, regional unterschiedlichen Entwicklung sozialer Infrastruktur für Kinder GÖSCHEL (1980).

[2] Nach einer Befragung von Müttern von Vorschulkindern 1977/1978 (MUNDT 1980, S. 77) hatten 55% der Kinder ein Kinderzimmer für sich allein, 40% teilten eines mit Geschwistern. 1980 gaben zwischen 54% (Großstädte) und 69% (Kleinstädte, ländliche Gegenden) acht- bis zehnjähriger Kinder an, *allein* ein eigenes Zimmer zu besitzen (LANG 1985, S. 138).

[3] Hortbesuch ist regional sehr unterschiedlich. 1982 gab es im Bundesdurchschnitt nur für 3,7% der Grundschüler (1960: 2,2%) einen Hortplatz, in Berlin aber für 28% (BUNDESMINISTER FÜR BILDUNG UND WISSENSCHAFT 1986, S. 13).

die familiäre Betreuung, der Sportverein[4] die Gelegenheit zum Ballspiel vor der Haustür. Spezialorte sind abgegrenzt, umzäunt, gebaut, speziell ausgestattet. So werden Aufenthalts– und Spielmöglichkeiten der Kinder von Außen– in Binnenräume verlagert. BEHNKEN/ZINNECKER (1987) beschreiben dies als „Verhäuslichung" der Kindheit, die mit einem Wandel der Art möglicher Spieltätigkeiten einhergeht. Die Spezialeinrichtungen enthalten für einige bestimmte Tätigkeiten optimale Ausführungsbedingungen, und zwar um so optimaler, je detaillierter sie spezialisiert sind. Damit legen sie in besonderem Maß nahe, das von den Konstrukteuren und Programmachern Vorgesehene zu tun: auf der Schaukel zu schaukeln, an der Tischtennisplatte Tischtennis zu spielen, auf dem Sportplatz und nicht woanders Fußball zu spielen. Die vermehrten räumlich–gegenständlichen Handlungsvorgaben der Spielplätze und Spielzeuge ebenso wie die vermehrten Veranstaltungsprogramme lenken das Tätigkeitsspektrum der Kinder auf das Angebotene und kanalisieren es somit. Wo Institutionen Tätigkeitsgelegenheiten anbieten, muß individuelles Leben sich in deren Zeitstrukturen einpassen. Öffnungszeiten, Anmeldefristen, Veranstaltungstermine, Pünktlichkeits– und Regelmäßigkeitserwartungen regeln den Zugang zu vielen Tätigkeitsorten (RABE–KLEBERG/ZEIHER 1984, ZEIHER 1988).

2. Der private Raum ist innen reicher mit Tätigkeitsgelegenheiten ausgestattet, die speziell für Kinder gemacht sind. Es gibt häufiger ein Kinderzimmer; die Wohnung bietet mehr Spielzeug sowie Gelegenheit zum Fernsehen und anderem Mediengebrauch. Nach außen ist der private Bereich für Kinder deutlicher abgeschottet. Zwischenzonen zwischen Wohnung und vom Kleinkind nicht zu bewältigender Außenwelt fehlen häufig (BAHRDT 1974, S. 229; HERLYN 1970). Wo sich in der Nachbarschaft keine Orte und keine anderen Kinder zum Spielen finden, bleibt der Bereich jenseits der Wohnungstür Kindern fremd. Im Auto wird die private Abgrenzung in die Außenwelt mitgenommen.

3. Beide Tendenzen gehen einher mit der Entleerung der übrigen sozialen und räumlichen Welt für Kinder. Kinder leben somit in einer gespaltenen, doppelten Welt (KAUFMANN 1980). In den Familien und Kinderinstitutionen sind sie Hauptpersonen. In den Institutionen sind alle Dinge, alles Geschehen, alle Erwachsenen sogar ausschließlich auf sie bezogen. Im anderen Teil ihrer Lebenswelt sind Kinder bloß Randfiguren des Erwachsenenlebens, höchstens geduldete, oft feindlich behandelte Außenseiter: in Treppenhäusern und Höfen, in Parks und auf Parkplätzen, in öffentlichen

---

[4]Die Mitgliedschaft von Kindern unter 15 Jahren in Sportvereinen hat kontinuierlich zugenommen. In Berlin waren es 1971 15,5% der Mädchen und 19,8% der Jungen, 1977 20,5% beziehungsweise 25,7% (CÜPPERS/EGGER 1982).

Verkehrsmitteln und in Kaufhäusern. Die Räume jenseits des kindbezogenen Teils der Welt sind oft unzugänglich und gefährlich ohne Begleitung Erwachsener. Und der Sog zu den Spezialorten und ins Private macht auch solche Straßen kinderleer, deren räumliche Beschaffenheit Kinderspiel zuließe.

4. Der Verfestigung räumlicher und zeitlicher Eingrenzungen und räumlich–gegenständlicher und organisatorischer Handlungsvorgaben stehen Flexibilisierungen in der inneren Gestaltung der Binnenräume gegenüber. Das betrifft den privaten Bereich und die Kinderinstitutionen. In den Familien ist häufiger die ganze Wohnung zum Spielen zugelassen[5], Eltern spielen mehr als früher mit ihren Kindern. In den Schulen stehen nicht mehr feste Bänke frontal vor erhöhtem Katheder. Freizeitinstitutionen schaffen Gelegenheiten zu wildem Spiel, zum Machen, Gestalten und Zerstören, zum „Abenteuer" auf Spezialspielplätzen. Dies sind Symptome einer Verlagerung der Kontrolle über Kinder aus persönlichen in anonyme, gesellschaftlich zentral organisierte Verhältnisse, der Auflösung persönlich–autoritativer Über- und Unterordnung zwischen den Kindern und Erwachsenen zugunsten von Partnerschaftlichkeit und zugunsten der emotionalen Abpolsterung gemeinsamer Binnenwelten. (Ausführlicher hierzu BÜCHNER 1983; ZINNECKER 1987)

Die Raumverhältnisse für Kinder sind auch innerhalb von Großstädten nicht allerorts gleichartig und gleich stark von diesen Veränderungstendenzen geprägt (vgl. HERLYN 1980; MUNDT 1980 sowie monographische Studien einzelner Wohnquartiere[6]). Regionale Raumbedingungen und individuelle Situationen darin sind für Kinder unterschiedlich, haben auch unterschiedliche Bedeutung im Kindheitsverlauf. So ist zu fragen, wie sich das Ganze individueller Lebenszusammenhänge herstellt aus dem speziell für Kinder Gemachten und anderem, aus den kinderfreundlichen und den kinderabweisenden Versatzstücken für kindliche Lebenswelten.

2. Räume der Kinder

Wendet man den Blick von den Räumen auf Lebensabläufe in den Räumen, so tritt eine bestimmte Form der Organisation des Raumes durch Zeit hervor: die Konstitution des individuellen Lebensraums durch den Lebensprozeß. Individueller Lebensraum erstreckt sich in der Zeit. In

---

[5] In einer bundesweiten Befragung acht– bis zehnjähriger Grundschulkinder gab etwa die Hälfte der Kinder an, in der ganzen Wohnung spielen zu dürfen (lang 1985, S. 130).
[6] Zum Beispiel BERG–LAASE u.a. (1985); CHRISTIANE F. (1980); HARMS/-PREISSING/RICHTERMEIER (1985); ROSENBLADT/SCHWINDT (1978); V. SEGGERN (1982).

ihm sind die Orte zeitlich aneinandergereiht, durch die der „Lebensweg"
führt. Das Bild der Lebenslinie durch Raum–Zeit, das in der Zeitgeo-
graphie theoretisch und forschungspraktisch entwickelt worden ist (z.b.
CARLSTEIN/PARKES/THRIFT 1978; HÄGERSTRAND 1975; LENNTORP 1976),
ermöglicht es, die raum–zeitliche Beschaffenheit der äußeren Welt und die
einzelnen Lebensverläufe darin getrennt zu betrachten und ihre Beziehung
zueinander zu studieren. Ausgehend von der räumlichen Verteilung von
Tätigkeitsgelegenheiten in ganzen Stadtlandschaften richtet sich im folgenden die Perspektive auf die Zusammensetzung des ganzen individuellen Lebensraums im Lebensverlauf ganzer Kindheiten. Es geht also weder um die
Aneignung einzelner Teile der gebauten Welt noch um einzelne Altersstufen
kindlichen Lebens. Wie finden sich räumliche Spezialisierungen und Entmischungen in der individuellen Lebensraum–Organisation wieder? Sind ganze
Kindheitsverläufe unterschiedlich von den eingangs skizzierten Veränderungen betroffen[7]?

Im Verlauf der kindlichen Entwicklung nehmen die physischen und psychischen Voraussetzungen zur eigenständigen Bewegung im Raum zu, von
den ersten Kriechbewegungen des Kleinkindes bis zur weiträumigen Mobilität Zwölfjähriger. Dem natürlichen Wachstum entspricht eine allmähliche
Ausweitung des Lebensraums, die man sich in einem Modell konzentrischer
Kreise um die Wohnung vorstellen kann (vgl. PFEIL 1965; HART 1979).
Diese setzt freilich entsprechende Gegebenheiten in der räumlichen Welt
voraus: Ein in seiner Größe dem Alter gemäßer Umkreis um die Wohnung
muß dem Kind zugänglich sein und ihm geeignete Tätigkeitsgelegenheiten
bieten (BAHRDT 1974). Solche Gegebenheiten bestanden in traditionalen
räumlichen Lebenszusammenhängen, in denen Arbeitsteilungen überwiegend kleinräumig und nicht zentralisiert organisiert waren. Heute ist zu
fragen, ob und in welchen Formen allmähliches Erweitern des kindlichen
Lebensraums noch immer stattfinden kann.

Mit dem Lebensalter ändern sich nicht nur personengebundene Mobi-
litätsvoraussetzungen. MARTHA MUCHOW (1935) hat gezeigt, wie Kinder
unterschiedlichen Alters jeweils andere Aspekte derselben räumlichen Gegebenheiten in ihr Handeln einbeziehen. Zielsetzungen, Fähigkeiten, psychi-
sche und physische Befindlichkeiten stellen spezifische Zugriffsmöglichkeiten
dar auf das, was in der Umgebung objektiv vorhanden ist. Sie grenzen
eine mögliche Umwelt aus, von der ein Teil durch Handeln zur faktischen
individuellen Umwelt wird. Heute sind in die Gestalt von Kinderspezial-
orten oft schon altersdifferenzierte Nutzungsangebote eingegraben, etwa wo

---

[7]Lebenszeit wird im folgenden in zwei Zeitrastern gefaßt: in den Phasen der Kind-
heitsentwicklung und in den Tätigkeits–und Ortssequenzen des Alltags innerhalb der
Kindheitsphasen.

Spielplätze altersgetrennte Bereiche und Geräte vorgeben. Oder Spezialorte sind zu unterschiedlichen Zeiten zugänglich, etwa der Sportplatz für altersgestufte Trainingsgruppen. Zu fragen ist, welche ihrer Orte Kinder sich heute noch ihre Kindheit hindurch nacheinander auf altersspezifisch unterschiedliche Weisen aneignen, oder ob sie stattdessen im Kindheitsverlauf immer wieder andere Spezialorte aufsuchen.

Die „Räume für Kinder", durch die einzelne Kindheiten verlaufen, unterscheiden sich. Städtische Wohnquartiere sind weder in gleicher Weise noch gleich stark funktionsentmischt und auch ungleich mit Infrastruktureinrichtungen für Kinder ausgestattet. In biographischer Perspektive werden überdies Unterschiede relevant, die zwischen Kindern innerhalb des gleichen Quartiers bestehen. Denn für das einzelne Kind kommt es auf die Erreichbarkeit möglicher Aufenthalts–und Spielorte von der Wohnung aus an. Bei einem hohen Maß der Ausgrenzung von Tätigkeitsgelegenheiten an Spezialorte sind diese im Stadtraum weiter verstreut als es zuvor die nicht spezialisierten Gelegenheiten für entsprechende Tätigkeiten waren[8]. Während im multifunktional nutzbaren Raum jedes Kind in Hausnähe einen Ort zum Ballspielen finden kann, haben im funktionsentmischten Raum einige Kinder kurze Wege, andere Kinder weite Wege zum Sportplatz (vgl. BERG/MEDRICH 1980).

Neben der Beschaffenheit des Quartiers und der Lage der Wohnung im Quartier ist die soziale Lage und das Verhalten der Eltern von Bedeutung für den Zugang zu Tätigkeitsgelegenheiten und –orten. Nur einige Hinweise: Örtliche soziale Milieus sind oft schichtspezifisch geprägt. Aus elterlicher Erwerbstätigkeit und aus elterlichen Erziehungsvorstellungen entsteht unterschiedlicher Bedarf an außerhäuslicher Kinderbetreuung. Wohnung, familiäre Alltagsorganisation und familiäre Alltags– und Freizeitmobilität werden überwiegend von Eltern bestimmt. Eltern nehmen Einfluß auf Wahl von Tätigkeitsgelegenheiten, sowohl direkt als auch über die Bereitschaft zu Transport und Finanzierung.

Man könnte nun Klassifikationen von Bedingungskonstellationen bilden, etwa nach Quartierstyp und sozialer Lage, und prüfen, in welcher Hinsicht Lebensräume sich in den einzelnen Merkmalsklassen unterscheiden. Im folgenden wird ein anderer Weg gewählt. Ausgangspunkt sind nicht Bedingungskonstellationen, sondern das Leben von Kindern darin. Unterschiede zwischen Kindern werden in Unterschieden der Art ihrer individuellen Lebensräume gesucht.

---

[8]Für Haushalte mit Kindern bestanden 1978 folgende Entfernungen zum nächsten öffentlichen Spielplatz: bis zu 5 Minuten 39%, 6–10 Minuten 23%, 11–20 Minuten 12%, über 20 Minuten 10%, (Rest ohne Angabe) (STATISTISCHES BUNDESAMT 1985, S. 125).

Strukturen der räumlichen Welt sind eingangs in Begriffen beschrieben worden wie Vermischung oder Trennung, Dichte oder Verstreutheit, Nähe oder Ferne, Abgrenzung oder Offenheit. Solche räumlichen Beziehungen sind Folgen und Voraussetzungen sozialer Beziehungen (vgl. SIMMEL 1908). So führt die Beschreibung der Organisation individueller Lebensräume von Kindern zur Beschreibung von Strukturen ihrer sozialen Beziehungen sowie von deren Zustandekommen.

3. Muster der Organisation des Lebensraums

Im Folgenden können nicht einzelne Kinderbiographien ausgebreitet werden. Ich will vielmehr den Versuch machen, aus individuellen Kinderalltagen und Kindheitsgeschichten einige unterschiedliche Muster der Organisation des Lebensraums herauszuheben. Im Vordergrund steht die werktägliche Nachmittagsgestaltung. Denn die Vormittage folgen ähnlichen Mustern bei allen Kindern: im frühen Alter besuchen viele einen Kindergarten, im späteren alle die Schule. Pädagogisch betreute Freizeiteinrichtungen für Kinder sind in der Regel nur an werktäglichen Nachmittagen zugänglich, mit Ausnahme von Ferienveranstaltungen.

Den dargestellten Mustern liegen Material und Ergebnisse einer eigenen, gemeinsam mit HARTMUT J. ZEIHER durchgeführten, biographisch und ökologisch angelegten Tagesablaufuntersuchung an Berliner Kindern im Alter von neun und zehn Jahren zugrunde (ZEIHER/ZEIHER 1987). Die erste Phase dieser Untersuchung ist beschränkt auf Berliner Großstadtverhältnisse in zwei Altbauquartieren mit geschlossener Miethausbebauung: das eine in einem traditionellen Arbeiterbezirk, das andere in einer Mittelschichtengegend mit bildungsbürgerlichen und kleinbürgerlichen Traditionen[9]. Die Muster können also nicht als Typologie mit Vollständigkeitscharakter für Kindheit weder in Berlin noch in der Bundesrepublik angesehen werden. Auf Ergebnisse anderer Forschungsarbeiten läßt sich nur punktuell zurückgreifen. In den letzten zehn Jahren hat sich zwar eine umfangreiche soziologisch ausgerichtete ökologische Kindheitsforschung entwickelt (zur Übersicht LEDIG/NISSEN 1987), doch fehlt die holistische biographische Perspektive bislang völlig. Untersuchungen, die auf die räum-

---

[9] In jedem Quartier wurden vier Kinder nach der Nähe der Wohnungen zueinander ausgewählt. Beziehungen zwischen Handeln und Lebensbedingungen werden auf der Ebene einzelner Tätigkeitswechsel und auf der Ebene individueller Muster der Lebensgestaltung und korrespondierender Umweltkonfigurationen analysiert. Die Analysen sind durch eine Theorie der Tageslaufgestaltung angeleitet. Zur Bildung der Lebensraum–Organisationsmuster ist folgendes Material berücksichtigt: Protokolle und Interviews, Beobachtungen der Kinder mit ihren Freunden und in den Familien, Interviews in den Betreuungs– und Freizeiteinrichtungen der Quartiere.

liche Verteilung und Nutzung sozialisationsrelevanter Ressourcen – soziale Infrastruktur, soziale Netzwerke – zielen, aggregieren Individualdaten nach Einzelmerkmalen und Quartierstypen (z.B. BARGEL/FAUSER/MUNDT 1982; HERLYN 1980; MIELCK 1985; MUNDT 1980; ROSENBLADT/SCHWINDT 1978), und zwar auch da, wo mit der Tagebuchführung eine Erhebungsmethode gewählt ist, die biographische Zeitzusammenhänge erfaßt (ENGELBERT 1986; STROHMEIER/HERLTH 1981). Vorliegende holistisch–deskriptive Studien setzen nicht biographisch, sondern lokal an; es sind städtebaukritisch und sozialpädagogisch motivierte Beobachtungen, was Kinder auf bestimmten Straßen und Plätzen tun. Sie erfassen nur die Kinder, die sich an den untersuchten Orten aufhalten, und nur den Teil ihres Lebens, der dort stattfindet (z.B. BERG-LAASE u.a. 1985; HARMS/PREISSING/RICHTERMEIER 1985; HETZER/BENNER/PEE 1966; V. SEGGERN 1982).

3.1 Aktive Verinselung

Wo in Wohnungsnähe ungefährliche Bewegungsräume für Kleinkinder fehlen, wo zum nächsten Spielplatz verkehrsreiche Straßen zu überqueren sind, wo sich keine gleichaltrigen Kinder in der Nähe finden, überschreiten kleine Kinder oft bis zum Schulalter die Wohnungs- und Grundstücksgrenze nicht allein. Wohin diese Kinder kommen, hängt von den Eltern ab. Im untersuchten Mittelschichtenquartier, wo solche lokalen Bedingungen bestanden, war folgendes Muster anzutreffen:

Schon im frühen Kleinkindalter ihres Kindes kümmern sich die Eltern, meist die Mütter, aktiv um die Tätigkeitsgelegenheiten und Spielkontakte, die über Familie und Wohnung hinausreichen. Sie besuchen mit dem Kind Spielplätze, und sie schicken es vormittags in einen Kindergarten, eine Spielgruppe oder auch in einen selbst mitgestalteten Kinderladen. Sie halten dort nach Spielgefährten für die Nachmittage Ausschau und knüpfen Kontakte zu anderen Eltern, um wechselseitiges Sich–Besuchen der Kinder zu arrangieren. Sie machen Ausflüge, zu denen sie auch befreundete Kinder mitnehmen. Kinder übernachten hin und wieder in anderen Familien. Eltern besuchen mit dem Kind „Mutter–Kind–Turnen", Schwimmkurse, Ballettunterricht oder ähnliches. Und sie bringen und holen das Kind zu all seinen Terminen, oft mit dem Auto. Das Kind selbst telefoniert schon mit vier Jahren mit anderen Kindern über Verabredungen und schaltet sich mit seinen Wünschen in das elterliche Terminmanagement ein.

In diesen Bedingungen gibt es kein allmähliches Ausweiten des kindlichen Lebensraums. Die Orte, zu denen das Kind eigens gebracht wird, liegen weit verstreut, wie auch die Orte, zu denen es die Erwachsenen mitnehmen, etwa zu Besuchen, Einkäufen, Ferienreisen. Die Entfernungen entsprechen den Mobilitätsmöglichkeiten der Erwachsenen. Kinder bleiben deshalb lange vom Transportiertwerden durch Erwachsene abhängig. Das tägliche Leben dieser Kleinkinder findet nicht überwiegend in einem als zusammenhängend erfahrbaren Raum statt, sondern wie auf einer Reihe von Inseln in einer unbekannten Weite, die nicht selbständig passierbar ist. Die Entfernungen und auch die Art der Passage von Insel zu Insel in den separierenden Hülsen der Autos, Busse und Bahnen ermöglichen kleinen Kindern keine Vorstellung des ganzen Raumzusammenhangs. Organisation und Erfahrung ihres Lebensraums sind „verinselt" (MÅRTENSSON 1979, S. 136f.; SACHS 1981; ZEIHER 1983)[10].

Eltern ist diese Lebensweise nicht selten problematisch und auch lästig. Das Bild eigener Kindheit in selbstentstehenden, ungeregelten Nachbarschaftsgruppen vor Augen, versuchen manche, solche Verhältnisse für ihre Kinder gezielt zu schaffen. Sie ziehen in Wohngegenden, wo das möglich scheint, beziehen mit anderen Familien ein gemeinsames Haus, beteiligen sich an Bürgerinitiativen für Spielstraßen, veranstalten gelegentlich Kinderfeste. So weit sich sehen läßt, scheint sich Verinselung auf diese Weise zwar verdünnen zu lassen zugunsten der Verstärkung eines einheitlichen Bereichs in der nahen Wohnumgebung, aber kaum ganz aufheben.

Im mittleren Kindesalter, etwa vom dritten Schuljahr an, können und dürfen diese Kinder ihre Nachmittagsgestaltung ganz selbst in die Hand nehmen. Zwar haben sie schon früh selbst Verabredungen getroffen, aber jetzt können sie längerfristigere Zeitpläne selbständig überschauen, Termine einhalten und viele ihrer Wege durch den städtischen Verkehr allein zu Fuß, mit Rad oder Bus zurücklegen. Jetzt beginnt eine Entwicklungsphase, in der die Suche nach selbständiger Ich–Erfahrung und Welterkundung wichtig wird, sowie der Wunsch, dies in wechselseitiger Bestätigung und Unterstützung mit Gleichaltrigen und frei von der Aufsicht Erwachsener zu tun[11]. Treffpunkte dafür außerhalb der Wohnungen und Kindereinrichtungen zu finden, ist für diese Kinder schwierig. Denn in Wohngegenden, in denen Verinselung kindlicher Lebensbedingungen unter Kindern dominiert, gibt es keine Nachbarschaftszusammenhänge von Kindern, denen sie sich zugesellen könnten. Diese jetzt von sich aus zu bilden, fehlen ihnen die sozialen Erfahrungen.

---

[10]Beschränkt man die Perspektive nicht auf die Nachmittage der Kinder, wie es hier geschieht, so sind heute alle Kinder in gewissem Maß von Verinselung ihres Lebensraums betroffen, indem sie an elterlicher Mobilität teilhaben. Technische Kommunikationsmedien unterstützen die Erfahrung räumlicher Verinselung. Mit dem Telefon wie auch beim Fernsehen werden Raumdistanzen partiell übersprungen, so daß faktische Verortung im Raum ganz aus dem Erfahrungsbereich herausfällt.

[11]Zum mittleren Kindheitsalter siehe zum Beispiel KRAPPMANN (1980), MÜLLER–WIEDEMANN (1973).

Stattdessen ist zu beobachten, wie diese Kinder die ihnen vertrauten Formen den neuen Bedürfnissen anpassen. Die Neigung, an Kursen und Gruppenveranstaltungen teilzunehmen, wird geringer, es sei denn, man ist an einem Sport oder am Musizieren besonders engagiert. Privates Verabreden erhält das stärkste Gewicht und wird jetzt ganz in eigene Regie genommen. Ausgangspunkt dazu ist die Schule, weil es dort Kinder gibt, die sich täglich treffen und über viele Jahre hin zusammen sind. Ein typisches Muster für diese Verabredungen ist das folgende: Kinder verabreden sich vormittags in der Schule für den Nachmittag, jedoch nicht alle gemeinsam, sondern in kleinen Gruppen, oft nur zu zweit. Der Termin wird mittags zu Hause mit den Plänen in der Familie abgeklärt und dann telefonisch bestätigt. Über die Tage hin wechseln die Gruppenzusammensetzungen, so daß jedes Kind mit jedem anderen immer wieder einmal verabredet ist, mit einzelnen häufiger, mit anderen seltener.

Die Beschränkung auf selbst zu bewältigende Wege und auf Freunde aus der Schulklasse läßt für diesen Teil des Kindheitsverlaufs den Lebensraum auf die Größe des Schuleinzugsbereichs schrumpfen. Der kleiner gewordene Raum ist nun als ganzer bekannt. Doch sind die möglichen Aufenthaltsorte darin nach wie vor abgegrenzte Inseln, oft nur zu bestimmter Zeit oder in bestimmter Gesellschaft zugänglich: Privatwohnungen, Höfe, Gärten, Spielplätze, Schwimmbäder. Die ganze Gruppe der am Verabredungsgeflecht beteiligten Kinder hat nur vormittags in der Schule einen festen gemeinsamen Ort. Nachmittags halten sich die verschiedenen gleichzeitig bestehenden Kinderpaare je woanders auf. Da die Gruppierungen wechseln, hat jedes Kind im Laufe der Tage seine eigene Abfolge von Orten, Tätigkeiten und Kontakten.

Der verinselte Lebensraum dieser Kinder, der sich im Kleinkindalter über einen geographisch weiten Bereich erstreckt und dann in der mittleren Kindheit, von einem bestimmten Entwicklungsstand eigener räumlicher Bewegungsmöglichkeit an, sich verengt, dehnt sich danach, in der späteren Kindheit und Jugend wieder aus. Dann können die selbständigen Fahrten mit Verkehrsmitteln immer weiter werden, die Orte, die Kinder miteinander aufsuchen, weiter entfernt liegen. Jetzt erst kann der Lebensraum aus eigener Kraft allmählich vergrößert werden, und zwar so, daß die neuen ferneren Orte in einem Raum liegen, der in der Vorstellung als Einheit erfaßt werden kann.

3.2 Passive Verinselung

Auch dieses Muster entsteht, wo das Kleinkind keine Möglichkeit hat oder erhält, seinen Aktionsbereich über die Wohnung hinaus selbständig zu erweitern. Auch hier erfährt das kleine Kind seine räumliche Welt als zusammenhanglose Inseln, zwischen denen es transportiert wird. Im Unterschied zum Muster der „aktiven Verinselung" haben diese Kinder aber keine privaten Spielbeziehungen zu anderen Kindern. Die Eltern verhelfen ihnen nicht dazu, entweder weil sie keine Zeit haben oder – was wir im untersuchten Arbeiterquartier angetroffen haben – keine Notwendigkeit sehen, nicht über soziale Verhaltensformen dazu verfügen oder in der Wohngegend gezielt hergestellte, geplante Kontakte nicht üblich sind. Oder auch, weil sie, Mütter vor allem, das Kind eng an sich und den familiären Binnenbereich binden, in emotionaler Beziehung, durch Annehmlichkeit und Unterhaltsamkeit des häuslichen Lebens, aber auch durch wie auch immer motivierten Zwang.

Solange sie noch nicht mehrere Stunden allein sein können, etwa bis zum neunten Lebensjahr, befinden sich solche Kinder nachmittags vor allem in der Nähe der Eltern, meist der Mütter: in der Wohnung, mitgenommen zu Erwachsenenbesuchen und Besorgungen, zu Ausflügen. Die Mobilität dieser Kinder kann groß sein, aber sie geschieht immer nur als Anhängsel an das Leben der Eltern, nicht aber auch zu eigenen Zielen der Kinder, wie es Besuche bei anderen Kindern und zeitweise Aufenthalte dort wären.

Mit zunehmendem Alter kann ständiges Mitnehmen oder Selbstbeschäftigen zu Hause Eltern wie Kindern lästig werden. In Mittelschichtenfamilien erscheint dann nicht selten der Besuch von kursförmigen Veranstaltungen als Möglichkeit für einen Schritt der Kinder über die Familiengrenze, zumal dies zugleich bildungsfördernden Absichten entspricht. Ein übermäßig mit Kursterminen gefüllter Terminkalender in den ersten Schuljahren entsteht zuweilen aus familiärer Isolierung. Kurse in Jugendfreizeithäusern, Kirchengemeinden und Musikschulen, Trainingsstunden in Sportvereinen, kommerzieller Tanz– und Sportunterricht und anderes füllen dann den kindlichen Terminkalender. Die Eltern melden ihre Kinder an und transportieren sie auch zu den Terminen. Dort sind die Kinder dann in einer schulähnlichen Situation, in der sie sich untereinander aber fremder bleiben als in der Schule. Sie treffen an den Kursorten wöchentlich für etwa zwei Stunden zusammen und begegnen sich andernorts kaum je wieder. Die Dauer des gesamten Kurses ist begrenzt und kann individuell jederzeit abgebrochen werden. Im Vordergrund des gemeinsamen Tuns steht der Sachzweck. So ist dies kein Weg aus sozialer Isolation.

Im untersuchten Berliner Arbeiterquartier war ein distanziertes Verhältnis der Eltern zu Angeboten von Kinderfreizeiteinrichtungen zu beobachten, mit Ausnahme von Sportvereinen und von nachmittäglichen Arbeitsgemeinschaften der Grundschule. Isolierungen im Privatbereich konnten hier total sein, zumal Eltern in dieser Gegend oftmals wenig Empathie für mögliche eigene soziale Bedürfnisse der Kinder zeigten.

In der mittleren Kindheit, wenn Kinder in ihren raum–zeitlichen Bewegungsmöglichkeiten von Erwachsenen unabhängiger sein können und Gleichaltrigenbeziehungen besonders suchen, fehlen diesen Kindern die sozialen Erfahrungen, aktiv einzelne Kontake zu knüpfen, zu planen und zu pflegen, wie auch Erfahrungen, sich selbst Kindergruppen anzuschließen. So bleiben sie auch jetzt auf die Familie beschränkt, jetzt häufig auf die leere Familienwohnung, sofern sie nicht Veranstaltungen besuchen. Denn da ständige Aufsicht in diesem Alter nicht mehr notwendig erscheint, begleitet das Kind die Mutter nicht mehr bei jedem Ausgang, beginnen manche Mütter jetzt wieder eine Erwerbstätigkeit oder verlängern die Arbeitszeit in den Nachmittag hinein. Die passiv erfahrene Verinselung des Lebensraums der frühen Kindheit kann sich in diesem Muster nicht in aktive umwandeln. Sie bleibt passiv mit einer Tendenz zur Reduktion auf nur einen Ort, zur Isolation zu Hause.

Im Zentrum passiver Verinselung steht die Abschottung im Privaten, im Unterschied zum Muster aktiver Verinselung, wo Tendenzen zur Verkleinerung des verinselten Raums hin zum sozialen Leben im Nachbarschaftsraum wirksam sind, und zwar auf unterschiedliche Weise in der frühen Kindheit bei den Eltern und in der mittleren Kindheit bei den Kindern selbst.

3.3 Institutionelle Einschließung

Es gibt auch Kindheiten, die vom ersten bis zum neunten oder zehnten Lebensjahr an den Werktagen von morgens bis nachmittags, manchmal mehr als acht Stunden täglich, in Betreuungseinrichtungen stattfinden: zunächst in Krippen und Kindergärten, dann neben der Schule im Hort.

Betreuungseinrichtungen sind räumlich und zeitlich abgeschlossene soziale Welten, in denen alles für Kinder gemacht ist und auf Kinder bezogen stattfindet. Erwachsene arbeiten berufsmäßig, um Kinder anzuregen, anzuleiten, zu beaufsichtigen und in die Ablaufroutinen, Zeitmuster und Regeln der Organisation einzufügen. Größe, Zweckbestimmung, Möblierung der Innen– und Außenräume legen bestimmte Spiele und Sozialformen nahe, erschweren andere. Aus aufsichtsrechtlichen Gründen bilden Grundstückszaun und Hausmauer feste Grenzen, die nur gelegentlich zu gemeinsamen Ausflügen in beaufsichtigten Gruppen überschritten werden.

Das gilt auch noch für die Schulkinder im Hort. Sie sind angehalten, den Schulweg ohne Verzögerung zu gehen, und sie dürfen den Hort erst zu der Zeit verlassen, die mit den Eltern abgesprochen ist. Zum Besuch regelmäßiger Veranstaltungen außerhalb des Horts öffnet sich die Hortgrenze leichter als zu Einzelverabredungen mit Schulfreunden. Um dazu den Hort an einem Nachmittag vorzeitig verlassen zu dürfen, ist elterliche

Einwilligung nötig. In vielen Horten ist es unerwünscht, wenn Kinder mittags zu diesem Zweck erst mit den Eltern, dann mit Freundin oder Freund telefonieren, denn das Horttelefon wird blockiert. Manche Horte verlangen, Einzelverabredungen schon am Vortag zu treffen, dies abends mit den Eltern zu besprechen und dann eine elterliche Bescheinigung im Hort vorzulegen. Diese Schwierigkeiten begrenzen Kinderfreundschaften auf Hortkinder untereinander, zumal Kontakte zu anderen Kindern außerhalb des Horts ohnehin erschwert sind, weil Ganztags–Hortkinder andere Kinder nicht zu den üblichen Nachmittagszeiten zu sich nach Hause einladen können.

Die institutionelle Einschließung am Nachmittag endet abrupt mit neun oder zehn Jahren beim Abgang vom Hort, oft von den Kindern selbst gewünscht. Gewohnt, ohne eigenes Zutun ständig Spielgefährten um sich zu haben und ständig Tätigkeitsgelegenheiten angeboten zu bekommen, müssen diese Kinder jetzt plötzlich von sich aus die Tätigkeiten und sozialen Beziehungen ihrer Nachmittage suchen, und zwar in dem Raum, aus dem sie bislang ausgeschlossen waren. Sie stehen sozial außerhalb von freien Kinderzusammenhängen aus Schulklasse oder Nachbarschaft, sofern solche in ihrer Umgebung überhaupt bestehen. Soziale Formen, solchen Zusammenhängen sich anzuschließen, sie herzustellen und zu pflegen, haben sie ebensowenig gelernt wie Kinder, die in familiärer Isolation aufgewachsen sind. So bleibt die Fortsetzung der institutionellen Betreuungsform durch Besuch von Kursen, Kirchengruppen, Sportvereinen. Einige wenige wohnen nah an einem Freizeitheim oder Kinderzentrum mit jederzeit zugänglichem offenen Angebot. Unter hortentlassenen Kindern wird freilich häufig Institutionsmüdigkeit beobachtet. Die Alternative ist dann Alleinsein zu Hause bis zur Heimkehr der Eltern, Isolation in der Wohnung.

3.4 Institutionell zentrierte Einheitlichkeit

In die funktionsentmischten Stadtlandschaften eingestreut liegen als frei zugängliche Spezialorte für Kinder die Spielplätze. Für kleine Kinder, die sehr nah und nicht durch verkehrsreiche Straßen davon getrennt wohnen, kann ein Spielplatz ein Ort sein, zu dem sie, nach anfänglicher Begleitung durch Eltern, ihren Bewegungsraum von der Wohnung nach draußen erweitern können, und wo sich auch ungeplante, nicht verabredete nachbarschaftliche Spielkontakte entfalten. Um einen ortsgebundenen nachbarschaftlichen Kinderzusammenhang zu konstituieren, der sich durch die ganze Kindheit hindurch fortsetzt – wie ihn Eltern und Großeltern heutiger Kinder noch oft erfahren haben –, reichen aber die begrenzten und wetterabhängigen Tätigkeitsgelegenheiten eines Spielplatzes allein kaum aus, auch dann nicht, wenn ein großer Platz mit attraktiven Geräten für jedes Kinderalter bestückt ist. Dazu bedarf es viel reichhaltiger ausgestatteter Orte.

Das moderne Äquivalent für Wohnumgebungen, die von Nachbarschaftsgruppen multifunktional genutzt werden konnten, sind Spezialeinrichtungen
mit vielseitigem Angebot: Abenteuerspielplätze, Kinderbauernhöfe, Kinder-
zentren, Kindertreffs, Jugendfreizeitheime, Nachbarschaftsheime. Hier wird
die „Straßenkindheit", ehemals ein Stück nicht–pädagogisierter Kindheit
(ZINNECKER 1979) domestiziert, eingefangen in einen eingezäunten Raum,
wenn auch mit offenen Türen, und unter pädagogische Kontrolle gebracht,
wenn auch in antiautoritärer Absicht. Der Zaun um die Einrichtung grenzt
oft einen Raum ein, der sich im Vergleich zum Stadtraum draußen ausnimmt
wie eine wilde, chaotische Insel. Solche Kinderfreizeitorte sind Reservate
für Tätigkeiten, die aus der übrigen innerstädtischen Welt verbannt sind:
bauen mit altem Bauholz, Ziegen, Ponys und Hühner versorgen, draußen
Feuer machen, gärtnern. Während auf anderen Spielplätzen, in Straßen und
Parks Kinder nichts mit den Händen verändern können, ohne zu zerstören
und dafür kriminalisiert werden, sind diese Orte solche des Machens und
Gestaltens und nicht nur des Benutzens und Betrachtens. Das gilt auch
innerhalb der Häuser: töpfern, basteln, malen, kochen, Theater spielen.
Daneben bieten die Einrichtungen meist auch Gelegenheiten zu motorischer
Aktivität, Fußball und Tischtennis vor allem.

Die Besucher offener Einrichtungen wohnen meist nebenan, kaum je weiter als 400 m entfernt. Für eine Kerngruppe von zehn bis zwanzig Kindern
ist die Einrichtung häufigster Treffpunkt und Spielort und somit Kristallisationskern eines nachbarschaftlichen Zusammenhangs. Diese Kinder haben
hier einen Ort, an dem ständig – zu den Öffnungszeiten – ein soziales Geschehen stattfindet, dem sie sich jederzeit anschließen können. Sie können
nachsehen kommen, was gerade „los" ist, andere Kinder von zu Hause ab-
holen, um etwas zu beginnen, oder am Ort einfach warten, daß Freunde
kommen. Es bedarf keiner Planung und Verabredung.

Für Kinder der Kerngruppen kann diese Lebensform durch die ganze
Kindheit hindurch gleichartig bestehen. Als kleine Kinder wachsen sie in
bestehende soziale Zusammenhänge hinein, anfangs oft mitgenommen von
Geschwistern oder Hausnachbarn. Der Übergang ins Schulalter, dann der
Übergang in die größere Eigenständigkeit der späteren Kindheit werden hier
nicht zu Brüchen im Kindheitsverlauf; die Orte, Sozialformen und Freunde
bleiben, nur manche Tätigkeiten oder die Art, dabei miteinander umzugehen, ändern sich allmählich. Erst den Jugendlichen erscheinen Bauspiel-
platz, Basteln und Töpfern als „Kinderkram". Sie bleiben fort, sofern sie
nicht in Jugendgruppen derselben Einrichtung überwechseln.

In diesem Muster sind Raumorganisation und Raumerfahrung nicht verinselt, sondern einheitlich durch die ganze Kindheit hindurch. Die Kinder
gehen ihre Wege selbst zu Fuß. Sie halten sich nicht nur innerhalb der
offenen Grenzen der Einrichtung und auf anderen nahen Spielplätzen auf,

sondern auch auf Straßen drumherum und machen mit zunehmendem Alter gelegentliche Streifzüge in die umgebende Stadtlandschaft. Letzteres jedoch räumlich eingeschränkter als in den Nachbarschaftzusammenhängen, die diesem Muster historisch vorausgingen. Nicht nur die Attraktivität des institutionellen Angebots zieht sie in die Einrichtung, sondern auch die Vertreibung aus dem umliegenden Stadtraum: vom Verkehr aus Straßen, von Hausmeistern aus Höfen, von der Polizei aus Grünanlagen.

3.5 Soziales Abseits

Dieses letzte Muster zeigt das Gegenbild zu den unterschiedlichen Mustern der Beschränkung auf institutionelle oder private Kinderräume. Kinder, die draußen spielen wollen, denen in monofunktionalen städtischen Umgebungen dazu aber kein Platz gelassen oder geschaffen ist, müssen sich in die „Konkurrenz um Raum" und in Konflikte mit „Raumwärtern" begeben HARMS/PREISSING/RICHTERMEIER 1985). Sie ignorieren Verbotsschilder in Grünanlagen, machen gefährliche Spiele im Straßenverkehr, suchen sich ihre Orte in Parkhäusern, auf Baustellen oder in fremden Kellern oder veranstalten Mutproben beim Stehlen in Kaufhäusern. In sozial benachteiligten Milieus – in alten innerstädtischen Arbeiterquartieren wie auch in gerade neu errichteten monofunktionalen Hochhaussiedlungen (CHRISTIANE F. 1980; RÖSNER/TILLMANN 1982) – sozial randständig geworden, sind diese Kinder die besondere Problemgruppe kommunaler Jugendpflege[12].

Um sich auf Konflikte in verbotenen Räumen einzulassen, braucht es ein Maß an Eigenständigkeit, das kleinere Kinder noch nicht haben. Und es braucht den Schutz und die gemeinsame Stärke des Kollektivs. Dieses Muster ensteht daher wohl erst in der mittleren Kindheit, wohl vor allem unter hortentlassenen und unter bis dahin privat isolierten Kindern, vermutlich aber kaum unter Kindern, die in Verabredungsgeflechten oder stark in Kursen und Vereinen eingebunden sind. Sozialpädagogen verweisen auf Lücken im System institutioneller Angebote für diese Altersgruppe, die den geschlossenen Betreuungseinrichtungen gerade entwachsen und für Jugendeinrichtungen noch zu jung ist und sprechen daher von „Lücke–Kindern" (FRIEDRICH u.a. 1984).

---

[12]Sozialpädagogische Initiativen fungieren als Lobby dieser Kinder (z.B. die „Internationale Vereinigung für das Recht des Kindes zu spielen", die „Pädagogische Aktion" München, das "Lücke–Projekt" Berlin)

4. Organisation des Lebensraums und soziale Integration

Die fünf Muster lassen erkennen, auf wie sehr unterschiedliche Weise Kinder sich in ihren Alltagsabläufen und in ihren Kindheitsabläufen durch die räumliche Welt bewegen. Einheitlichkeit oder Verinselung, zentrierte Offenheit oder Einschließung des nachmittäglichen Lebensraums sind räumlicher Ausdruck von sozialen Formen, in denen Kinder sich zu anderen Kindern in Beziehungen setzen, also von Formen ihrer sozialen Integration. Was sind das für Integrationsformen? Das soll im folgenden gezeigt werden. Dabei bleibt Nicht-Integration, also soziale Isolierung von anderen Kindern, außer acht. Und es werden nur Integrationsformen behandelt, die Kinder von der Mitte der Kindheit, etwa vom neunten Lebensjahr, an selbständig praktizieren.

4.1 Einheitlichkeit: soziale Integration im Medium Raum

Im Nachbarschaftszusammenhang ist der gemeinsame Ort Medium der sozialen Integration der Kinder. An bestimmten Stellen der Wohnumgebung finden sich die beteiligten Kinder immer aufs neue zum Spielen zusammen. Sie haben dort ein gemeinsames Tätigkeitsrepertoire entwickelt und verfügen über gemeinsame Erfahrungen, wann die Wahrscheinlichkeit groß ist, daß dort ein Geschehen stattfindet. Das einzelne Kind geht hin, schließt sich an oder initiiert etwas. Seine Partner sind die Kinder, die am Ort gerade anwesend sind, seine Tätigkeiten sind die, die der aktuelle Gruppenprozeß hervorbringt. So wäre es sinnlos, wollte das einzelne Kind von sich aus festlegen, was es an einem Nachmittag alles tun will. Es kann sich aber darauf verlassen, daß irgend etwas sich am Ort ergeben wird. Jedes Kind ist frei, zu beliebiger Zeit zu kommen, es muß sich dann aber dem Gruppenprozeß einfügen, seinen Zwängen unterwerfen, Konflikte aushalten und austragen, wenn es nicht sozial isoliert werden will.

Diese Lebensform braucht geeignete Orte sowie genügend Kinder im Nahbereich, die sich beteiligen. In den Stadtlandschaften fehlen oft die Orte, oft auch die Kinder. Letzteres nicht nur, weil es infolge des Geburtenrückgangs weniger Kinder gibt als noch vor zwei Jahrzehnten und weil mancherorts nur wenige Kinder wohnen. Viele Kinder kommen selten auf die Straße. Sie verbringen ihre Nachmittage in regelmäßigen Veranstaltungen oder allein oder mit wechselseitigen Besuchen in den Wohnungen. Unter heutigen Großstadtbedingungen sind vielerorts spezielle Einrichtungen notwendig, um Kindern einen Treffpunkt in der Nachbarschaft zu geben: die offenen Kindereinrichtungen verschiedener Art. Ihre Einzugsbereiche, die umliegenden Straßen, sind klein, aber doch größer als die kurzen Straßenabschnitte, in denen sich die traditionellen Nachbarschafts–Spielzusammenhänge bildeten. So ziehen solche Einrichtungen auch bei relativ geringer Wohndichte von Kindern genügend Kinder am Ort zusammen.

In welcher Weise wird die Lebensform des Nachbarschaftszusammenhangs durch die Institutionalisierung verändert? Der Zweck, Kindern eine offene Anlaufstelle zu sein und Bedingungen, die der Organisationsform immanent sind, stehen in Konflikten, die den Pädagogen dort zu schaffen machen. Auch wenn Restriktionen vermieden werden sollen, bedeutet Institutionalisierung immer Domestizierung der Kinder in räumlichen Grenzen, in Zeitgrenzen, die die Arbeitszeiten der Betreuer setzen, und unter Hausherrenrechte und Aufsichtspflichten der Betreuer. „Verhäuslichte" Kinder erweitern, begrenzen und behaupten ihre Bewegungsräume nicht selbst (vgl. BEHNKEN/ZINNECKER 1987).

Zum anderen entstehen Tätigkeiten in der domestizierten Nachbarschaftsgruppe nicht mehr nur im Gruppenprozeß der Kinder. Wenn auch die Angebote selbständiges Tun, freies Gestalten und Bewegen herausfordern, so läßt sich doch nicht vermeiden, daß sie in der institutionell bereitgestellten und betreuten Form etwas für Kinder Gemachtes, Inszeniertes sind. Je besser ausgestattet eine Einrichtung, je reizvoller die Ideen der Betreuer, desto abhängiger werden die Kinder von den Angeboten. Denn die Fertigkeit der Gelegenheiten läßt die angebotene Tätigkeit deutlich ins Auge springen und macht es nicht notwendig, sich anderes auszudenken, zumal andere Tätigkeiten nur mit unzureichenden Mitteln, also nicht so perfekt, zu realisieren wären. Freizeitpädagogen wollen die Kinder nicht in dieser Abhängigkeit; ihr Ziel ist die Aktivierung, „Animation" zur Selbständigkeit. Sie versuchen, den systemimmanenten Widerspruch zu überwinden, etwa indem sie Kinder motivieren, selbst Programme zu machen. Anders als in Schule und Kindertagesstätten kommen die Kinder hierher freiwillig, sie können auch wegbleiben. Das gibt den Kindern als Gesamtheit, nicht dem einzelnen Kind, Macht über die Institution. Denn die Pädagogen brauchen die Kinder, um ihre Absichten verfolgen und um die Einrichtung und eigene Arbeitsplätze erhalten zu können. Deshalb müssen sie das Angebot attraktiv machen, ihre Absichten in Vergnügen und Unterhaltung verpacken, ein Stück möglichst schöner Kinderwelt erzeugen. So finden sich Kinder dann doch in der Rolle des umworbenen Konsumenten. Sie erfahren sich als Personengruppe, die mit Unterhaltung zu bedienen, personeller und materieller Aufwand getrieben wird. Ein Stück des Lebens kann man sich durch jemand anderes inszenieren lassen. Man braucht nur hinzugehen.

4.2 Verinselung: soziale Integration im Medium Zeit

Im verinselten Lebensraum mit seinen größeren Entfernungen und unbekannten Zwischenräumen ist der Zusammenhang der Tätigkeitsorte nicht sichtbar. Kinder können deshalb nur schwer, und das heißt spät, lernen, Raumzusammenhang in der Vorstellung herzustellen (vgl. MÅRTENSSON 1979, S. 136 ff.). Stattdessen tritt das Nacheinander der Orte im Zeitablauf in den Vordergrund. Antizipation und vorausplanende Aktivität verknüpfen die Rauminseln auf der Zeitlinie, also in einer Abstraktion, die nur gedacht, aber nicht mit den Sinnen gefaßt werden kann[13]. Das soziale Leben der Kinder hat keine gemeinsamen Orte im Nahbereich. Wie die Orte partialisiert sind, so auch – im Prinzip – die Personen. Man trifft an jedem Ort andere, tut überall anderes. Um bestimmte Personen zu treffen, um Bestimmtes zu tun, sind Anmeldung oder Verabredung notwendig. Das Medium sozialer Integration ist hier die Zeit. Stücke der eigenen Lebenszeit werden im voraus mit Zeitstücken von anderen Kindern und von Institutionen synchronisiert. Da es immer wieder andere Tätigkeiten, Personen und Orte sind, und da jedes Kind im Rahmen des Erreichbaren diese nach persönlichen Neigungen und Interessen wählen kann, hat jedes Kind eine andere Auswahl und Sequenz von Spielgefährten, Tätigkeiten und Orten. Die Tagesläufe der Kinder mit verinseltem Lebensraum sind in höherem Maß individuell besondere als die der Kinder mit einheitlichem Lebensraum.

Zwei Formen sozialer Integration in der Zeit sind zu unterscheiden. Die eine, oben als Variante im Muster „passiver Verinselung" beschrieben, ist an institutionell hergestellte Tätigkeitsgelegenheiten gebunden. Das Kind verknüpft seine Zeit nicht mit anderen Kindern, sondern mit Institutionen. Es bindet sich nicht an einzelne Termine, sondern an ganze Programme mit fester Terminstruktur über längere Zeit: an Kurse oder Vereinsprogramme. Die Institution besorgt das Zusammenstellen der Kindergruppen, Pädagogen bestimmen bis ins einzelne, was Kinder dort tun. In der direkten Verknüpfung mit der Institution hat das Kind totale Freiheit, seine Programme zu wählen und abzuwählen. Wo etwas nicht gefällt, wo es Konflikte gibt, wo Anforderungen zu schwierig erscheinen, braucht es nicht wieder hinzugehen. Zu jedem Programm treffen andere Kinder zusammen, zeitlich begrenzt und nur zu einem vorab definierten Sachzweck. Zu Gemeinschaftsbildungen der Kinder gibt es weder Notwendigkeit noch Gelegenheit – außer vielleicht in manchen Sportvereinen –, zumal viele Kinder an mehreren, voneinander unabhängigen Programmen teilnehmen. In die-

---

[13] SIMMEL hat bereits 1908 das Verhältnis von Raumdistanz, „Raum überspringender Abstraktion" und sozialer Nähe beziehungsweise Indifferenz je nach der „räumlichen Spannungskapazität einer Vergesellschaftung" ausführlich erörtert (1958, S. 460–526).

ser Form sozialer Integration sind Sozialbeziehungen partialisiert. In jeder der partiellen Beziehungen halten sich jeweils andere Kinder nebeneinander, ohne Verbindung miteinander, für begrenzte Zeit am gleichen Ort auf. Die soziale Integrationsform im Muster der „aktiven Verinselung" unterscheidet sich davon sehr wesentlich. Durch Verabredung setzen sich hier Kinder zu Kindern in Beziehung, und die Kinder bestimmen ihr gemeinsames Tun ganz selbst. Die Kinder eines Verabredungsgeflechts[14] haben einen dauerhaft gemeinsamen Ort, an dem sie, oft nur zu zweit, Nachmittagsverabredungen treffen: die Schule am Vormittag. Dadurch ist die soziale Beliebigkeit des Wählens und Abwählens eingeschränkt. Über die Zeit hin entsteht aus den von Tag zu Tag wechselnden Zweierverabredungen ein soziales Netzwerk, das Regeln hat, wie man sich verabredet, aber keine fixierten Vorgaben für die Verabredung selbst. Jedes Kind sucht und bestimmt für jeden Nachmittag neu Partner und Tätigkeit, Ort und Termin. Es kann zwar auf Freundschaftsbeziehungen und auf Erfahrungen aus früheren Nachmittagen aufbauen, doch kann es niemals nachmittags mit anderen Kindern Gemeinsames tun, wenn es nicht zuvor, am Vormittag in der Schule, planend aktiv geworden ist. Das einzelne Kind ist jeden Tag aufs neue ganz auf sich gestellt.

Aktive Verinselung ist der Weg eines Teils heutiger Kinder, sich in Stadtlandschaften, die leer an Möglichkeiten sind, zum Spielen zu treffen, ohne sich in die Vorgaben und Kontrollen institutioneller Freizeitangebote einfügen zu müssen. Dieser Weg gelingt, weil die Kinder mit der zeitlichen Verflechtung ein Medium sozialer Integration benutzen, das der räumlichen Funktionsentmischung in modernen Gesellschaften entspricht. Die personengebundenen Voraussetzungen dazu, nämlich in abstrakter Zeit selbständig disponieren zu können sowie soziale Distanzen halten und aushalten zu können, werden – soweit sich aufgrund eigener Untersuchungen in Berlin bislang sehen läßt – am ehesten in Mittelschichten–Milieus erworben. In Berliner Arbeiterquartieren (vgl. auch HARMS/PREISSING/RICHTERMEIER 1985) war dagegen der Ort in der Wohnumgebung bevorzugtes soziales Integrationsmedium, soweit Kinder nicht – wie vermutlich viele – in familiärer Isolation verblieben. Doch gerade dort, wo städtebauliche Strukturen, Straßenverkehr und abgeschlossene Häuser und Höfe die ortsgebundene Form sozialer Integration besonders erschweren, scheinen unter den Bewohnern die Verhaltensvoraussetzungen für soziale Integration in der Zeit weniger verbreitet zu sein als in Mittelschichtgegenden. So geraten hier

---

[14] OSWALD/KRAPPMANN (1984) beschreiben „Geflechte" als eine bevorzugte Geselungsform von Kindern im Grundschulalter, die „einen beschreibbaren Kreis von Zugehörigen haben, unter denen aber die aktualisierten Freundschaften wechseln. Geflechte vereinigen in sich engere Bindungen und größere Distanz von Kindern." (S. 282–284)

Kindergruppen am ehesten ins soziale Abseits, sind hier Einrichtungen offener Kinderarbeit am nötigsten.

In Berlin läßt sich beobachten, wie Kinder–Freizeitinstitutionen sich dieser sozialräumlichen Differenzierung der beiden Integrationsformen anpassen müssen, um ihre jeweilige Klientel zu erreichen. In den eher „bürgerlichen" Stadtteilen dominieren volkshochschulmäßige Kursprogramme, werden Kinder von Eltern aus einem weiten Einzugsbereich zu einzelnen Kursen gebracht. In Arbeiterbezirken sträuben sich viele Kinder gegen zeitlich genau fixierte Angebote, die mit Pünktlichkeits– und Regelmäßigkeitserwartungen verbunden sind. Kurse und andere Terminveranstaltungen scheitern in der Regel daran. So arbeiten Freizeiteinrichtungen in diesen Gegenden meist in „offener" Form, soweit es geht, das heißt soweit sie über genügend Personal für täglich lange Öffnungszeiten verfügen.

Literaturverzeichnis

ARIÈS, P. 1975: Geschichte der Kindheit. München

BAHRDT, H. P. 1974: Sozialisation und gebaute Umwelt: Neue Sammlung, 14, S. 211–230

BARGEL, T., FAUSER, R., MUNDT, J. W. 1982: Lokale Umwelten und familiale Sozialisation: Konzeptualisierung und Befunde. In: VASKOVICS, L. (Hg.): Umweltbedingungen familialer Sozialisation. Beiträge zur sozialökologischen Sozialisationsforschung. Stuttgart, S. 204–236

BEHNKEN, I., ZINNECKER, J. 1987: Vom Straßenkind zum verhäuslichten Kind. Zur Modernisierung städtischer Kindheit 1900–1980. Sozialwissenschaftliche Informationen, 16, 2, S. 87–96

BERG, M., MEDRICH, E. A. 1980: Children in four neighborhoods. The physical environment and its effects on play and play patterns. Environment and Behavior, 12, S. 320–348

BERG–LAASE, G., BERNING, M., GRAF, U., JACOB, J. 1985: Verkehr und Wohnumfeld im Alltag von Kindern. Eine sozialökologische Studie zur Aneignung städtischer Umwelt am Beispiel ausgewählter Wohngebiete in Berlin (West). Pfaffenweiler

BÜCHNER, P. 1983: Vom Befehlen und Gehorchen zum Verhandeln. Entwicklungstendenzen von Verhaltensstandards und Umgangsnormen seit 1945. In: U. PREUSS–LAUSITZ u.a.: Kriegskinder, Konsumkinder, Krisenkinder. Zur Sozialisationsgeschichte seit dem Zweiten Weltkrieg. Weinheim, S. 196–212

BUNDESMINISTER FÜR BILDUNG UND WISSENSCHAFT (Hg.) 1986: Grund- und Strukturdaten 1986/87. Bonn

CARLSTEIN, T., PARKES, D., THRIFT, N. (Hg.) 1978: Timing space and spacing time. Human activity and time geography. Vol. 2. London

CHRISTIANE F. 1980: Wir Kinder vom Bahnhof Zoo. Hamburg, 18. Aufl.

CÜPPERS, G., EGGER, G. 1982: Zur Entwicklung der Sportvereine und ihrer Mitglieder 1971–1981. Berliner Statistik, H. 5, S. 86–89

ENGELBERT, A. 1986: Kinderalltag und Familienumwelt. Eine Studie über die Lebenssituation von Vorschulkindern. Frankfurt a.m./New York

FRIEDRICH, P. u.a. 1984: Die „Lücke-Kinder". Zur Freizeitsituation von 9–14jährigen. Weinheim

GÖSCHEL, A. 1980: Zur historischen Entwicklung der Verteilung von Infrastruktureinrichtungen. In: HERLYN, U. (Hg.): Großstadtstrukturen und ungleiche Lebensbedingungen in der Bundesrepublik. Frankfurt/New York, S. 93–128

HÄGERSTRAND, T. : Space, time, and human conditions. In: KARLQUIST, A., LUNDQUIST, L., SNICKARS,F. (Hg.): Dynamic allocation of urban space. Farnborough 1975, S. 3–14

HARMS, G., PREISSING, C., RICHTERMEIER, A. : Kinder und Jugendliche in der Großstadt. Berlin 1985

HART, R. 1979: Children's experience of place. New York

HERLTH, A., SCHLEIMER, I. 1982: Kinder im sozialen Umfeld. Außerfamiliale Kontakte von Vorschulkindern. Frankfurt a.m./New York

HERLYN, U. (Hg.) 1980: Großstadtstrukturen und ungleiche Lebensbedingungen in der Bundesrepublik. Verteilung und Nutzung sozialer Infrastruktur. Frankfurt a.m./New York

HERLYN, U. 1970: Wohnen im Hochhaus. Eine empirisch–soziologische Studie in ausgewählten Hochhäusern der Städte München, Stuttgart und Wolfsburg. Stuttgart

HETZER, H., BENNER, L., PEE, L. 1966: Kinderspiel im Freien. München/ Basel

KRAPPMANN, L. 1980: Sozialisation in der Gruppe der Gleichaltrigen. In: HURRELMANN, D., ULICH, D. (Hg.): Handbuch der Sozialisationsforschung. Weinheim, S. 443–468

KAUFMANN,F.X. 1980: Kinder als Außenseiter der Gesellschaft. Merkur, 34, 8 (1980), S. 761–771

LANG, S. 1985: Lebensbedingungen und Lebensqualität von Kindern. Frankfurt a.m./New York

LEDIG, M., NISSEN, U. 1987: Kinder und Wohnumwelt. Eine Literaturanalyse zur Straßensozialisation. München (DJI)

LENNTORP, B. 1976: Paths in space–time environments: A time-geographic study of movement possibilities of individuals. Lund

MÅRTENSSON, S. 1979: On the formation of biographies in space–time–environments. Lund

MIELCK, A. 1985: Kind – Gesundheit – Stadt. Gesundheitliche Belastungen des Kindes durch die städtische Umwelt – am Beispiel Hamburg. Frankfurt a.m.

MUCHOW, M., MUCHOW, H. H. 1978: Der Lebensraum des Großstadtkindes. 1935. Reprint: Bensheim

MÜLLER–WIEDEMANN, H. 1973: Mitte der Kindheit. Das neunte bis zwölfte Lebensjahr. Eine biographische Phänomenologie der kindlichen Entwicklung. Stuttgart

MUNDT, J. W. 1980: Vorschulkinder und ihre Umwelt. Eine Studie über Lebensbedingungen und Entwicklungschancen. Weinheim/Basel

OSWALD, H., KRAPPMANN, L. 1984: Konstanz und Veränderung in den sozialen Beziehungen von Schulkindern. Z. f. Sozialisationsforschung und Erziehungssoziologie, 4, S. 271–286

PFEIL, E. 1965: Das Großstadtkind. München/Basel

RABE–KLEBERG, U., ZEIHER, H. 1984: Kindheit und Zeit. Über das Eindringen moderner Zeitorganisation in die Lebensbedingungen von Kindern. Z. f. Sozialisationsforschung und Erziehungssoziologie, 4, S. 29–43

RÖSNER, E., TILLMANN, K.–J. 1982: Schule in der Trabantensiedlung. In: ROLFF, H. G., KLEMM, K., TILLMANN, K.–J. (Hg.): Jahrbuch der Schulentwicklung. Band 2. Weinheim/Basel, S. 181–206

ROSENBLADT, B. VON, SCHWINDT, P. 1978: Freizeitmöglichkeiten für Familien mit kleinen Kindern. Stuttgart

SACHS, W. 1981: Über die Industrialisierung der freiwüchsigen Kindheit. paed. extra, H. 7/8, S. 24–28

SCHOTTMEYER, G., CHRISTMANN, R. 1977: Kinderspielplätze. Beiträge zur kindorientierten Gestaltung der Wohnumwelt. Teil 1. Stuttgart

SEGGERN, H. VON 1982: Alltägliche Benutzung wohnungsbezogener Freiräume in Wohnsiedlungen am Stadtrand. Diss. TH Darmstadt. Darmstadt

SIMMEL, G. 1958: Soziologie. Untersuchungen über die Formen der Vergesellschaftung. 2. Band. Berlin (Erstausgabe 1908)

STATISTISCHES BUNDESAMT (Hg.) 1985: Datenreport 1985. Bonn

STROHMEIER, K.–P., HERLTH, A. 1981: Sozialräumliche Bedingungen familialer Sozialisation. Eine vergleichende Untersuchung von Wohnquartieren in Bielefeld, Gelsenkirchen und Münster. In: WALTER, H. (Hg.): Region und Sozialisation. Beiträge zu sozialökologischen Präzisierung menschlicher Entwicklungsvoraussetzungen. Band 2. Stuttgart, S. 95–136

THOMAS, I. 1979: Bedingungen des Kinderspiels in der Stadt. Stuttgart

ZACHARIAS, W. 1985: Zur Ökologie des Spiels. Die Rekonstruktion eigener Erfahrungen als Basis pädagogischer Handlungsentwürfe. In: ZACHARIAS, W. (Hg.): Zur Ökologie des Spiels. Spielen kann man überall!? München (Pädagogische Aktion), S. 11–29

ZEIHER, H. 1983: Die vielen Räume der Kinder. Zum Wandel räumlicher Lebensbedingungen seit 1945. In: U. PREUSS-LAUSITZ u.a.: Kriegskinder, Konsumkinder, Krisenkinder. Zur Sozialisationsgeschichte seit dem Zweiten Weltkrieg. Weinheim, S. 176-194

ZEIHER, H. 1988: Verselbständigte Zeit – selbständigere Kinder? Neue Sammlung 28, 1, S. 75-92

ZEIHER, H. J., ZEIHER, H. 1987: Lokale Umwelt und Eigeninitiative in der Tageslaufgestaltung zehnjähriger Kinder. Berlin (Typoskript)

ZINNECKER, J. 1987: Entwicklungslinien veränderter Kindheit im 20.Jahrhundert in Westeuropa. Vortrag vor der Sektion Bildung und Erziehung in der DGS. Hofgeismar

ZINNECKER, J. 1979: Straßensozialisation. Zeitschrift für Pädagogik, 25, 5, S. 727-746

Soziale Folgen der Segregation alter Menschen in der Stadt

Laszlo A. Vaskovics

1. Problemzusammenhang, theoretische Fragestellungen, Hypothesen

Sozialökologische Studien machen darauf aufmerksam, daß in den Städten der Bundesrepublik Deutschland bedeutsame räumliche Sortierungsvorgänge im Gange sind, die zur räumlichen Aussonderung bestimmter Bevölkerungsgruppen führen. Solche wohnungsmäßigen räumlichen Aussonderungsprozesse konnten z.b. bei relativ armen Menschen, bei Gastarbeitern und Obdachlosen beobachtet werden (HERLYN u.a., 1980; ESSER, 1979; VASKOVICS, 1976; HONDRICH/HOFFMANN–NOWOTNY, 1981). Immer mehr empirische Hinweise deuteten darauf hin, daß durch diese räumlichen Sortierungsprozesse auch alte Menschen in bedeutsamem Ausmaß betroffen sind. In diesem Beitrag soll der Frage nachgegangen werden, zu welchen sozialen Konsequenzen die Segregation alter Menschen führt.

Daß die räumliche Aussonderung *auch* bei alten Menschen nicht ohne soziale Konsequenzen bleibt, dafür sprechen zunächst einige Annahmen *sozialökologischer Theorien.* Durch die räumliche Konzentration einer Bevölkerungsgruppe wird das Wohnumfeld verändert (in diesem Fall: Zunahme der Altershomogenität). Erfolgt die räumliche Aussonderung in Wohngebieten mit relativ schlechter Bausubstanz und schlechter Infrastruktur, so bedeutet dies eine weitere bedeutsame Veränderung der Umweltbedingungen. Durch die räumliche Konzentration einer Bevölkerungsgruppe kann die räumlich vorgegebene soziale Umwelt (Nachbarschaft, Quartier, Stadtteil) wie die materielle Wohnumwelt in mehrfacher Hinsicht verändert werden (Zunahme der gleichaltrigen Interaktionspartner, erhöhte Sichtbarkeit und Kontrollierbarkeit, Verschlechterung der Wohnbedingungen usw.).

Solche sozialen und wohnungsmäßigen Umweltbedingungen sind ihrerseits handlungsrelevant: Sie können Einstellungen und Verhalten von Menschen beeinflussen. Werden alte Menschen vorwiegend in Wohngebiete ausgesondert, die sich von den benachbarten negativ absetzen, so kann dieser Umstand z.B. einen hemmenden Faktor für die sozialen Beziehungen zu den Bewohnern der Wohnumgebung darstellen.

Erklärungsbedürftig sind demnach solche Einstellungen und Verhaltensweisen alter Menschen, die für deren soziale Integration in einem Wohnumfeld von Bedeutung sind. Es wird unterstellt, daß die soziale Integration alter Menschen von bestimmten Kontextvariablen abhängt. In diesem Zusammenhang muß zunächst auf Grundannahmen sozialökologischer Theorien hingewiesen werden, die allgemein Erklärungen für die sozialen Folgen einer ungleichen Verteilung von Bevölkerungsgruppen über das Stadtgebiet anbieten. PARK (1924), PARK/BURGESS (1921) nehmen an, daß die residentiale Segregation einerseits die räumliche Distanz zwischen zwei betrachteten Personengruppen erhöht, andererseits auch die soziale Distanz zwischen diesen vergrößert. Damit wird eine Wechselwirkung zwischen sozialer und räumlicher Distanz postuliert.

Bei Anwendung dieser Theorie auf alte Menschen müßte man annehmen, daß die räumliche Aussonderung und Konzentration die soziale Distanz zwischen alten Menschen und der übrigen Bevölkerung mit verursacht bzw. verstärkt. Die Vergrößerung der sozialen Distanz kann allerdings auf die räumliche Distanz rückwirken, d.h. zu einer verstärkten (freiwilligen) räumlichen Segregation alter Menschen führen[1].

Für unsere Problemstellung ist außerdem die Feststellung relevant, daß die räumliche Konzentration einer Bevölkerung zu einer erhöhten Sichtbarkeit der Menschen führt. Je größer die räumliche Konzentration einer Bevölkerungsgruppe, desto eher wird sie von den restlichen Bevölkerungsgruppen wahrgenommen und desto stärker beziehen diese ihr Handeln auf Annahmen, die sich von dieser Wahrnehmung ableiten (vgl. BLALOCK, 1956; FRIEDRICHS, 1977).

Als Folge der Erhöhung der räumlichen Aussonderung und damit der erhöhten Sichtbarkeit ist mit der Vergrößerung der sozialen Distanz zwischen den Mitgliedern der räumlich ausgesonderten Bevölkerungsgruppe und der übrigen Bevölkerung zu rechnen, wobei die soziale Distanz in Form von erhöhter Kategorisierungs-, negativer Typisierungs-, Stigmatisierungs- und Diskriminierungsbereitschaft der Bevölkerung gegenüber den räumlich

---

[1] Die sozialökologischen Theorien führen eine Reihe von Gründen dafür an, warum soziale Distanz zur räumlichen Distanz führt und umgekehrt. FRIEDRICHS (1977, S. 240, 243) zählt resümierend folgende Zusammenhänge auf:

- je stärker die räumliche Distanz zwischen zwei Personen, desto geringer sind ihre Kontakte;
- je geringer die soziale Distanz zwischen zwei Personen/Gruppen, desto zahlreicher sind ihre Kontakte;
- je größer die Binnenkontakte in einer Gruppe, desto geringer sind die Außenkontakte der Mitglieder;
- je unfreiwilliger die räumliche Konzentration einer Gruppe, desto größer sind die Binnenkontakte der Binnenmitglieder;
- in je weniger städtischen Teilgebieten eine Gruppe konzentriert ist, desto isolierter ist sie von den restlichen Bevölkerungsgruppen.

segregierten Mitgliedern einer sozialen Kategorie und in Form der Reaktion der dadurch Betroffenen zum Ausdruck kommt[2].

Aufgrund der Hinweise der Literatur ist anzunehmen, daß alte Menschen häufig in Wohnungen leben, die dem heutigen Wohnstandard nicht mehr entsprechen und sowohl von der Bevölkerung als auch von den Bewohnern als diskreditierend wahrgenommen werden. Anzeichen dafür sind zum einen die Tatsache, daß Verdrängungsprozesse vermittelt über den Wohnungsmarkt stattfinden, der ökonomisch schwache alte Menschen auf den Bodensatz des Wohnungsangebots verweist, zum anderen der Umstand, daß alte Menschen überproportional häufig in Altbauten wohnen.

Unter Bezugnahme auf *Theorien objektbezogener Stigmatisierung* (VASKOVICS, 1976, S. 41 f.) muß angenommen werden, daß das Wohnen in diskreditierenden Wohnobjekten (z.B. verwahrlosten Häusern) vor allem bei räumlicher Konzentration ebenfalls zu einer negativen Typisierung der Bewohner führt. Nach Annahme der Labelling–Theorie (GOFFMAN, 1967) sind sowohl die Kategorisierungs– als auch die negative Typisierungs– und Diskriminierungsbereitschaft handlungsrelevant. Man verhält sich gegenüber Menschen, die man negativ typisiert und aus wichtigen Relevanzbereichen des Lebens ausschließt, anders als zu den übrigen Menschen. Auch die Wahrnehmung von Stigmatisierungs– und Diskriminierungsbereitschaft durch den potentiell Diskriminierten bleibt nicht ohne Konsequenzen. Mit Menschen, von denen wir annehmen, daß sie uns negativ beurteilen und uns meiden, wollen wir in der Regel selbst nichts zu tun haben. Als typische Reaktionsmuster der räumlich Ausgesonderten sind erhöhte Rückzugsbereitschaft, Zunahme von (oft konfliktbeladenen) Binnenkontakten, Resignation, Apathie zu vermuten. Aufgrund der gegenseitigen Einstellungen und Verhaltensweisen ist mit der Entstehung unterschiedlich abgestufter sozialer Distanzen zu rechnen.

Als weitere wichtige Dimension der Umwelt alter Menschen ist der Grad der Institutionalisierung anzusehen, z.B. in Form von Altersheimen oder besonderen Pflegeeinrichtungen. Diese beeinflußt sowohl die Handlungen Außenstehender gegenüber den institutionalisierten alten Menschen und hat auch soziale Konsequenzen für die Heiminsassen selbst, indem diese leichter kontrollierbar werden und ihre Verhaltensweisen auf das Sanktionspotential der „sanften Kontrolleure" (PETERS/CREMER–SCHÄFER, 1975) des Heimpersonals einstellen müssen.

---

[2]Kategorisierungsbereitschaft soll hierbei die Bereitschaft bedeuten, mehreren Menschen gemeinsame Merkmale als für sie typische Eigenschaften zuzuschreiben (unabhängig vom Inhalt dieser Merkmale).
Typisierungsbereitschaft ist demgegenüber die Bereitschaft, mehreren Menschen bestimmte Eigenschaften zuzuschreiben. Handelt es sich dabei um negativ bewertete Eigenschaften, dann sprechen wir von Stigmatisierung. Mit dem Begriff Diskriminierungsbereitschaft soll die Bereitschaft, andere Menschen aus bestimmten, allgemein als wichtig erachteten Relevanzbereichen auszuschließen, bezeichnet werden.

Einige dieser theoretisch begründeten Zusammenhänge wurden im Rahmen empirischer Untersuchungen überprüft. Bevor über die Ergebnisse dieser Untersuchungen referiert wird, soll im nächsten Abschnitt, ebenfalls unter Bezugnahme auf empirische Untersuchungen, beschrieben werden, in welchem Ausmaß alte Menschen in der Bundesrepublik durch Segregation betroffen sind.

2. Ausmaß und Entwicklung der Segregation alter Menschen

Die vorliegenden Ergebnisse über das Ausmaß der Segregation[3] zeigen, daß die älteren Menschen in Städten der Bundesrepublik Deutschland stärker segregiert sind als die jüngeren Bevölkerungsgruppen. Ältere Menschen weisen vor allem zu Familien mit Kindern unter 15 Jahren eine höhere Dissimilarität auf, d.h. sie leben von diesen räumlich getrennt (vgl. Tab. 1). In unseren Städten vollzieht sich langsam eine räumliche Separierung von jung und alt. Das Ausmaß der Segregation nimmt innerhalb der Kategorie der über 65jährigen mit zunehmendem Alter noch weiter zu (VASKOVICS u.a. 1982; FRANZ/VASKOVICS 1982; SCHÜTZ 1985)[4].

Die Segregation der über 65jährigen weist seit dem 2. Weltkrieg in unseren Städten eine steigende Tendenz auf. Von 1970 bis 1980 ist eine gewisse Stabilisierung eingetreten, aber künftig ist mit einer weiteren Zunahme der Segregation alter Menschen zu rechnen.

---

[3] Die räumliche Segregation von Personen einer bestimmten Kategorie in einer Stadt ist definiert als das Ausmaß der ungleichen Verteilung dieser Personen über Teilgebiete der Stadt (vgl. FRIEDRICHS 1977, S. 217). In diesen Teilgebieten ist diese Personenkategorie unterschiedlich stark konzentriert. Zur Feststellung des Ausmaßes der ungleichen residentialen Verteilung einer sozialen Kategorie über Teilgebiete eines Gebietes wurden verschiedene Segregationsindizes entwickelt. Wir verwenden den Segregationsindex von DUNCAN/DUNCAN (1955), der Aussagen über die ungleiche Verteilung einer sozialen Kategorie im Vergleich zu der Restbevölkerung eines Gebietes gestattet. Als Dissimilaritätsindex (ID) dient der Index zur vergleichenden Beschreibung der räumlichen Ungleichverteilung von zwei sozialen Kategorien des Gebietes.
Zur Messung der Konzentration auf Stadtebene kann man a) den kumulativen Anteil alter Menschen in Blöcken mit hohem Altenanteil und b) den kumulativen Anteil von Blöcken, in welchen der Anteil alter Menschen überdurchschnittlich hoch ist, verwenden. Von einer Konzentration alter Menschen in einem Teilgebiet (hier Block) sprechen wir dann, wenn der Anteil dieser in einem Block doppelt so hoch (oder höher) ist als in der gesamten Stadt. Unter Berücksichtigung der Altersverteilung alter Menschen in den untersuchten Städten sprechen wir von „Konzentration" in einem Teilgebiet dann, wenn der Anteil alter Menschen hier höher als 35% ist. Liegt der Anteil höher als 50% (also bei sehr starker Konzentration alter Menschen), sprechen wir von „altershomogenen Gebieten".
[4] Ähnliche Zusammenhänge wurden auch für andere europäische Städte festgestellt (vgl. KAUFMANN 1978, S. 31; SCHÜTZ 1985, S. 121; WESTERGARD 1984, S. 122 ff.; DANGSCHAT 1985).

Tabelle 1: Segregation verschiedener Altersgruppen
auf Blockebene in 12 Städten

Stadt/ Datenstand	Einwohner (in 1000)	Anteil über 65 J.(%)	Zahl d. Einw. Blocks	Einw. Block	Segregationsindex der Altersgruppen 0-15	16-30	31-50	51-64	davon ≥ 65	65-74	≥ 75
(1)	(2)	(3)	(4)	(5)	(6)	(7)	(8)	(9)	(10)	(11)	(12)
Dortmund (1977)	646	16,1	3.871	167	18,3	12,1	11,2	17,8	**24,3**	–	–
Nürnberg (1977)	514	16,8	2.580	199	17,2	13,8	11,7	16,5	**22,9**	–	–
Stuttgart (1977)	581	16,4	4.985	117	17,0	15,5	13,0	17,0	**23,5**	–	–
Erlangen (1977)	105	11,8	1.019	104	21,9	21,4[5]	15,7	22,7[5]	**31,1**	**23,9**	**37,5**
Regensburg (1976)	119	16,3	1.294	92	20,6	16,3[6]	16,1	19,2[6]	**28,0**	–	–
Augsburg (1977)	255	16,5	1.675	153	17,0	14,1	12,4	16,7	**23,8**	**21,3**	**29,5**
Heidelberg (1972)	129	16,0	482	269	18,0	18,0	11,1	15,6	**19,0**	–	–
Herne (1978)	193	15,5	872	222	15,7	9,2	10,1	15,8	**20,1**	–	–
Hof (1981)	55	19,2	663	76	18,7	13,7	13,8	17,4	**23,3**	**22,3**	**27,6**
Ingolstadt (1981)	100	13,5	1.458	68	20,2	15,3	14,1	21,7	**28,8**	**27,8**	**35,0**
Schweinfurt (1981)	58	17,7	462	125	17,8	12,2	12,0	18,1	**23,8**	**21,7**	**27,8**
Bamberg (1981)	76	18,5	618	123	17,7	13,7	11,6	15,4	**21,8**	**19,2**	**27,0**

Tabelle 2: Ausmaß der Konzentration alter Menschen in Groß–
und Mittelstädten (1982)

Stadt	Anteil der über 65–jährigen in Blöcken mit ... über 65–jährigen in % 0-10% (1)	10-25% (2)	25-35% (3)	35-50% (4)	50-75% (5)	75-100% (6)	Blocks < 20 EW (7)	Gesamt = 100% (8)
Augsburg	7,2	63,7	15,4	6,4	4,1	2,6	0,6	44.061
Bamberg	5,3	64,1	20,4	6,1	3,2	0,0	0,9	14.027
Hof	4,4	58,7	21,7	6,8	4,6	1,3	2,4	9.655
Ingolstadt	15,9	58,8	14,5	4,3	3,7	0,0	2,8	13.458
Nürnberg	6,9	63,8	18,5	5,5	2,3	2,5	0,4	88.988
Schweinfurt	7,0	60,4	22,6	3,2	1,4	4,5	0,7	10.255
Stuttgart	8,7	66,9	15,0	3,9	2,6	2,2	0,7	92.164

[5] Altersgruppen 16–34, 35–49, 50–64 Jahre
[6] Altersgruppen 0–14, 15–29, 30–44, 45–64 Jahre

Der Anteil alter Menschen, die in bestimmten Wohnblocks der Stadt räumlich konzentriert wohnen, hängt von dem angenommenen Schwellenwert der Konzentration ab. In Wohnblocks, in denen der Altenanteil mehr als 35% beträgt, bewegt sich dieser Anteil in den einzelnen Städten zwischen 8% und 13%, d.h. jeder zehnte ältere Mensch lebt in einer Wohnumgebung, in der mindestens jeder dritte Bewohner älter 65 Jahre ist. Ca. 5% der alten Menschen leben in altershomogenen Gebieten, in denen mindestens jeder zweite Bewohner älter als 65 Jahre ist. Die Zahl alter Menschen in Städten der Bundesrepublik Deutschland, die in Wohnblocks leben, in welchen mindestens jeder dritte Bewohner älter als 65 Jahre ist, dürfte gegenwärtig etwa 300.000 bis 500.000 betragen; davon leben ca. 150.000 bis 200.000 in altershomogenen Gebieten (VASKOVICS u.a. 1983, S. 29).

Bedingt durch die räumliche Anordnung der Teilgebiete mit hoher Konzentration erhöht sich die räumliche Distanz alter Menschen zu den übrigen – vor allem jüngeren – Bewohnern der Stadt. Hier spielt die Tatsache eine Rolle, daß sich die altershomogenen Wohnblocks in größeren, ebenfalls überalterten Stadtteilen befinden. Oder anders formuliert: die altershomogenen Wohnblocks bilden ein zusammenhängendes Gebiet. Konzentration und räumliche Distanz der alten Menschen haben jedoch in den untersuchten Städten nicht das Ausmaß erreicht, das derzeit auf eine Ghettobildung hindeuten läßt. Dies ist nicht zuletzt dadurch bedingt, daß es zwischen Teilgebieten mit einem hohen Altenanteil und Teilgebieten mit hohem Anteil jüngerer Familien, die räumlich konzentriert wohnen, in der Regel fließende Übergänge gibt. Der Kontrast zwischen diesen altershomogenen Teilgebieten und den übrigen Stadtteilen ist nicht so stark wie z.B. im Falle von Teilgebieten mit sehr hohem Ausländeranteil (VASKOVICS u.a. 1983, S. 51 ff.; SCHÜTZ 1985, S. 76 ff.).

Das Ausmaß der Segregation alter Menschen schwankt in den einzelnen untersuchten Städten zwischen 19,0 (Heidelberg) und 31,1 (Erlangen), das Ausmaß der Konzentration (Schwellenwert: Altenanteil je Block über 35%) zwischen 8,0% (Ingolstadt) und 13,1% (Augsburg). Überraschend ist, daß auch in kleineren Städten alte Menschen in gleichem Ausmaß wie in Großstädten segregiert und konzentriert wohnen. Die Vermutung, daß altersspezifische Segregation erst in den Großstädten auftritt, kann nicht bestätigt werden. Das gleiche gilt hinsichtlich der Beziehungen zwischen dem Anteil alter Menschen je Stadt und dem Ausmaß der Segregation und Konzentration. Es war anzunehmen, daß der Grad der Segregation und Konzentration in Städten mit höherem Altenanteil zunimmt. Doch die Ergebnisse lassen erkennen, daß auch in Städten mit relativ geringem Altenanteil das Ausmaß der Segregation dieses Bevölkerungsteils durchaus hoch sein kann (VASKOVICS 1983, S. 17 ff.).

Ein Vergleich mit der Segregation von Gastarbeitern und Mitgliedern der unteren Unterschicht führt zu dem Ergebnis, daß das Ausmaß der Segregation und Konzentration alter Menschen in Städten der Bundesrepublik Deutschland geringer ist. Die Segregation von Mitgliedern der Unterschicht wird als gesellschaftspolitisches Problem angesehen, wenn diese z.b. zur Bildung von Obdachlosensiedlungen oder bei Gastarbeitern zur Bildung von Ausländerghettos in unseren Städten führen. Ein solches Ausmaß und eine solche Form der Segregation und Konzentration alter Menschen läßt sich nicht nachweisen.

Auch hinsichtlich der räumlichen Aussonderung und des Standortes von Teilgebieten, in welchen eine Konzentration alter Menschen stattfindet, sind in den einzelnen Städten derzeit starke Unterschiede vorfindbar. Eine Gemeinsamkeit ist darin zu erkennen, daß es in der Innenstadt der Großstädte nur selten zu stärkeren Konzentrationen alter Menschen kommt. Konzentrationen mit einem Altenanteil über 35% kommen eher in der mittleren Zone und in Gebieten am Stadtrand der untersuchten Großstädte vor (vgl. VASKOVICS u.a. 1983, S. 28 f.).

Zu der Beschaffenheit des räumlichen Konzentrationsmusters älterer Menschen kann zusammenfassend festgestellt werden:

a. Extrem hohe Konzentration (mit einem Altenanteil über 75% je Block) kommt in der Regel nur durch die Errichtung von Altenheimen zustande. Der Standort der Altenheime bestimmt in diesen Fällen die räumliche Verteilung von Wohnblocks mit hohem Altenteil.

b. Die räumliche Konzentration alter Menschen erfolgt nicht nur in Wohngebieten mit alter und schlechter Bausubstanz und nicht nur in größeren Mietshäusern, sondern auch in teueren Wohngebieten mit Einfamilienhäusern. Diese Wohngebiete unterscheiden sich kaum hinsichtlich ihrer Ausstattung mit Infrastruktur.

c. Die Konzentration alter Menschen erfolgt in diesen Wohngebieten berufs- und schichtspezifisch differenziert. In den hauptsächlich mit Mietshäusern bebauten älteren Wohngebieten erfolgt vorwiegend eine Konzentration alter Menschen, die aufgrund ihrer früheren beruflichen Tätigkeit und schulischen Ausbildung der Unterschicht zuzurechnen sind. In Wohngebieten mit Einfamilienhäusern erfolgt vorwiegend eine Konzentration der älteren Mitglieder der Mittel- und Oberschicht.

d. Unabhängig von der Art der Bebauung ist ein Zusammenhang zwischen baulichem Zustand der Häuser und Wohnblocks und der Konzentration älterer Mitglieder der Unter- und Mittelschicht bzw. Oberschicht festzustellen. In den schlechten, diskreditierenden Häusern und Wohnblocks findet eher eine Konzentration von alten Menschen statt, die der Unterschicht zuzuzählen sind.

e. In Wohngebieten mit hohem Ausländeranteil findet keine Konzentration von alten Menschen der deutschen Bevölkerung statt.

Die Ursache der räumlichen Konzentration alter Menschen kann derzeit nicht eindeutig geklärt werden. In der Forschungsliteratur werden folgende Erklärungen angeführt:

Der „Verdrängungsthese" zufolge sind alte Menschen in unserer Gesellschaft zur Kategorie der sozial Schwachen zu zählen und von daher sind sie auf dem Wohnungsmarkt einem ökonomisch bedingten räumlichen Verdrängungsprozeß ausgesetzt.

Diese Einschätzung wird aber nicht allgemein geteilt. Einer zweiten Auffassung zufolge – die ebenfalls eine erhöhte Segregation alter Menschen unterstellt – resultiert die räumliche Aussonderung alter Menschen aus den lebenszyklisch differenziert verlaufenden innerstädtischen Migrationsprozessen. Unterstellt werden dabei unterschiedliche Standortpräferenzen in Abhängigkeit von der Stellung im Lebenszyklus. Jüngere Familien mit Kindern werden beispielsweise eher eine Wohnung in einer Wohnumgebung bevorzugen, in der die Kinder Spiel– und Auslaufmöglichkeiten in der Nähe der Wohnung haben. Wenn solche Wohnungen am Stadtrand angeboten werden, dann sind diese Familien eher bereit, eine größere Entfernung zum Stadtzentrum in Kauf zu nehmen als alte Menschen, die auf die Infrastruktur der Innenstadt eher angewiesen sind („Lebenszyklusthese").

Mit dieser These ist die sogenannte „Residualthese" verwandt, nach welcher die räumliche Segregation alter Menschen als Folge erhöhter innerstädtischer Migration junger Menschen erfolgt und daraus resultierend eine altersspezifische „Aussiebung" bestimmter Gebiete vonstatten geht. Nach dem Wegzug der Kinder bleiben in diesen Gebieten nur mehr die alten Menschen. Altershomogenität tritt also nicht als Folge der Zuwanderung alter Menschen in diese Wohngebiete auf, sondern als Folge der Abwanderung der jüngeren Altersgruppen[7].

---

[7]Zu den Ursachen altersspezifischer Segregation wurden mehrere Erklärungsmodelle und empirische Untersuchungen durchgeführt (ROSSI 1955 (2. Aufl. 1980); LA GORY 1977; COWGILL 1978; KENNEDY/DE JONG 1977; PAMPEL/CHOLDIN 1978; COX/BHAK 1980; CHEVAN 1982; STUHARA 1980), auf welche im einzelnen nicht eingegangen werden kann (vgl. dazu die Übersichtsdarstellungen von VASKOVICS u.a. 1983, S. 42 f. und SCHÜTZ 1985, S. 24 f.).

3. Soziale Folgen

Von den bisher durchgeführten Untersuchungen, die die sozialen Auswirkungen der räumlichen Konzentration alter Menschen innerhalb bestimmter Wohnbereiche überprüfen, ist die bekannteste die von ROSOW (1967). Er stellt die Hypothese auf, daß die Zahl der Bekannten in der Nachbarschaft und das Ausmaß der Interaktionen mit Nachbarn abhängig sind vom Grad der räumlichen Konzentration alter Menschen in dieser Nachbarschaft. Seine Befragung von Bewohnern von Apartmenthäusern mit unterschiedlichem Altenanteil ergibt, daß in altershomogenen Umwelten mehr Kontakte unter Gleichaltrigen auftreten als in altersheterogenen. ROSOW sieht folglich im hohen Konzentrationsgrad alter Menschen eine wichtige Vorbedingung für deren soziale Integration, schreibt einer altershomogenen Umgebung also „positive" Effekte zu.

Zu ähnlichen Ergebnissen kommt MESSER, der bei älteren Menschen in altershomogenen Umwelten aufgrund der vorhandenen Präferenz für Kontakte mit Gleichaltrigen und dem Entstehen eines altersspezifischen normativen Systems eine höhere Lebenszufriedenheit ermittelt als bei Älteren in altersheterogenen Umwelten (1967, S. 248).

Diese Ergebnisse werden durch ROSENBERG (1970) relativiert, der zeigt, daß zunehmende Altershomogenität nicht unbedingt zur Intensivierung von Sozialbeziehungen führen muß. Er weist nach, daß für das Kontaktmuster der sozio–ökonomische Status eines Wohngebietes wichtiger ist als die Altersstruktur.

ROSENBERG spricht hier vom dissonanten bzw. konsonanten Kontext: Wohlhabendere in Wohngebieten mit niedrigem Durchschnittseinkommen und Ärmere in Wohnblöcken mit relativ hohem Einkommen pro Einwohner leben beide in dissonanten Kontexten, was eine höhere Isolationsrate bedingt gegenüber denjenigen in einer sozio–ökonomisch konsonanten Umwelt.

Zu ähnlichen Ergebnissen führte die Studie von TEAFF u.a. (1978). Die Autoren weisen nach, daß die Wohn– und Kontaktzufriedenheit der Älteren in den Wohnobjekten mit hohem Altenanteil signifikant größer ist als in den gemischtbesetzten Gebäuden (S. 129). Dies ist aber darauf zurückzuführen, daß in den nicht ausschließlich von älteren Menschen bewohnten Wohnungen vorwiegend Familien aus der Unterschicht – von den Behörden als „Problemfamilien" definiert – eine Wohnung zugewiesen bekommen, deren Verhalten – vor allem von Jugendlichen – eine physische Bedrohung für die älteren Bewohner darstellt. In den ausschließlich mit alten Menschen besetzten segregierten Wohnobjekten existieren hingegen solche Umweltgefahren nicht, was sich auch in einer höheren Bewegungsfreiheit und geringeren Angstgefühlen der älteren Bewohner niederschlägt (vgl. auch GUBRIUM 1973, S. 141–151; PATTERSON 1978, S. 209, 211 f.).

Andere Studien, die die Auswirkungen vom Grad der Alterhomogenität auf Kontakthäufigkeit bzw. –zufriedenheit von dritten Faktoren abhängig machen, weisen z.B. auf die Bedeutung der Freiwilligkeit hin, mit der die jeweilige Umwelt gewählt wird (SHERMAN 1975) oder auf das Ausmaß an individuellen Ressourcen, die ein älterer Mensch noch besitzt (GUBRIUM 1973).

Die Ansätze, die, wie der von GUBRIUM, beide Kategorien von Variablen (räumliche Konzentration und Individualmerkmale) miteinander verbinden, gehen implizit oder auch explizit davon aus, daß in dem Wohnbereich einer Person eine Normstruktur existiert, deren Inhalte durch die Majorität der dort Wohnenden bestimmt werden. D.h., daß in einer Wohnumwelt, die überwiegend von Berufstätigen–Haushalten mit Kindern besetzt ist, Normen durchgesetzt werden, die für die Situation dieser Kategorie relevant sind (1973, S. 90 ff.). Jene Personen, die ebenfalls in dieser Wohnumwelt wohnen, aber die Merkmale der Majorität nicht besitzen, werden dennoch von diesem „lokalen" Normensystem tangiert, da zum einen ihr Verhalten von den anderen anhand dieser Normen taxiert wird, zum anderen sie ihre eigenen Aktivitäten mit denen der anderen vergleichen. In Wohnumwelten, in denen sich die Älteren in der Mehrzahl befinden, setzen sich andere Normen durch, die an der Situation der Älteren orientiert sind.

Die Annahme einiger Erklärungsansätze dieser Richtung ist nun, daß bei Kongruenz von Wohnumweltnormen und eigenen Erwartungen Personen relativ intensive soziale Kontakte und positiv gefärbte Einstellungsmuster entwickeln und daß bei Inkongruenz (ältere Person lebt in einer von Jüngeren majorisierten Umwelt) gegenteilige Effekte auftreten. Die empirischen Daten von MESSER (1967) und ROSOW (1967) stützen diese Hypothese.

GUBRIUM erweitert diesen Ansatz, indem er zusätzlich das Ausmaß individueller Ressourcen berücksichtigt und behauptet, daß ältere Personen in einer altersinkongruenten Umwelt nur dann Isolation und Unzufriedenheit zeigen, wenn ihre individuellen Ressourcen nicht ausreichen, um den Erwartungen ihrer Umwelt entsprechen zu können. Er rückt also von der Annahme ab, daß alte Menschen generell in ihren Verhaltenskompetenzen Jüngeren unterlegen sind (1973, S. 78).

Eine andere Fokussierung dieses Ansatzes wird durch ROSE (1965) vorgenommen, indem er die zunehmende räumliche (und damit zusammenhängend soziale) Trennung der Generationen als Rahmenbedingung für die Entstehung altersspezifischer Subkulturen auffaßt. Die zentrale These von ROSE lautet: „Je größer die Trennung alter Menschen von Menschen anderer Alterskategorien, desto eher und tiefgehender wird sich eine Subkultur älterer Menschen entwickeln" (ROSE 1965, S. 4). Günstige Voraussetzungen zur Entwicklung subkultureller Tendenzen schienen in den nordamerikanischen „retirement communities" gegeben zu sein, aber selbst in diesen extremsten vorfindbaren Konzentrationen konnten keine auffälligen Isolationserscheinungen und extremen Normunterschiede gefunden werden (vgl. FISCHER 1978, S. 663; KOCH 1976, S. 61 f.). Man muß berücksichtigen, daß die Population in diesen Pensionistensiedlungen sich in hohem Maße aus überdurchschnittlich gesunden, wohlhabenden und aktiven alten Menschen zusammensetzt (ROSENMAYR u.a. 1978, S. 147), die solche Erfahrungen wie negative Typisierung und Diskriminierung durch andere Bevölkerungsgruppen kaum gemacht haben. Daß derartige Zuschreibungsprozesse stattfinden, wird oft mehr oder minder explizit vorausgesetzt, wenn von Subkulturen die Rede ist, aber gerade im Fall der alten Menschen ist dies umstritten (vgl. STREIB 1968, S. 37 f.). Auch abgesehen von dieser speziellen Ausprägung räumlicher Aussonderung, die ausschließlich auf freiwilligen Entscheidungen alter Menschen beruht, steht der empirische Nachweis für die Existenz von Alters–Subkulturen bisher auf schwachen Füßen (vgl. BULTENA 1976; PALMORE 1977, S. 47 f.). Die Anwendung der Ergebnisse amerikanischer Untersuchungen auf alte Menschen in der Bundesrepublik Deutschland ist aus mehreren Gründen sehr problematisch. Die sozialen Folgen der räumlichen Segregation alter Menschen wurden in der Bundesrepublik Deutschland bisher kaum empirisch untersucht. Obwohl hinsichtlich Übertragbarkeit und Generalisierbarkeit der Ergebnisse auch hier Einschränkungen gemacht werden müssen, ist zunächst auf die Ergebnisse einer Wiener Studie hinzuweisen. ROSENMAYR u. KÖCKEIS (1965) haben die Folgen des räumlich verdichteten Wohnens alter Menschen in speziell für alte Menschen errichteten Altenwohnungen (in sog. „Heimstätten") untersucht. Es zeigte sich, daß alte Menschen in relativ kurzer Zeit (altershomogene) soziale Kontakte zu den übrigen Bewohnern der „Heimstätte" aufnehmen und aufrechterhalten. Zu den übrigen (jüngeren und älteren) Stadtteilbewohnern bestehen jedoch kaum soziale Beziehungen (S. 141). Der Verlust an Kontakten zu den übrigen Stadtteilbewohnern wird durch Besuchskontakte von Verwandten und die auf die Heimstätte beschränkten Binnenkontakte „kompensiert".

Erwähnung verdient eine Erhebung des Städtebauinstituts Nürnberg (SIN), das im Rahmen einer Auftragsforschung alte Menschen in Neubauvierteln und Sonderwohnformen befragte (SIN 1972). Die Ermittlung der Auswirkungen räumlicher Konzentration war aber kein erklärtes Ziel dieser Arbeit, so daß dieser Aspekt nur am Rande durch Daten aufgehellt und diskutiert wurde (vgl. SIN 1972, S. 233 ff., 268 ff.). Resümierend wird darauf hingewiesen, daß sich ältere Menschen unabhängig von räumlichen Verteilungsformen (z.B. in altersgemäßen Sonderwohnformen oder gestreut in Neubauvierteln) sowohl im Sinne der Aktivitäts- als auch im Sinne der Disengagement-Theorie verhalten können. Die sozialen Folgen der räumlichen Konzentration werden hauptsächlich am Beispiel der alten Menschen in Altenheimen und Altenwohnungen aufgezeigt und diskutiert (vgl. FISCHER 1976; zusammenfassend bei LEHR 1977, S. 270 f.; MAJCE 1978; REIMANN 1983, S. 103 f.).

Die Folgen werden wie folgt beschrieben: 1. eine verminderte Kontakthäufigkeit, 2. ein verringertes Aktivitätsniveau, 3. eine verminderte Lebenszufriedenheit (in Verbindung mit herabgesetztem Selbstwertgefühl und Einsamkeitsgefühlen), 4. eine verkürzte Zeitperspektive, 5. ein verringertes Interessenspektrum, 6. eine verringerte geistige Leistungsfähigkeit und 7. eine erhöhte Mortalität (vgl. FISCHER 1976, S. 6 u. REIMANN S. 103 f.). Veränderungen werden in dieser Studie nicht als Folgen einer speziellen Form der räumlichen Aussonderung und Konzentration diskutiert, sondern als spezifische „Institutionalisierungseffekte" (Wirkungen einer „totalen Institution" im Sinne von GOFFMAN (1973)).

Etwas ausführlicher soll auf die Ergebnisse einer vom Autor und seinen Mitarbeitern durchgeführten Studie eingegangen werden (vgl. VASKOVICS u.a. 1987). Die Studie war auf die Überprüfung der Annahme gerichtet, daß (a) die räumliche Konzentration (Grad der Altershomogenität), (b) Diskreditierungsgrad der Wohnobjekte[8] und (c) Grad der Institutionalisierung als drei theoretisch bedeutsame Dimensionen der Wohnumwelt das Verhalten und die Einstellungen alter Menschen und ihrer potentiellen Interaktionspartner beeinflussen. Neben der Wirkung dieser Kontextvariablen wurde der Einfluß von Wohndauer, Familienstand, sozio-ökonomischem Status, Alter, Geschlecht, physischem Zustand der alten Menschen überprüft.

Untersucht wurden die Einflüsse auf Einstellungen (Lebenszufriedenheit und Disengagement), auf soziale Beziehungen und auf die Stadtteilbindung alter Menschen sowie Einstellungen der Stadtteilbewohner gegenüber alten Menschen (Stigmatisierung, Diskriminierung). Analysiert man, inwieweit Merkmale der Person und des räumlichen Kontextes als Bestimmungsgründe für Disengagement und Lebenszufriedenheit in Frage kommen, so kommt man zu sehr differenzierten Aussagen.

In qualitativ schlechten Wohngebieten zeigen die alten Menschen eine geringere Lebenszufriedenheit. In bezug auf die Lebenszufriedenheit treten Konzentrationseffekte nur im Zusammenhang mit dem Diskreditierungsgrad und der Wohndauer alter Menschen zutage:

---

[8] Der Diskreditierungsgrad der Wohnblöcke wurde aufgrund der Qualität und des Zustandes der Wohnungen und Häuser durch Bewertung (Interviewer-Rating) ermittelt.

- Wohnen die alten Menschen unter diskreditierenden Verhältnissen, so weisen sie eine relativ geringe Lebenszufriedenheit auf. Dies trifft besonders für die altersgemischten Gebiete zu, gleichgültig, ob die alten Menschen dort schon sehr lange leben oder erst später zugezogen sind. Im altershomogenen Kontext dagegen läßt sich bei den alteingesessenen Bewohnern eine höhere Lebenszufriedenheit feststellen. Alten Menschen, die neu hier einziehen, bereitet die Eingliederung in einen bereits festgefügten Nachbarschaftsbereich offensichtlich Probleme.

- Wohnen alte Menschen in nicht diskreditierenden Gebieten, so haben sie eine relativ hohe Lebenszufriedenheit. Die Konzentration wirkt sich hier weder negativ noch positiv aus. Sind alte Menschen erst später in ihre Wohnung eingezogen, so zeigt sich in den altersgemischten Gebieten eine höhere Lebenszufriedenheit als in den altershomogenen Gebieten. Es scheint auch hier schwierig zu sein, in der Geschlossenheit des gewachsenen homogenen Kontextes Anschluß zu finden.

Die ungünstigste Kontaktsituation von alten Menschen weisen diejenigen auf, die in altersgemischten Gebieten mit schlechter Wohnqualität leben. Demgegenüber sind die alten Menschen in altershomogenen Gebieten, egal ob diskreditierend oder nicht, mit ihren sozialen Beziehungen zufriedener, erreichen allerdings nicht das Niveau der alten Menschen in positiv bewerteten altersheterogenen Blöcken.

Durch die Einführung von Kontext–Faktoren gelangt man also zu einer erheblich differenzierteren Aussage über die Kontaktsituation alter Menschen. Greift man die Frage auf, wie erklärungsrelevant hier Kontext–Variablen im Vergleich zu Individual–Variablen sind, so kann festgestellt werden, daß keinesfalls von einer eindeutig durchgängigen Wirkung einer der beiden Variablengruppen gesprochen werden kann. Vielmehr erweist sich, daß die einzelnen Kontaktdimensionen jeweils von unterschiedlichen Variablen abhängig sind und daß man zwischen der Situation des Altersheims und der in „normalen" Wohngebieten differenzieren muß. Während beim Vergleich von Personen in altersheterogenen Gebieten mit jenen in Altenheimen die Konzentrationsgefahr stark ins Gewicht fällt, sind Alter und physischer Zustand – also Individualvariablen – die erklärungskräftigsten Faktoren, wenn man die Personen in altersheterogenen und –homogenen Gebieten miteinander vergleicht. Vor allem über 75jährige in schlechter körperlicher Verfassung sind – egal, wo sie wohnen – isolationsgefährdet.

Ähnlich wie im Bereich der sozialen Kontakte treten Unterschiede in der Stadtteilbindung alter Menschen kaum zutage, wenn man die Daten nur nach dem Merkmal „Konzentrationsgrad alter Menschen im Block" differenziert. Solche werden erst sichtbar nach Trennung der Wohngebiete in schlechte und gute. Die geringste Stadtteilbindung wurde sowohl bei alten Menschen wie übrigens auch bei den jüngeren Stadtteilbewohnern in diskreditierenden altersgemischten Wohngebieten festgestellt.

Solche auffallenden Differenzen nach Diskreditierungsgrad lassen sich in altershomogenen Gebieten nicht feststellen. Dies ist auch mit eine Folge der im Durchschnitt längeren Wohndauer der Bewohner solcher altershomogener Kontexte. Das Wohnen in einer negativ bewerteten Umgebung hat nicht nur Folgen für die Bindung an das Wohngebiet, sondern wirkt sich auch auf die sozialen Beziehungen insgesamt aus. Alte Menschen leben unter solchen Bedingungen häufiger isoliert und bewerten ihre Kontaktmöglichkeiten negativer. Ihr Verkehrskreis schrumpft hier auf einige wenige, räumlich sehr nahe Kontaktgelegenheiten.

Kategorisierungs–, Stigmatisierungs– und Diskriminierungsbereitschaft sowie Diskriminierungsverhalten der Stadtteilbewohner gegenüber räumlich konzentriert wohnenden alten Menschen sind durchgehend in diskreditierenden Häusern und Wohnungen höher. Die gleichen Beobachtungen konnten auch in altersheterogenen Gebieten gemacht werden. Auch hier ist die Stigmatisierungs– und Diskriminierungsbereitschaft gegenüber alten Menschen in diskreditierenden Wohnobjekten signifikant höher.

Die Stigmatisierungs– und Diskriminierungsbereitschaft nimmt allerdings mit zunehmendem Grad der räumlichen Konzentration von alten Menschen auf Blockebene nicht zu. Den höchsten Anteil von jüngeren potentiellen Interaktionspartnern, die alte Menschen stigmatisieren und diskriminieren, wurde in altersheterogenen Wohnblöcken ermittelt. Nur der Anteil der jüngeren Interaktionspartner, der sich aus der Nachbarschaft nur durch ältere Personen gestört fühlt, nimmt mit der räumlichen Konzentration von alten Menschen auf Blockebene kontinuierlich und sehr stark zu.

Es fällt auf, daß diejenigen alten Menschen, die sowohl nach der Dimension sozialer Isolation als auch ökonomischer Armut zur Kategorie der Randständigen zu zählen sind, nicht überwiegend in altershomogenen Gebieten wohnen, sondern eher in altersgemischten Gebieten. Auch das Wohnen in diskreditierenden Wohnobjekten scheint für die Randständigkeit der alten Menschen keine konstitutive Bedingung zu sein. Etwa die Hälfte der gesellschaftlich randständigen alten Menschen wohnt auch nicht in diskreditierenden Wohnobjekten. Würde man auch diese Kriterien, nämlich räumliche Konzentration in altershomogenen Gebieten und diskreditierenden Wohnobjekten, als zusätzliche konstitutive Bedingung der Randständigkeit heranziehen, würde man zu dem Ergebnis kommen, daß nur etwa 1% der alten Menschen in normalen Wohngebieten (d.h. ohne Altenheime) in gesellschaftlicher Randständigkeit in Verbindung mit räumlicher Aussonderung in diskreditierenden Wohngebieten leben.

4. Versuch einer Erklärung

Die zentrale Frage, ob und inwieweit bestimmte Merkmale des sozialökologischen Kontextes – nämlich die Altershomogenität der Bewohner eines Wohngebiets (Konzentrationsgrad) Verhaltensweisen und Einstellungen alter Menschen und ihrer potentiellen Interaktionspartner beeinflussen, muß in Kenntnis der empirischen Ergebnisse sehr differenziert beantwortet werden. Effekte der Konzentration können nur in Verbindung mit anderen Variablen, wie z.b. Qualität und Bewertung der Wohnung und Wohnumgebung und bestimmten Individualvariablen nachgewiesen werden. Es stellt sich nun die Frage, warum zwar die Erhöhung des Diskreditierungsgrades eindeutig negative Konsequenzen hinsichtlich Einstellung und Verhaltensmuster alter Menschen zur Folge hat, jedoch nicht die Erhöhung des Konzentrationsgrades (bzw. nur in Verbindung mit der Erhöhung des Diskreditierungsgrades). Ein besonderes Problem theoretischer Art wirft die Frage auf, warum negative soziale Folgen unter der Rahmenbedingung hoher Konzentration bei hohem Diskreditierungsgrad der Wohngebiete nicht durchgehend nachweisbar sind.

Um diese Frage beantworten zu können, müssen wir uns abschließend mit den Ursachen der Segregation alter Menschen beschäftigen. Wohngebiete mit einem hohen Anteil alter Menschen befinden sich überwiegend am Rande der Innenstadt, die mit einem Baubestand aus der Vorkriegszeit auf ein niedriges Mietniveau schließen lassen. Es ist auffällig, daß in solchen Wohnblocks die Personen mit langer Wohndauer überwiegen, d.h. in diesen Gebieten kam die Altershomogenität nicht durch Zuwanderung von alten Menschen, sondern durch natürliche Überalterung der dort wohnhaften Bevölkerung zustande. Dieser Tatbestand spricht gegen die Verdrängungsthese; vielmehr kann man die jetzige Konzentration in diesen Gebieten damit erklären, daß dort früher vorwiegend Zwei- oder Mehr-Generationen-Familien wohnten, deren Kinder nach und nach aus dem elterlichen Haushalt auszogen. Da die Wohnungen von der Elterngeneration nicht aufgegeben wurden, konnten jüngere Personen und Familien nur in beschränktem Umfang Wohnungen in einem solchen Block belegen, so daß das Durchschnittsalter der Blockbevölkerung nahezu parallel zum kalendarischen Alter der Personen zunahm. Ein Ansatz, der lebenszyklische Ereignisse berücksichtigt, erscheint also hier für die Erklärung der Segregation alter Menschen angemessen zu sein.

Damit wird aber nicht ausgeschlossen, daß alte Menschen – insbesondere sozial schwache – nicht unter Verdrängungsprozessen zu leiden hätten. Nur findet man diese verdrängten Älteren kaum in den Blöcken, die sich durch einen besonders hohen Altenanteil auszeichnen. Zusammenfassend kommt man daher zu der Schlußfolgerung, daß bei der räumlichen Konzentration alter Menschen der Konkurrenzkampf auf dem Wohnungsmarkt und demzufolge eine Verdrängung auf weniger gefragte, benachteiligte, aber auch für die sozial schwächeren Bevölkerungsgruppen finanziell noch tragbaren Wohnstandorte indirekt eine Rolle gespielt hat. Indirekt in dem Sinne, daß diese Einflüsse zeitlich bereits weit zurückliegen. Aber das Ausmaß und das räumliche Muster der Konzentration alter Menschen läßt sich damit allein noch nicht erklären.

Die Segregation und Konzentration alter Menschen in der derzeit vorfindbaren Form läßt sich also weder durch die „Verdrängungsthese" noch durch die „Residualthese" als lebenszyklische Ereignisse allein erklären. Man kann aber diese Erklärungsansätze aufgrund der vorliegenden Daten auch nicht zurückweisen. Erst durch die Verknüpfung von Einflußfaktoren, die diese beiden Thesen als Ursachen für die altersspezifische Segregation anführen, läßt sich Ausmaß und Form der Segregation und Konzentration alter Menschen in unseren Städten verständlich machen.

Diese Zusammenhänge lassen sich vereinfacht modellhaft wie folgt darstellen: Bei der Erklärung der Entstehung altershomogener Gebiete (außer Wohnen in speziellen Einrichtungen für alte Menschen, wie Altenheime, Altenwohnungen) müssen zwei unterschiedliche Phasen der Segregation unterschieden werden, die durch verschiedene Ursachen und Wirkungszusammenhänge charakteristisch sind: schichtspezifische Segregation und familienzyklische Migration.

Die schichtspezifische Segregation, deren Zustandekommen im Sinne der Verdrängungsthese durch Wettbewerb um günstige Wohnstandorte erklärbar ist, vollzieht sich hauptsächlich in der Phase der Familiengründung und in der Wachstumsphase bzw. in der Phase der Ausbildung der Kinder. Die Wohnstandortentscheidung der Familien in diesen Phasen orientiert sich an den Boden- und Mietpreisen, die wiederum mit der Wohnqualität des Wohngebietes korrelieren.

Hinsichtlich der altershomogenen Gebiete hat man es mit „natürlich" gewachsenen sozialen Einheiten zu tun, deren Bewohner sich in der Mehrzahl in einem jahrzehntelangen Prozeß an die gebotenen Lebens- und Umweltbedingungen gewöhnt haben.

Man kann daher davon ausgehen, daß für diese Personen der eindeutig diskreditierende Charakter ihres Wohngebietes subjektiv von geringer Bedeutung ist, zumal wenn sie die gleichen Maßstäbe anlegen, die vor 20 oder 30 Jahren diese Viertel durchaus dem durchschnittlichen Wohnstandard gemäß erscheinen ließen. Das äußere Erscheinungsbild ist natürlich ein Zustand, gemessen zum Zeitpunkt der Untersuchung; man muß aber davon ausgehen, daß dieser Zustand sich zehn bis zwanzig Jahre vorher wesentlich vom gegenwärtigen unterschied. Die Älteren in diesem Wohngebiet, die diesen historischen Prozeß mit verfolgt, mit erlebt, bzw. sogar mit verursacht haben, orientieren sich in der Beurteilung des Wohngebietes nicht unbedingt an den Maßstäben, mit denen das Wohngebiet zum Zeitpunkt der Untersuchung von außen beurteilt wird, sondern an solchen, die vor zehn, zwanzig Jahren gültig waren: Sie sind diejenigen, die mit den Häusern, mit ihrer Umgebung älter geworden sind.

Diese altershomogenen Wohnanlagen bzw. Wohnblöcke, wo alte Menschen heute räumlich konzentriert wohnen, wurden – von wenigen Ausnahmen abgesehen – von größeren Wohnbaugesellschaften errichtet. Das bedeutet, daß diese Blöcke in einheitlicher Form gebaut sind, die Wohnungen in Ausstattung und Größe und auch die soziale Struktur der Bewohner relativ homogen sind, wobei zu berücksichtigen ist, daß trotz schlechter Wohnqualität dieser Wohnblöcke von den Wohnungsbaugesellschaften ein gewisser Mindeststandard aufrecht erhalten wird. Die älteren Personen in solchen Wohngebieten nehmen also in ihrer Wohnumwelt ähnliche Interessen wahr, sie bestimmen das „Milieu" einer solchen Siedlung und werden in ihrer Majoritätssituation auch wenig durch Verhalten bzw. Erwartungen der jüngeren Mitbewohner beeinträchtigt, da in solchen Kontexten die Altersgruppe der 20 – 40jährigen, die am stärksten zu Stigmatisierung und Diskriminierung neigen, weitgehend fehlt, und die über 40jährigen potentiellen Interaktionspartner kaum noch Tendenzen zeigen, ihre älteren Nachbarn zu diskriminieren.

Es spielt auch die Tatsache eine Rolle, daß die altersspezifische Segregation in den Untersuchungsstädten kleinräumig erfolgt. In den untersuchten deutschen Städten gibt es keine größeren zusammenhängenden Stadtteile mit einer stärkeren Konzentration von alten Menschen, wohl aber Stadtteile mit einem leicht überdurchschnittlichen Anteil alter Menschen. Eine ghettoähnliche Konzentration von alten Menschen, Zustände also, die man in einigen Städten der Vereinigten Staaten beschrieben hatte, waren in deutschen Städten nicht festzustellen. Auf eine kleinräumige Segregation von alten Menschen reagieren die Stadtteilbewohner nicht mit erhöhter Stigmatisierungs– und Diskriminierungsbereitschaft, es sei denn, alte Menschen wohnen in diskreditierenden Häusern und Wohnungen oder in diskreditierenden Altenheimen. Die Tatsache, daß das Wohnen in diskreditierenden Wohnobjekten (unabhängig vom Grad der kleinräumigen Segregation und vom Institutionalisierungsgrad) die Stigmatisierungsbereitschaft und Absetzungsbereitschaft stark erhöht, scheint die Annahmen im Sinne der „Theorie objektbezogener Stigmatisierung" am Beispiel der alten Menschen im wesentlichen zu bestätigen.

Zur Beantwortung der Frage, warum unter den Rahmenbedingungen der Altersheterogenität und der Wohnqualität der Wohnung und Wohnumgebung die meisten negativen sozialen Folgen festgestellt wurden, können folgende Gründe angeführt werden: Es fehlen hier jene Faktoren, die im Fall der Konzentration die negativen Effekte des Diskreditierungsgrades zu kompensieren in der Lage waren, nämlich

- eine zahlenmäßig starke Gruppe von Gleichaltrigen mit ähnlichem sozialen Status, die in der Lage ist, einen milieubeherrschenden Einfluß auszuüben;
- eine langfristige Konstanz des äußeren Erscheinungsbildes der Wohnobjekte: Die Vielzahl von verschiedenen Nutzungen und Eigentümern führt zu häufigen Änderungen, auf die die Bewohner keinen Einfluß haben;
- eine geringere Altersdistanz zu den Nachbarn: Die über 50jährigen sind in diesen Gebieten nicht so stark vertreten, und somit erhöht sich die Zahl potentiell absetzungs- und diskriminierungsbereiter Nachbarn.

Daraus resultieren in diesen Gebieten Nachbarschaftsbeziehungen, die insgesamt – also auch unter den Jüngeren – konfliktbeladener sind.

Literaturverzeichnis

BLALOCK, H. M. 1956: Economic discrimination and negro increase, in: American Sociological Review, 21. Jg., S. 584–588

BULTENA, G. L. 1976: Age–grading in the social interaction of elderly male population, in: BELL, B. D., (Hg.), Contemporary social gerontology, Springfield Ill., S. 241–246

CARP, F. M. 1976: Housing and living environments of older people, in: BINSTOCK, R. H., SHANAS, E., (Hg.), Handbook of aging and the social sciences, New York, S. 244–271

CAVAN, R. S., BURGESS, E. W., HAVIGHURST, R. J., GOLDHAMER, H. 1949: Personal adjustment in old age, Science Research Associates, Chicago

CHEVAN, A. 1982: Age, Housing Choice and Neighborhood Age Structure, in: AJS 87, S. 1133–1149

CLARK, M. 1976: Patterns of aging among the elderly poor of the inner–city, in: BELL, B. D., (Hg.), Contemporary social gerontology, Springfield, Ill., S. 341–347

COWGILL, D. O. 1978: Residential segregation by age in American metropolitan areas, in: Journal of Gerontology, 33. Jg., S. 951–959

COWGILL, D. O., COWGILL, M. S. 1951: An Index of segregation based on block statistics, in: American Sociological Review, 16. Jg., S. 825–831

COX, H. & BHAK, A. 1980: Determinants af Age Based Residential Segregation, in: Sociological Symposium, No.29, S. 27–41

DANGSCHAT, J. 1985: Residentiale Segregation alter Menschen in Warschau, in: Geographische Zeitschrift, Jg. 73, Heft 2, S. 81–105

DIECK, M. 1979: Wohnen und Wohnumfeld älterer Menschen in der Bundesrepublik, Heidelberg

EICHLER, G., JÜNGST, P. 1979: Soziale Segregation und Bodenpreise in der Universitätsstadt Marburg/Lahn, in: JÜNGST, P. u.a., (Hg.), Stadt und Gesellschaft. Sozioökonomische Aspekte der Stadtentwicklung, URBS ET REGIO, Sonderband 13, Kassel, S. 1–63

ESSER, H. 1979: Räumliche Segregation, ethnische Schichtung und ihre Assimilation von Wanderern, in: HAMM, B., (Hg.), Lebensraum Stadt, Frankfurt/New York

FISCHER, L. 1976: Die Institutionalisierung alter Menschen, Köln

FISCHER, L. 1978: Überlegungen zum Konzept der Subkultur bei alten Menschen, in: aktuelle Gerontologie, 8. Jg., S. 661–665

FRANZ, P., VASKOVICS, L. 1982: Die räumliche Segregation alter Menschen in bundesdeutschen Städten, in: Zeitschrift für Gerontologie, 15. Jg., S. 280–287

FRIEDRICH–WUSSOW, M. 1975: Wohnen alter Menschen aus der Sicht der Altenpläne, in: Zeitschrift für Gerontologie, 8. Jg., S. 413–432

FRIEDRICHS, J. 1977: Stadtanalyse, Reinbek bei Hamburg

GOFFMAN, E. 1967: Stigma. Über Techniken der Bewältigung beschädigter Identität, Frankfurt

GUBRIUM, J. F. 1972: Toward a socio–environmental theory of aging, in: The Gerontologist, 12. Jg., S. 281–284

GUBRIUM, J. F. 1973: The myth of the golden years. A socio-environmental theory of aging, Springfield, Ill.

HERLYN, U. 1980: (Hg.), Großstadtstrukturen und ungleiche Lebensbedingungen, Frankfurt/New York

HONDRICH, K. O., HOFFMANN–NOWOTNY, H. J. 1981: Ausländer in der Bundesrepublik Deutschland und in der Schweiz, Frankfurt/New York

KAUFMANN, A., BALOG, A. 1974: Daten zur Bevölkerungs- und Sozialstruktur der österreichischen Großstädte, Forschungsbericht der Instituts für Stadtforschung Wien, Nr. 11, Wien

KENNEDY, J. M., DE JONG, G. F. 1977: Aged in cities: residential segregation in 10 USA central cities, in: Journal of Gerontology, 32. Jg., S. 97–102

KOCH, R. 1976: Altenwanderung und räumliche Konzentration alter Menschen, Bonn–Bad Godesberg

LA GORY, M., JURAVICH, T., WARD, R. 1980: The age segregation process in American cities: an ecological model; Paper presented at the 72nd Annual Meeting of the ASA, 5.9.–9.9.1977 in Chicago (inzwischen veröffentlicht in: Urban Affairs Quaterly, 16. Jg., S. 59–80)

LAWTON, M. P. 1970: Ecology and aging, in: PASTALAN, L. H., CARSON, D. H., (Hg.), Spatial behavior of older people, Ann Arbor, Mi. S. 40–67

LAWTON, M. P., COHEN, J. 1974: Environment and the well–being of elderly inner–city residents, in: Environment and Behavior, 6. Jg., S. 194–211

LAWTON, M. P., NAHEMOW, L. 1973: Ecology and the aging process, in: EISDORFER, C., LAWTON, M. P., (Hg.), The psychology of adult developement and aging, Washington, D. C., S. 619–647

LEHR, U. 1977a: Älterwerden in Stadt und Land – psychologische und soziale Aspekte –, in: aktuelle Gerontologie, 4. Jg., S. 197–204

LEHR, U. 1977b: Psychologie des Alterns, 3. Aufl., Heidelberg

MAJCE, G. 1978: „Geschlossene" Altenhilfe – Probleme der Heimunterbringung in: ROSENMAYR, L. U. H., Der alte Mensch in der Gesellschaft, Reinbek bei Hamburg, S. 261–297

MESSER, M. 1967: The possibility of an age concentrated environment becoming a normative system, in: The Gerontologist, 7. Jg., S. 247–251

PALMORE, E., WHITTINGTON, F. 1971: Trends in the relative status of the aged, in: Social Forces, 50. Jg., S. 84–91

PANPEL, F. C., CHOLDIN, H. M. 1978: rban location and segregation of the aged: a blocklevel analysis, in: Social Forces, 56. Jg., S. 1121–1139

PARK, R. E., 1924: The concept of social distance, in: Journal of Applied Sociology, 8. Jg.,

PATTERSON, H. 1978: Housing density and various quality–of–life measures among elderly urban dwellers: some preliminary concepts, in: Journal of Population, 1. Jg., S. 203–215

PETERS, H., CREMER–SCHÄFER, H. 1975: Die sanften Kontrolleure, Stuttgart

REIMANN, H. 1983: Wohnverhältnisse und Wohnbedürfnisse älterer Menschen in: REIMANN, H. U. H., (Hg.), Das Alter, Stuttgart

ROSE, A. M. 1965: The subculture of the aging: A framework for research in social gerontology, in: ROSE, A. M., PETERSON, W. A., (Hg.), Older people and their social world, Philadelphia, S. 3–16

ROSENBERG, S. 1970: The worker grows old, San Francisco

ROSENMAYR, L. 1977: Altern im sozialökologischen Kontext, in: aktuelle gerontologie, 7. Jg., S. 289–299

ROSENMAYR, L., KÖCKEIS, E. 1965: Umwelt und Familie alter Menschen, Berlin/Neuwied

ROSSI, P. H. 1980: Introduction to the second edition, in: ders,. Why families move, 2. Aufl., Beverly Hills/London, S. 15–50

ROSOW, I. 1967: Social integration of the aged, New York

SCHÜTZ, M. W. 1982: Altersspezifische Segregation in Hamburg, in: Archiv für Kommunalwissenschaften, 21. Jg., S. 290–306

SCHÜTZ, M. W. 1985: Die Trennung von Jung und Alt in der Stadt, Hamburg

SHERMAN, S. R. 1975: Patterns of contacts for residents of age–segregated and age–integrated housing, in: Journal of Gerontology, 30. Jg., S. 103–107

STÄDTEBAUINSTITUT NÜRNBERG (SIN) 1972: Wohnen alter Menschen, Stuttgart

STAHURA, J. M. 1980: Ecological Determinants of the Aging of Suburban Populations, in: The Sociological Quaterly 21, S. 107–118

STREIB, F. 1968: Are the aged a minority group?, in: NEUGARTEN, B. J., (Hg.), Middle age and aging, Chicago, S. 35–46

VASKOVICS, L. A. 1976: Segregierte Armut, Frankfurt/New York

VASKOVICS, L. A. 1979: Residentiale Segregation alter Menschen und ihre sozialen Folgen, in: HAMM, B., (Hg.), Lebensraum Stadt, Frankfurt/New York, S. 35–47

VASKOVICS, L. A. 1982 a: (Hg.), Raumbezogenheit sozialer Probleme, Opladen

VASKOVICS, L. A., FRANZ, P., UELTZEN, W. 1982 b: Räumliche und soziale Distanz bei alten Menschen – Zur Relevanz des ökologischen Kontextes, in: ALBRECHT, G., (Hg.), Soziale Probleme und soziale Kontrolle, Opladen, S. 38–54

VASKOVICS, L. A., FRANZ, P., UELTZEN, W. 1983: Ursachen der räumlichen Segregation alter Menschen in bundesdeutschen Städten, Forschungsbericht, Bamberg

VASKOVICS, L. A., FRANZ, P., UELTZEN, W. 1987: Alte Menschen im sozial–ökologischen Kontext. Entwickung und soziale Folgen räumlicher Konzentration alter Menschen in bundesdeutschen Städten (im Druck).

Vom Leben auf der Straße
– Raumprobleme und Raumerfahrungen von Nichtseßhaften –

Arno Giesbrecht

1. Einleitung

Wie sieht der Alltag wohnungs- und mittelloser Menschen in bundesdeutschen Städten aus? Warum ziehen einige der Betroffenen von Stadt zu Stadt, während sich andere Jahre, teilweise auch ihr ganzes Leben lang, in ein und demselben Ort aufhalten? Und schließlich: Welche Rolle kommt der Situation auf dem Wohnungsmarkt sowie der kommunalen Wohnungsfürsorge im Zusammenhang mit der Entwicklung von Lebensumständen zu, die mit der Verwaltungskategorie „Nichtseßhaftigkeit" bezeichnet wird?

Dies sind einige der Fragen, mit denen sich der folgende Beitrag[1] auseinandersetzt. Die Menschen, um die es hierbei geht, werden umgangssprachlich meist als „Penner" bezeichnet. Die einschlägigen Rechtsvorschriften sowie die Behörden sprechen – wie oben erwähnt – von Nichtseßhaften. Bedeutungsgleich wird im Rahmen dieses Beitrages die Bezeichnung „alleinstehende Wohnungslose" gebraucht[2]. Verstanden werden hierunter im folgenden solche volljährigen, alleinstehenden Personen, die wohnungslos – und da ohne gesichertes Einkommen – mittellos (meist) im Zustand der Hilfsbedürftigkeit leben (vgl. GOSCHLER 1983, S. 7).

2. Nichtseßhaftigkeit als Form von Armut

Nichtseßhaftigkeit ist – nach der für die die folgenden Ausführungen konstitutiven Problemsicht – die institutionalisierte Form extremer *Armut* un-

---

[1] Die Ausführungen stehen in engem Zusammenhang mit einer von mir in Hagen durchgeführten qualitativen Untersuchung zu Lebensläufen und zur aktuellen Situation nichtseßhafter Männer (vgl. GIESBRECHT 1987).

[2] Zu den Problemen bei der Wahl einer geeigneten Gruppenbezeichnung, insbesondere zur Kritik am Begriff Nichtseßhaftigkeit (vgl. u.a. HOLTMANNSPÖTTER 1982 und SPECHT 1985, S. 13 ff.). Den dort vorgebrachten Argumenten stimme ich im wesentlichen zu. Ich halte jedoch den Begriff „alleinstehender Wohnungsloser", der als Alternative vorgeschlagen wird, zur Auseinandersetzung mit der Problematik allein für nicht geeignet, da er wesentliche Aspekte der Lebenssituation der Betroffenen (heute: meist Arbeitslosigkeit, früher: häufiger Gelegenheitsarbeit) nicht explizit anspricht. Ich ziehe hieraus die Konsequenz einer pragmatischen Begriffswahl und verwende synonym beide o.a. Gruppenbezeichnungen (vgl. hierzu ausführlicher: GIESBRECHT 1987, S. 7 ff.).

ter den Bedingungen einer kapitalistischen Industriegesellschaft. Damit ist Nichtseßhaftigkeit keine individuell zufällige Erscheinung, sondern ein strukturelles Korrelat von Lohnarbeit (vgl. WEBER 1984, S. 20) und einem hierauf aufbauenden sozialen Sicherungssystems.

Unter Außerachtlassen der spezifischen Ansatzpunkte verschiedener Armutsdefinitionen[3] läßt sich materielle *und* immaterielle Randständigkeit als gemeinsamer Kern herausstellen (vgl. ROTH 1985, S. 61). Armut bezeichnet somit eine wirtschaftliche und psychosoziale Mängellage, die mit einem weitgehenden Ausschluß von gesellschaftlicher Partizipation einhergeht (vgl. WEBER 1984, S. 21).

Herkunft aus unteren sozialen Schichten, zum Teil aus Familien, die selbst schon ein Leben an der Armutsgrenze[4] führten und damit zusammenhängend unterdurchschnittliche schulische und berufliche Qualifikationen sind Marksteine der Lebensläufe vieler später alleinstehender Wohnungsloser.

Kritische Lebensereignisse der unterschiedlichsten Art können unter den skizzierten Voraussetzungen schnell die Normalität des Lebens der Betroffenen in Frage stellen. „Die dünne Haut der Normalität", welche die Lebenswelt eines (gering qualifizierten) Arbeiters von der Nichtseßhaftigkeit trennt, bilden nach MARTON/FLOS (1981, S. 2 f.) soziale Kontakte, Arbeit und damit verbunden ausreichende finanzielle Mittel zum Unterhalt einer Wohnung. Besonders bedroht sind hierbei Alleinstehende, da sie sich in persönlichen Krisensituationen nicht auf einen ausgleichenden Familienverband stützen können (vgl. SCHARNBERG/NOBEL 1982, S. 14).

Eine besondere Bedeutung im Rahmen von Nichtseßhaften–Karrieren hat der *Verlust* des Arbeitsplatzes. Die hiermit verbundene Reduzierung des verfügbaren Einkommens kann Schwierigkeiten beim Erhalt der bisherigen Wohnung mit sich bringen. Wie der deutliche Anstieg der Räumungsklagen in den letzten Jahren zeigt (vgl. SPECHT 1984, S. 8), ist ein Ausweichen auf eine, den reduzierten finanziellen Möglichkeiten angemessene Unterkunft schwierig oder häufig sogar unmöglich. Besonders problematisch ist die Situation alleinstehender Arbeitsloser in den Großstädten. Diese treten im Rahmen der quantitativ in den letzten Jahren erheblich angestiegenen Zahl aller Ein–Personen–Haushalte auf dem Wohnungsmarkt als Nachfrager auf (vgl. DROTH/DANGSCHAT 1985).

Die Chancen, eine preisgünstige (Klein–)Wohnung in den Großstädten zu finden, aber sinken. Einer wachsenden Nachfrage stehen restriktive Tendenzen auf der Angebotsseite gegenüber. So bildet der Bestand einfacher

---

[3] vgl. HARTMANN 1985, S. 169 ff.
[4] Als Armutsgrenze sollen hier im Sinne relativer Armut Einkünfte verstanden werden, die unter dem Sozialhilferegelsatz liegen.

und preiswerter Wohnungen zunehmend ein Reservoir, welches im Rahmen von Modernisierungsmaßnahmen in den Markt für höherwertige Wohnungen überführt wird (KREIBICH 1985, S. 192 f.).

Während der Forschungsstand kaum mehr als Spekulationen über die idealtypischen Reaktionen alleinstehender Frauen auf den Wohnungsverlust zuläßt (vgl. LANGER 1985), ist in diesem Fall bei Männern der Weg zur Nichtseßhaftigkeit nicht weit. Von der sozialen Wohnraumhilfe nämlich, die Familien gewährt wird, ist ein alleinstehender Mann in den meisten Kommunen ausgeschlossen (vgl. SPECHT 1984, S. 9). Im allgemeinen halten die Kommunen bei alleinstehenden Männern das Angebot eines Schlafplatzes im Asyl für ausreichend.

Falsch wäre, aus dem idealtypisch skizzierten Zusammenhang zwischen dem Verlust der regulären Arbeitsstelle, reduzierten Mittel zum Lebensunterhalt und dem Wohnungsverlust einen mechanistisch ablaufenden Wirkungszusammenhang abzuleiten. Tatsächlich werden die von Nichtseßhaftigkeit Bedrohten verschiedene, ihnen offenstehende Möglichkeiten nutzen, um solange wie irgend möglich ein Leben am Rande der Normalität zu führen. Erst wenn sie hierzu nicht mehr in der Lage sind, werden Lebensumstände erreicht, die der Verwaltungskategorie Nichtseßhaftigkeit entsprechen.

Aufgrund eingeschränkter finanzieller Möglichkeiten bietet auch das den Betroffenen zur Verfügung stehende Netz sozialer Kontakte wenig Hilfsmöglichkeiten. Verwandte und Freunde etwa können die Betroffenen kaum über einen längeren Zeitraum mit größeren finanziellen Zuwendungen unterstützen. Beengte Wohnverhältnisse im sozialen Umfeld schließlich machen die Aufnahme einer wohnungslosen Person füer einen längeren Zeitraum unmöglich.

3. Stabilität und Wandel der sozialen Aktionsräume Nichtseßhafter

Für den Begriff Nichtseßhafter ist regionale Mobilität konstitutiv. Noch bis in die 70er Jahre war selbst unter Wissenschaftlern die Vorstellung eines Wandertriebs alleinstehender Wohnungsloser verbreitet, welcher die Betroffenen angeblich zum Aufbau sozialer und lokaler Bindungen unfähig mache (vgl. hierzu GIESBRECHT 1987, S. 9 f.).

Ähnlich wie Armut ist auch Nichtseßhaftigkeit ein relativer Begriff. Erst durch Bezug auf das historisch–kulturell gegebene „normale" Maß an Ortswechseln der Mitglieder einer bestimmten Gesellschaft erhält er einen Sinn (siehe hierzu weiter unten). Grundsätzlich aber bleibt festzuhalten, daß alle modernen Industriegesellschaften ein hohes Maß an Nichtseßhaftigkeit – positiv als Mobilität bezeichnet – von ihren Mitgliedern erwarten.

SPECHT (1985, S. 87) unterscheidet eine *Primär-* und eine *Sekundärmobilität* alleinstehender Wohnungsloser. Hierbei wird der erste Ortswechsel nach dem Verlust der eigenen Wohnung als Primärmobilität bezeichnet. Die Sekundärmobilität dagegen ist die systematische Verkettung von Ortswechseln im Zustand der Nichtseßhaftigkeit. Empirisch fundierte Informationen zu deren Ausmaß liefern unter anderen SPECHT (1985) und WEBER (1984). Aufgrund einer 1983 in Hessen durchgeführten Totalerhebung zeigt SPECHT (1985, S. 63) „daß sich im Mobilitätsverhalten der sog. 'Nichtseßhaften' im Vergleich zu den 'Seßhaften' praktisch keine Unterschiede finden lassen." So korreliert die Verteilung alleinstehender Wohnungsloser auf die drei hessischen Regierungsbezirke (Darmstadt, Gießen, Kassel) hoch mit allgemeinen Faktoren der Sozialstruktur wie Arbeitsmarkt, Wohnungsmarkt und Bevölkerungsstruktur. Besonders groß ist hierbei die Übereinstimmung zwischen den Anteilswerten Nichtseßhafter und der Verteilung der Kleinwohnungen (Ein- und Zwei-Zimmer-Wohnungen) in den drei Regierungsbezirken (SPECHT 1985, S. 54 ff.).

Die Verteilung alleinstehender Wohnungsloser auf verschiedene Gemeindegrößenklassen und die dabei deutlich werdende Konzentration der Betroffenen in Städten mit mehr als 100 000 Einwohnern (72,9%) führt SPECHT vor allem auf die Konzentration der Ein-Personen-Haushalte in dieser Gemeindegrößenklasse zurück. Im Ergebnis hält SPECHT (1985, S. 61) fest, „daß der Anteil der alleinstehenden Wohnungslosen in den größeren Gemeinden u.a. deshalb größer ist als in den kleineren Gemeinden, weil hier das Potential an Ein-Personen-Haushalten, die wohnungslos werden können, zahlenmäßig größer ist."

Ein großer Teil der hessischen Nichtseßhaften bleibt nach dem Wohnungsverlust am bisherigen Aufenthaltsort (SPECHT 1985, S. 97 ff.).

Sofern die Betroffenen ihren bisherigen Aufenthaltsort verlassen, ist die Primärmobilität räumlich eng begrenzt. Sie bewegt sich meist in einem Radius von 25 – 50 km um den bisherigen Wohnort. Frauen bleiben wesentlich häufiger noch als Männer nach dem Wohnungsverlust am bisherigen Aufenthaltsort. Sofern sie diesen verlassen, ist die Reichweite ihrer Primärmobilität erheblich geringer als die der Männer.

Ursachen der Mobilität nach dem Wohnungsverlust sind nach specht (1985, S. 107) die Nicht-Realisierung von Sozialhilfe am Ursprungsort und oder die zentrale (infrastrukturelle) Funktion der jeweiligen Zielregion.

WEBER (1984, S. 37 ff.) analysiert die Daten von 219 Stuttgarter Stadtstreichern. Jeder zweite von ihnen ist in Stuttgart oder in der unmittelbaren Umgebung geboren und hielt sich gewöhnlich hier auf. Als Indiz für die lokale Bindung der Befragten sieht WEBER (1984, S. 38), daß 79% von ihnen sich so an ihren gewöhnlichen Aufenthaltsort gebunden fühlen, da sie ihn nicht verlassen möchten.

Wie Lebenslaufanalysen zeigen (vgl. GIESBRECHT 1987), verlegen einige Personen – vor allem aus dem ländlichen Umland – bereits eine gewisse Zeit vor Eintritt in die Nichtseßhaftigkeit ihren Arbeits- und meist auch Wohnort in das Oberzentrum der jeweiligen Region.

Ursächlich für diese Umland-Kernwanderung ist vor allem die Chancenlosigkeit der Betroffenen auf dem regulären Arbeitsmarkt des jeweiligen Heimatortes bzw. der unmittelbaren Umgebung. Im Gegensatz hierzu bietet die Großstadt (und bot dies in den 70er Jahren in erheblich größerem Umfang) Arbeitsmöglichkeiten in den unterschiedlichen Sparten des Gelegenheitsarbeitsmarktes (z.B. tageweise Jobs über den Schnelldienst des Arbeitsmarktes oder auf dem „Arbeitsstrich" sowie legale und mehr noch illegale Leiharbeit).

Bevor die seit Mitte der 70er Jahre andauernde Massenarbeitslosigkeit die Zusammenhänge zwischen der Arbeitsmarktlage und dem Ausmaß der Nichtseßhaftigkeit in den Mittelpunkt des wissenschaftlichen Interesses rückte, galt Nichtseßhaftigkeit unter anderem als Spätfolge sozialer Entwurzelung durch Krieg, Flucht und Vertreibung. Auch wenn dieses Ursachenbündel mittlerweile an Bedeutung verloren hat, läßt es sich auch heute noch empirisch nachweisen. So sind 29% der von WEBER (1984, S. 41) befragten Stuttgarter Stadtstreicher im Gebiet der DDR bzw. den früheren deutschen Ostgebieten geboren. Im Rahmen meiner in Hagen durchgeführten qualitativen Studie war der Geburtsort kein Auswahlkriterium der Interviewpartner. Festzuhalten aber bleibt, daß die Hälfte der 20 interviewten Personen außerhalb der Bundesrepublik geboren ist (vgl. GIESBRECHT 1987, S. 41 ff.). Auch freigekaufte DDR-Häftlinge spielen eine Rolle in der Nichtseßhaften-Szene (vgl. WEBER 1984).

4. Raumprobleme im Alltag alleinstehender Wohnungsloser

Nachdem im vorhergehenden Abschnitt die Mobilität alleinstehender Wohnungsloser und damit Raumprobleme aus der Makroperspektive behandelt wurden, steht im folgenden die Mikroebene, d.h. individuelle Raumprobleme im Rahmen der Bewältigung des Alltags, im Mittelpunkt der Analyse. Im einzelnen werden hierbei Probleme der Übernachtung, der Aufenthalt am Tage einschließlich des Bemühens um die Sicherung der materiellen Existenz sowie die Sekundärmobilität im Rahmen der Strategien der Lebensbewältigung reisender alleinstehender Wohnungsloser behandelt. Ich stütze mich hierbei vor allem auf die Ergebnisse meiner Hagener Untersuchung (vgl. GIESBRECHT 1987).

4.1 Probleme der Übernachtung

Nichtseßhaften bieten sich typischerweise folgende Übernachtungsmöglichkeiten (vgl. SPECHT 1985, S. 16):

- *Im Freien*, z.B. auf Luftschächten an Gebäuden, in Schrottfahrzeugen oder in einem gegen Witterungseinflüsse mehr oder minder gut geschützten Biwak.
- *In öffentlichen oder privaten Gebäuden*, z.B. auf Bahnhöfen, in Passagen bzw. Unterführungen, in Neubauten oder Abbruchhäusern.

Im allgemeinen fassen die Betroffenen diese und die Gruppe der zuvorgenannten Übernachtungsmöglichkeiten zusammen. Sie sprechen dann von *Platte machen*. Von diesen selbstgewählten und hergerichteten Übernachtungssituationen sind von öffentlichen oder privaten Stellen eingerichtete Unterkunftsmöglichkeiten zu unterscheiden. Diese sind:

- *Asyle*. Fast ausschließlich handelt es sich dabei um Männerasyle. Typisch ist die Unterbringung in einfachen Gebäuden (z.B. in Bunkern). Primitiv ausgestattete Massenunterkünfte mit rigiden Hausordnungen überwiegen. Von der Konzeption her sind Asyle auf die kurzfristige Unterbringung vor allem von Reisenden ausgerichtet. Tatsächlich überwiegen jedoch ortsansässige Personen in den Asylen. Einige von ihnen leben bereits jahrelang in diesen Einrichtungen.
- *Schlafstellen* in Billigstpensionen und Hotels oder privat vermieteten Mehrbettzimmern. Im Qualitätsstandard entsprechen diese Unterkünfte meist dem der öffentlichen Asyle. „Sie bilden den sog. schwarzen Wohnungsmarkt, über dessen Umfang sich nur grobe Schätzungen anstellen lassen. In Städten ab 500.000 Einwohnern dürfte sich die Zahl solcher 'Schlafstellen' auf 2.000 – 5.000 Betten belaufen" (SPECHT 1985, S. 16).
- Plätze in *Arbeiterkolonien* (typisch für diese Einrichtungen der Nichtseßhaftenhilfe ist die Verbindung von Unterkunft und Arbeitsmöglichkeiten; es besteht Arbeitspflicht). Unterkunftsmöglichkeiten in *Resozialisierungs*– bzw. in *Ledigenwohnheimen*. Die Übergänge zwischen Nichtseßhaftigkeit (im strengen Sinne) und längerfristigen Formen institutionalisierten Wohnens sind bei diesen Übernachtungsformen fließend. Gleichwohl bilden diese Wohnformen nicht nur die Scharniere zwischen Nichtseßhaftigkeit und dem Leben in einer eigenen Wohnung, indem sie den Einstieg bzw. Ausstieg aus der Nichtseßhaftigkeit markieren. So zeigen Lebenslaufanalysen, daß die Betroffenen auch zwischenzeitlich – etwa aufgrund eines schlechten Gesundheitszustandes oder im Winter – in diesen Einrichtungen Unterkunft suchen und finden.

- *Unterkunft bei Verwandten und Bekannten* ist schließlich als weitere Übernachtungsmöglichkeit alleinstehender Wohnungsloser zu nennen.

Repräsentative Erhebungen über die quantitative Bedeutung der einzelnen Übernachtungsformen liegen nicht vor. Auch Informationen über die spezifischen Probleme sind rar.

Beispielhaft können hier einige Angaben zur Situation in Hagen gemacht werden (vgl. GIESBRECHT 1987). Unter ca. 200.000 Einwohnern leben hier rund 350 alleinstehende Wohnungslose. 50 Personen machen Platte, darunter vereinzelt auch Frauen.

Das *Männerasyl*[5] – von den Betroffenen in Anlehnung an die Anschrift (Tuchmacherstraße) „Tuche" genannt – hat 36 Plätze, die gewöhnlich zu zwei Dritteln belegt sind. Das Gebäude befindet sich in unmittelbarer Nähe der Springe[6] – einem der Hauptaufenthaltsorte alleinstehender Wohnungsloser – und des Schnelldienstes des Arbeitsamtes (der „Börse").

Das Asyl ist auf zwei Etagen untergebracht. Im Kellergeschoß sind Waschräume, 4 Duschen und Toiletten. In der ersten Etage befinden sich 3 Schlafräume (zwei für acht und einer für zwanzig Personen). Die Schlafräume sind eng, machen aber einen sauberen Eindruck. Außer den (Doppelstock–) Betten befinden sich Hocker und einige Spinde in den Räumen. Daneben besteht die Möglichkeit, tagsüber Gepäck beim Hausmeister zu hinterlassen. Weitere Räume sind ein kleines Büro sowie ein Schlafraum für den Verwalter (städtischer Verwaltungsangestellter, der Aufnamen ins Asyl und die Abrechnung regelt), die Küche – zu der alleinstehende Wohnungslose keinen Zutritt haben – und der Tages–/Eßraum. Dieser Raum macht einen trostlosen Eindruck. Es befinden sich dort nur 2 kahle Tischreihen und ein alter Schwarz–Weiß–Fernsehapperat. Zur Küche besteht eine Durchreiche. Ebenso erfolgt die Anmeldung im Asyl über eine Klappe, die in der Tür zum Büro angebracht ist. Die Wände des gesamten Gebäudes sind kahl. Der einzige „Wandschmuck" sind Hinweis– und Verbotstafeln. Wie Betroffene mir erklärten, schneidet das Hagener Asyl im Bundesdurchschnitt vergleichsweise positiv ab.

Das Asyl wird um 17.00 Uhr geöffnet, bis 22.00 Uhr besteht Einlaß. Von 18.30 bis 19.30 Uhr gibt es ein warmes Abendessen (meist eine Suppe aufgrund des geringen Nährwertes von den Betroffenen „Rennfahrersuppe" genannt).

Bis 22.00 Uhr kann ferngesehen werden. Diese Möglichkeit wird je nach Wetterlage genutzt. So gehen etliche Männer bei trockener Witterung vor dem Schlafen noch einmal auf die Springe. Umgekehrt sind bei Regen von

---

[5]Grundlage der Beschreibung ist ein Besuch im Asyl und ein Gespräch mit dem langjährigen Hausmeister.

[6]Zur Beschreibung der Springe siehe Abschnitt 4.2

17.00 bis 22.00 Uhr auch solche Personen im Asyl, die während der Nacht Platte machen.

Die „Nachtruhe" im Asyl wird je nach der Perspektive der Informanten sehr unterschiedlich beurteilt. So unterstreicht der Hausmeister, daß es damit keine Probleme gäbe, denn Ruhestörungen und Streitereien, die sich nicht intern lösen ließen, seien die große Ausnahme. Die betroffenen Männer dagegen können aufgrund der großen Personenzahl in den einzelnen Schlafräumen häufig nur schlecht schlafen. Der Rückzug in den Duschraum für die betreffende und auf die Platte in den nächsten Nächten wurde mir gegenüber häufiger als Konsequenz aufgrund von nächtlichen Störungen genannt.

Um 6.00 Uhr ist Wecken im Hagener Asyl. Bis 7.00 Uhr gibt es Frühstück, welches neben Muckefuck Margarinebrot mit Marmelade beinhaltet. Ostern gibt es Eier. An Sonntagen kann man sich morgens bis 9.00 Uhr im Asyl aufhalten.

Die Kosten für eine Übernachtung, Abendbrot und Frühstück beliefen sich zum Zeitpunkt der von mir durchgeführten Untersuchung (1984) auf 7,20 DM. Die Mehrzahl der Übernachtungen (ca. 2/3) im Hagener Männerasyl entfällt auf Selbstzahler. Bei Empfängern von Sozialhilfe dagegen erfolgt eine Kostenübernahme durch die Stadt.

Bei Nichtseßhaften, die *Platte* machen, ist zwischen Personen zu unterscheiden, die über längere Zeit einen festen Übernachtungsplatz haben, und solchen, die sich jeweils für eine oder einzelne Nächte eine Übernachtungsstelle suchen.

Feste Schlafstellen sind rar. Da eine wiederholte Übernachtung an ein und derselben Stelle kaum heimlich erfolgen kann, setzt dies die Tolerierung durch die jeweiligen Haus- bzw. Grundstücksbesitzer voraus. Häufig werden für eine entsprechende Duldung kleinere Gegenleistungen erwartet (vor allem Aufräumarbeiten und Wachfunktionen).

In Neubauten übernachten Nichtseßhafte, die – vor allem aus hygienischen Gründen – solche Stellen meiden, welche schon über längere Zeit von verschiedenen Personen zum Schlafen genutzt werden. Allein schon aufgrund des Baufortschritts aber kommt hier meist nur eine kurzfristige Nutzung in Betracht.

Viele der von mir Befragten übernachten einzeln, sei es um ihre Übernachtungsmöglichkeiten geheim zu halten, oder aber um größere Störungen der Anwohner bzw. Besitzer zu vermeiden, um damit über längere Zeit geduldet zu werden. Abweichend hiervon übernachten in Abbruchhäusern meist Gruppen alleinstehender Wohnungsloser. In Städten, in denen Abbruchhäuser zur Verfügung stehen, bieten diese vergleichsweise gute, d.h. ungestörte Übernachtungs- und auch tagsüber gewisse Rückzugsmöglichkeiten (vgl. GIRTLER 1980, S. 48).

Die Nacht im Freien ist kurz und häufig mit Störungen verbunden. Bezogen auf die Übernachtungsmöglichkeiten sind alleinstehende Wohnungslose, die Platte machen, „Restnutzer", welche sich dem Zeitrhythmus der Hauptnutzer anpassen (müssen). Abends können Schlafstellen in den Innenstädten oft schon zwischen 21.00 und 21.30 Uhr aufgesucht werden. Morgens müssen diese jedoch zwischen 4.00 und 5.00 Uhr geräumt werden, um Ärger mit den Anwohnern sowie den Beschäftigten der angrenzenden Geschäfte aus dem Weg zu gehen.

Personen, die keinen versteckten Schlafplatz finden, müssen während der Nacht wiederholt mit Störungen durch Passanten und/oder der Polizei rechnen (vgl. GIESBRECHT 1987, S. 56). Vergleichsweise ruhige Nächte dagegen verbringen Nichtseßhafte mit Hunden. Auch während des Tages tragen diese zum Schutz ihrer Eigentümer bei.

4.2 Aufenthalt am Tage und Sicherung der materiellen Existenz

Unabhängig von den jeweiligen Übernachtungsmöglichkeiten sind alleinstehende Wohnungslose typische *Frühaufsteher*[7]. Ihr sich anschließender Tagesablauf und die hierbei aufgesuchten Örtlichkeiten sind vom kurzfristigen Bemühen um die Sicherung der materiellen Existenz bestimmt.

Vor allem Personen, die Platte gemacht haben, sind lange vor den Öffnungszeiten der Geschäfte auf den Beinen. Etwas Eß– oder Trinkbares erhalten sie unter anderem in Tankstellen, die 24 Stunden geöffnet sind. Als Waschgelegenheiten (mit meist nur kaltem Wasser) nutzen sie öffentliche Toiletten.

Die Umstände der Unterbringung im Asyl wie auch die Qualität des Essens veranlassen einige der dort untergebrachten Personen ohne Frühstück auf die Straße zu gehen. Ihr erster Weg führt sie zu Tchibo oder Eduscho, wobei sie sich zusätzlich belegte Brötchen aus Metzgereien holen. Andere Asylgäste nehmen Frühstücksbrote für sich, gelegentlich auch für Kollegen, die Platte machen, mit hinaus. Die nächsten Stationen des Tages sind von den jeweiligen Finanz– und Nahrungsmittelquellen bestimmt. So müssen sich Empfänger von Sozialhilfe in Hagen (und ähnlich auch in anderen Städten im Bundesgebiet) werktags in der Zeit von 7.00 bis 8.00 Uhr im *Schnelldienst des Arbeitsamtes*, der „Börse", einfinden. Diese liegt in unmittelbarer Nähe des Männerasyls und ist *der* zentrale Treffpunkt in den Morgenstunden. Obwohl der erzielte Arbeitslohn zumindest teilweise auf die Sozialhilfe angerechnet wird, hofft die Mehrzahl der Männer auf einen Job, um etwas Abwechslung in den Tagesablauf zu bringen.

---

[7]Eine Ausnahme bilden Personen, die eine Rückzugsmöglichkeit in Abbruchhäusern gefunden haben. (vgl. GIRTLER 1980, S. 54).

Diejenigen, die im wesentlichen vom *Betteln* auf der Straße leben („Sitzung machen"), haben noch etwas Zeit. So lohnt sich das Betteln erst ab dem späten Vormittag. Auch um die Mittagszeit geben die Passanten wenig, so daß häufig eine Pause bis zum frühen Nachmittag eingelegt wird. Mit zwei Sitzungen von 1 1/2 bis 2 1/2 Stunden Dauer täglich muß folglich der Lebensunterhalt aufgebracht werden. Nach Aussagen von Betroffenen bringt das Betteln in Hagen in 5 Stunden (2 Sitzungen) ca. 30 DM. In Düsseldorf auf der Kö kann man in der gleichen Zeit 50 bis 60 DM bekommen. Es gibt jedoch auch Sitzungen, bei denen man weniger als 10 DM erzielt. Deutlich seien die Folgen der Arbeitslosigkeit zu spüren. So würden – gegenüber früher – geringere Geldbeträge und verstärkt Lebensmittel gegeben, da die Befürchtung groß sei, Bettler würden das Geld vertrinken.

Obwohl Betteln gesetzlich nicht verboten ist, stehen die meisten auf die Nutzung der Fußgängerzonen bezogenen Verordnungen der Städte dem entgegen. Der einzelne Polizist oder Beamte des Ordnungsamtes hat somit einen Ermessensspielraum, ob er Bettler fortjagt oder nicht. Im allgemeinen könne man ungestört zwei oder drei Tage in einer Stadt betteln. Übereinstimmend wird berichtet, daß in den letzten Jahren in verschiedenen Städten verschärft gegen Bettler vorgegangen wird.

Die gewachsene Zahl der Bettler verstärkt die Konkurrenz der Betroffenen. Reviere werden hier – wie territoriale Anspruchsrechte in der Nichtseßhaftenszene überhaupt – durch Gewohnheitsrecht und physische Präsenz nach der Devise „wer zuerst kommt, mahlt zuerst" gesichert. Grenzkonflikte sind in aller Regel vorübergehender Natur und werden nur ganz selten mit körperlicher Gewalt gelöst (vgl. WEBER 1984, S. 77 und 120).

Zum Betteln geeignete Standorte in den Fußgängerzonen müssen bestimmte Bedingungen erfüllen. So sollten sie einen gewissen Schutz gegen die Witterung (z.B. durch ein vorgezogenes Dach) bieten. Die Wege der Passanten dürfen nicht gestört werden, gleichwohl muß der sitzende Bettler Aufmerksamkeit, z.B. durch eine gegenüber dem Fußgängerniveau erhöhte Sitzgelegenheit, erregen. Insbesondere aber darf die Anwesenheit des Bettlers für die benachbarten Geschäfte keine Beeinträchtigung bieten.

Vor allem ortsfremde (reisende) Bettler nutzen die unrentierlichen Tageszeiten, um das Terrain zu sondieren. Hierzu gehört die Auswahl geeigneter Bettelstandorte und die Suche nach preisgünstigen Imbißgelegenheiten sowie Einkaufsquellen.

Insgesamt haben der Tagesablauf alleinstehender Wohnungsloser und die dabei aufgesuchten Orte relativ feste Strukturen. Diese sind unter den Kollegen in der Szene bekannt, wodurch der Kontakt untereinander erleichtert wird (vgl. GIRTLER 1980, S. 56).

In Hagen beispielsweise ist die *Beratungsstelle* des Diakonischen Werkes die einzige, ausdrücklich für diesen Personenkreis geschaffene, Anlaufstelle, die u.a. auch einen Aufenthalt am Tage ermöglicht. Maximal finden dort 18 Personen Platz. Sie können Tee oder Kaffee trinken, Zeitung lesen oder Gesellschaftsspiele machen.

Daneben gibt es in Hagen – wie in jeder anderen Großstadt – typische Aufenthaltsorte Nichtseßhafter. Von besonderer Bedeutung ist die *Springe*, ein am Rande der Innenstadt gelegener Platz. Mittwochs und samtags ist auf der Springe Markt. Ansonsten dient dieses Gelände als größter Parkplatz im Zentrum von Hagen. In unmittelbarer Nähe befinden sich das städtische Männerasyl, der Schnelldienst des Arbeitsamtes und die Beratungsstelle.

Alleinstehende Wohnungslose nutzen die am Rande der Springe zum Fluß Volme hin gelegene Begrenzungsmauer („Klagemauer") als Sitzgelegenheit. Die Springe ist *der* zentrale Aufenthaltsort des harten Kerns der Hagener Nichtseßhaftenszene. Aber auch Neuzugänger finden sich an diesem Ort ein, wo sie erste zum Leben auf der Straße notwendige Tips erhalten. Nicht zuletzt können sich hier auch Neuzugänger weitgehend unbeobachtet von der „Normalbevölkerung" aufhalten. Dies ist besonders für Personen wichtig, die aus Hagen oder der näheren Umgebung stammen.

In unmittelbarer Nachbarschaft zur Springe, auf halbem Weg zur Fußgängerzone, befindet sich auf dem kleinen *Platz vor der Johanniskirche* ein zweiter Aufenthaltsort. Kristallisationskern ist hier ein Kiosk und eine öffentliche Toilette. Bei Regen besteht die Möglichkeit, sich unter die Arkaden eines gegenüberliegenden Kaufhauses zurückzuziehen. Einerseits ist dies ein Ort, an dem man auf dem Weg von der Innenstadt zur Springe bzw. zum Asyl einen kurzen Zwischenstopp einlegt, andererseits treffen hier alleinstehende Wohnungslose mit Rentnern, Sozialhilfeempfängern mit Wohnung oder mit verarmten Arbeitslosen zusammen, d.h. mit Personen, die in der Regel nicht auf der Springe verkehren. Man steht hier in Gruppen zusammen und trinkt etwas (meist Bier, selten Wein aus Zwei–Liter–Flaschen = „Bomben"). Häufiger als an anderen Aufenthaltsorten alleinstehender Wohnungsloser sieht man hier auch vereinzelt Frauen.

Ein weiterer zentraler Aufenthaltsort ist das *Rathaus*. Vorwiegend sitzen alleinstehende Wohnungslose auf Bänken unter einem überdachten Vorbau dieses Gebäudes, wobei selten mehr als drei Personen zusammen sind. Fast macht es den Eindruck, als wollten die Nichtseßhaften die zahlreichen Passanten, die hier auf Busse warten, nicht durch ihrer Gegenwart „belästigen", denn sobald größere Gruppen zusammenkommen, die zudem noch Alkohol trinken, ziehen sie sich üblicherweise an eine Seite des Gebäudes zurück, wobei sie hier in räumliche Konkurrenz mit der Hagener Punkerszene treten.

Besonders ruhige alleinstehende Wohnungslose gehen gelegentlich in das Foyer des Rathauses, die Bürgerhalle. Als „Infrastruktureinrichtung" seien im Zusammenhang mit dem Rathaus noch die im Erdgeschoß gelegenen Toiletten erwähnt.

Während der Aufenthalt am und im Rathaus im beschriebenen Umfang toleriert wird, können sich Nichtseßhafte nur kurz in Postämtern, vor allem der Hauptpost, und dem gegenüber gelegenen Hauptbahnhof aufhalten. In der Regel werden sie schon nach kurzer Zeit aufgefordert, das Gebäude zu verlassen. Mehrere meiner Gesprächspartner hatten Gefängnisstrafen wegen Hausfriedensbruch in Bahnhöfen verbüßt.

Erstaunlich gering ist in Hagen die Bedeutung billiger Lokale als Aufenthaltsorte alleinstehender Wohnungsloser. Vor allem finanzielle Gründe wurden von den Betroffenen als Ursache hierfür genannt. GIRTLER (1980) dagegen berichtet in seiner Wiener Untersuchung von sehr ausgefeilten Strategien, um mit wenigen (selbstbezahlten) Getränken einen möglichst langen Aufenthalt in Lokalen zu erreichen.

Bei gutem Wetter sind dagegen verschiedene Sitzgruppen in der *Fußgängerzone* beliebte Treffpunkte, wo sich häufig neben alleinstehenden Wohnungslosen Jugendliche (in unmittelbarer Nähe befindet sich eine Spielhalle), Ausländer und ärmlich gekleidete Rentner aufhalten. Nach meinen Beobachtungen nehmen lediglich letztere, vor allem Rentnerinnen, Kontakte zu alleinstehenden Wohnungslosen auf. Neben diesen Aufenthaltsorten, die auch dem beiläufigen Beobachter ins Auge fallen, nutzt die Mehrzahl der unauffälligen Personen unter den Nichtseßhaften verschiedene andere, der Allgemeinheit zugängliche Örtlichkeiten, an denen ein kostenloser bzw. preiswerter Aufenthalt am Tage möglich ist. Wie in allen Städten sind auch in Hagen entsprechende Aufenthaltsmöglichkeiten rar. In Frage kommen neben Kaufhäusern für jüngere Personen vor allem ein städtisches Jugendzentrum (Info–Zentrum im Volkspark) sowie in Einzelfällen für alle Altersgruppen die Stadtbücherei.

An diesen oder ähnlichen Orten halten sich vor allem diejenigen Personen auf, die bewußt Ansammlungen von Nichtseßhaften meiden, um einerseits ihrem Image in der Öffentlichkeit nicht zu schaden, vor allem aber um lästigen Polizeikontrollen zu entgehen. Voraussetzung ist jedoch – wie erwähnt – ein gepflegtes Äußeres. Dies unter den beschriebenen Übernachtungs– und Aufenthaltsmöglichkeiten am Tage zu erhalten, ist ein äußerst zeit– und arbeitsaufwendiges Unterfangen, wenn nicht fast unmöglich.

Außer an einem Kloster, in dem Suppe verteilt wird, gibt es in Hagen keine Stellen, an denen Bedürftige, so auch Nichtseßhafte, ein kostenloses *Mittagessen* erhalten. Ebenso fehlen Kochgelegenheiten zur selbstständigen Zubereitung von Mahlzeiten. Besuche in Lokalen oder Kaufhausrestaurants können die Befragten sich nur hin und wieder leisten. Die Mehrzahl ißt Butterbrote, die morgens aus dem Männerasyl mitgenommen werden oder belegt sich selbst welche vorwiegend mit preisgünstig erstandenen Wurstabfällen.

Regen–, Sonn– und Feiertage bringen besondere Belastungen mit sich. So reichen bei schlechtem Wetter die geschützten Aufenthaltsmöglichkeiten nicht für alle alleinstehenden Wohnungslosen, so daß etliche von ihnen in Lokalen einkehren (müssen). Schnell ist dann auch das Geld derjenigen ausgegeben, die einen finanziellen Grundstock für die Anmietung eines Zimmers oder einer Wohnung angespart haben.

Sonn– und Feiertage werden von den meisten Nichtseßhaften als bedrückend erlebt. Belastend sind die eingeschränkten Aufenthalts– und Verpflegungsmöglichkeiten. Letzteres wirkt sich besonders negativ aus, da die Betroffenen kaum Möglichkeiten einer Vorratshaltung haben. Besonders Männer ab dem mittleren Alter, die in ihrer bisherigen Biographie ein intaktes Familienleben unter den Bedingungen eigener Erwerbstätigkeit erlebt haben, vermissen den dabei erfahrenen Wechsel zwischen Werktagen einerseits und Sonn– bzw. Feiertagen in der Familie andererseits.

Abweichend von dieser mehrheitlich negativen Einschätzung stellt sich die Situation zweier von mir befragter Reisender dar. Die beiden Männer, die meist Platte machen, ziehen sich an Sonntagen bessere Kleider an, schließen ihr Gepäck in Schließfächern ein, machen Spaziergänge und besuchen Lokale oder ein Kino.

Kontakt zu Verwandten, vor allem zu Kindern und Geschwistern, ist einigen ortsansässigen Personen ein wichtiges Element der Lebensgestaltung. Selbst Personen des harten Kerns der Hagener Nichtseßhaftenszene, die bereits jahrelang ohne Wohnung sind, pflegen diese Kontakte und nennen deren Aufrechterhaltung als wesentlichen Wunsch für ihre weitere Zukunft. Beziehungen zu entfernteren Verwandten oder aber auch zu Bekannten lösen sich dagegen während der Nichtseßhaftigkeit fast vollständig auf, sofern dies nicht bereits vorher der Fall war.

Diejenigen Nichtseßhaften, die Kontakte zu Verwandten haben, telefonieren mit diesen, schreiben ihnen und besuchen sie auch. Hierbei können sie gelegentlich auch dort übernachten. Einigen Personen schließlich macht erst die Unterstützung durch Verwandte (u.a. Reinigen und Pflegen der Kleidung) ein unauffälliges Leben in der Nichtseßhaftigkeit möglich. Umgekehrt leiden diese alleinstehenden Wohnungslosen aber auch, wenn sie an den bekannten Treffpunkten von ihren Verwandten gesehen werden und dabei „die Flasche kreist...".

4.3 Raumprobleme Reisender

Nur für eine Minderheit alleinstehender Wohnungsloser ist ein systematischer Ortswechsel (meist nach wenigen Aufenthaltstagen), d.h. Sekundärmobilität (vgl. SPECHT 1985) Grundlage der Lebensbewältigung. Über den Aktionsradius der Reisenden liegen widersprüchliche Aussagen vor. Nach SPECHT (1985, S. 88) ist die Sekundärmobilität im Regelfall kleinräumig (bei der betreffenden Untersuchungsgruppe wesentlich auf das Land Hessen beschränkt) und zirkulär, d.h. die Reiserouten beschränken sich auf den Wechsel zwischen einer begrenzten Zahl von Orten, welche wiederholt aufgesucht werden. Die Befunde meiner eigenen (qualitativen) Untersuchung stützen die These der zirkulären Routen, zeigen jedoch eine bundesweite Mobilität der Betroffenen.

Keiner der von mir befragten Reisenden gehörte zur Gruppe der alten Nichtseßhaften (45 Jahre und älter). Die im Vergleich zum Aufenthalt an einem Ort größeren physischen und psychischen Belastungen des Lebens als Reisender dürften hierfür ausschlaggebend sein. Im Rahmen der Sicherung der materiellen Existenz hat bei Reisenden das Betteln eine besondere Bedeutung.

Auch bei den Reisenden aber finden sich keine Hinweise, daß eine irgendwie geartete Wanderlust ausschlaggebend für den Ortswechsel ist. Sekundärmobilität ist vielmehr die Reaktion der Betroffenen auf Beschränkungen des Hilfsangebots (vgl. WEBER, 1984, S. 156) sowie zeitlich begrenzte Chancen einer individuellen Existenzbewältigung an einem Ort.

Vielerorts ist die Unterstützung ortsfremder Personen, z.B. das Angebot von Übernachtungsplätzen in Asylen wie auch die Gewährung von finanziellen Hilfen, auf wenige Tage begrenzt. Darüber hinaus gibt es Rahmenfristen, innerhalb welcher eine erneute Inanspruchnahme des Hilfsangebots ausgeschlossen ist. In der Fachdiskussion wird diese – in ihrer konkreten Form in den einzelnen Kommunen äußerst unterschiedlich gehandhabte – Praxis als *vertreibende Hilfe* bezeichnet.

Daneben sind aber auch noch weitere Faktoren für den Ortswechsel von Bedeutung. So ist nach Aussagen von Betroffenen der Bettelertrag am ersten Tag in einer neuen Stadt am höchsten, da die Passanten Mitleid mit dem unbekannten Bettler haben. Bereits am zweiten Tag reduziert sich der Ertrag deutlich, sei es weil die Leute bereits am Vortag etwas gegeben oder aber sich an den Anblick des Bettlers gewöhnt haben. Bettelnde Reisende wechseln deshalb fast täglich den Aufenthaltsort. Ein längerer Aufenthalt in einer Stadt ist nur dort möglich, wo sich der reisende Bettler einen festen „Kundenstamm" aufbauen konnte. Hilfreich hierfür ist eine irgendwie geartete Originalität, mit der sich der Betreffende aus der Masse der Konkurrenten hervorheben kann. So kann für das Betteln der Auftritt mit Tieren, z.B. mit Hunden förderlich sein (vgl. GIESBRECHT 1987, S. 105 ff.). Vor allem die Städte, an denen ein längerer Aufenthalt möglich ist, sind Fixpunkte der Routenplanung.

Nichtseßhaften wird vielfach die Fähigkeit zu einer vorausschauend planenden Lebensführung abgesprochen. Nicht selten wird ihnen ein bloßes In–den–Tag–hinein–Leben unterstellt. Daß dieses Bild für Reisende auf keinen Fall zutrifft, zeigt u.a. die Routenplanung. Diese erfolgt in Abhängigkeit von jahreszeitlichen Bedingungen sowie den Möglichkeiten auf Übernachtungsstellen und Leistungen des Sozialamtes, die jeweils nur kurzfristig für einen bestimmten Zeitraum gewährt werden, zurückgreifen zu können. Dies alles setzt eine gründliche Planung voraus, wie sie bei einem der von mir Befragten deutlich wird. Während er konkrete Vorstellungen über die Stationen der nächsten Tage hatte, schloß sich eine mittelfristige Grobplanung an, welche sich auf die einzuschlagende Richtung beschränkte. Vor allem aufgrund der erwähnten restriktiven Unterstützungsregelungen für Reisende, achtete dieser Mann darauf, daß die Hin– und die Rückreise nicht auf ein und derselben Strecke erfolgte.

Über die von ihm selbst getragenen Fahrkosten, seine Aufenthaltsorte sowie die Umstände seiner Übernachtung führt der Befragte Buch. Diese Aufzeichnungen helfen ihm bei Polizeikontrollen, seine Route und seinen jeweiligen Aufenthalt zu belegen.

Die Mechanisierung der Landwirtschaft hat zur Folge, daß Aushilfskräfte dort kaum noch benötigt werden. Die materielle Basis für eine Existenz als Tippelbruder oder Landstreicher im wörtlichen Sinne ist damit nicht mehr gegeben. So vollzieht sich typischerweise der Ortswechsel Reisender unter unseren aktuellen Bedingungen vorrangig zwischen Städten.

Aufgrund von Stigmatisierungen (z.B. durch die Anschrift des Asyls) haben Nichtseßhafte erhebliche Schwierigkeiten, in das von ihnen mehrheitlich gewünschte kleinbürgerliche Normalleben mit Arbeit und Wohnung zurückzukehren. Bei den Reisenden werden diese Probleme durch das Prinzip der vertreibenden Hilfe weiter verstärkt. So berichten Betroffene, daß selbst die ehemaligen Heimatgemeinden sich als nicht zuständig erklären, wenn sich ein reisender Nichtseßhafter dort erneut niederlassen möchte (vgl. GIESBRECHT 1987, S. 130).

Bei aller Notwendigkeit des Ortswechsels in Abhängigkeit von den Möglichkeiten der Lebensbewältigung wäre es jedoch falsch, die konkreten Routen von Reisenden und die hierbei aufgesuchten Stationen allein mit dem Bemühen um die Sicherung der materiellen Existenz zu erklären. Hinzu treten weitere Motive, etwa das Treffen von Freunden und Bekannten oder aber auch die Absicht, die wärmere Jahreszeit in landschaftlich reizvollen Gegenden zu verbringen. So bewegte einer der von mir Befragten sich in einem jahreszeitlichen Rhythmus zwischen Süddeutschland (im Sommer) und dem Rhein–Ruhrgebiet, seiner Heimatregion (im Winter). Besonders erwähnenswert war ihm, daß er hierbei in Gegenden kommt, deren Besuch ihm – während seiner Tätigkeit als Arbeiter – nicht möglich war.

Als angenehm empfand dieser Mann, daß man etwa im Bodenseeraum in der Ferienzeit als Reisender mit Rucksack weniger auffällt als in Großstädten. Auch Lokale könne man dort relativ unproblematisch aufsuchen. Wie aus anderen Gesprächen deutlich wurde, wird ein derartiges Verhalten jedoch durch eine wachsende Zahl von Nichtseßhaften auch in den Feriengebieten erschwert. Allein die Sicherung der materiellen Existenz wird problematisch, wenn die Bettler in den Urlaubsorten wie „auf einer Hühnerleiter" nebeneinandersitzen.

5. Zusammenfassung

Raumprobleme und Raumerfahrungen von Nichtseßhaften sind das räumliche Kondensat des Lebens Alleinstehender unter den Bedingungen extremer Armut. Auch wenn eine eindeutige Erklärung von Nichtseßhaftigkeit aufgrund individueller oder gesellschaftlicher Ursachen nicht möglich ist, handelt es sich hierbei dennoch nicht um ein sozial konturloses Phänomen, von dem die Betroffenen zufällig oder letztlich schicksalhaft erfaßt werden.

Typisch für die Biographie alleinstehender Wohnungsloser ist die Herkunft aus unteren sozialen Schichten, ein unterdurchschnittliches Bildungsniveau und eine vergleichsweise geringe berufliche Qualifikation. Viele der Betroffenen haben in ihrem Leben keine längerfristigen Partnerbeziehungen aufbauen können. Eine Folge hiervon ist die Bereitschaft zu hoher geographischer Mobilität wie auch zur Übernahme von Schicht- und auswärtiger Montagearbeit. Während hierdurch in bestimmten Lebensphasen vergleichsweise gute Einkommen erzielt werden konnten, reduziert ein solch mobiles und flexibles Verhalten die ohnehin begrenzten außerfamiliären Sozialbeziehungen der Männer. Trinkgelage im Kreise der Kollegen schaffen zwar oberflächliche Sozialkontakte, echte Freundschaften aber ergeben sich kaum an den häufig wechselnden Arbeits- und Wohnstellen.

Dennoch ist in der Mehrzahl der Fälle nicht soziale und lokale Bindungslosigkeit die Folge. So erweisen sich der Heimatort und die Familie (beschränkt auf Eltern, Kinder und Geschwister) als wesentliche Gravitationszentren in den Biographien der Männer. Besonders in schwierigen Lebensphasen wird deren – durchaus nicht immer konfliktfreie Nähe – immer wieder aufgesucht.

Die große Ausnahme in den Lebensläufen der Betroffenen ist ein abrupter Übergang aus dem unauffälligen Leben eines durchschnittlichen Arbeiters in die Nichtseßhaftigkeit. Typisch ist vielmehr ein längeres Übergangsstadium, in welchem die Männer – unter Rückgriff auf in ihrem bisherigen Leben durchaus mit einigem Erfolg praktizierten Strategien – versuchen, ein Leben am Rande der Normalität zu führen. Von besonderer Bedeutung sind hierbei verschiedene Formen von Gelegenheitsarbeit, vor allem illegale Leiharbeit sowie wechselnde Unterkunftsgelegenheiten wie Einzug in Betriebsunterkünfte oder Ledigenwohnheime sowie Übernachtungen in Billigstpensionen bzw. in privat vermieteten Schlafstellen in Mehrbettzimmern. Langfristig aber erweisen sich die Akzeptanz von Arbeit außerhalb tarifvertraglicher Regelungen sowie der Ersatz der eigenen Wohnung durch Formen institutionalisierten Wohnens häufig nicht als Möglichkeit, Nichtseßhaftigkeit abzuwenden, sondern als Karriereschleuse gerade in diese Lebenslage.

Die Mehrheit der wohnungslosen Alleinstehenden bilden ortsansässige Personen, die sich über längere Zeit, teilweise über Jahre, in ein und derselben Stadt aufhalten. Ganz überwiegend liegen diese in den Heimat– bzw. in solchen Regionen, in denen sich die Betroffenen bereits vor dem Wohnungsverlust über längere Zeit aufgehalten haben. Aufgrund der erwähnten Tendenzen zur Reduzierung außerfamiliärer Sozialbeziehungen sind auch bei diesen Personen Freundschaftsbeziehungen außerhalb der Nichtseßhaftenszene die Ausnahme.

Für eine Minderheit dagegen ist die mit dem Begriff „Nichtseßhafter" verbundene Vorstellung regelmäßiger Ortswechsel Grundlage der Lebensgestaltung. Aber auch dieser Personenkreis reist nicht aufgrund eines irgendwie gearteten Wandertriebes, sondern reagiert auf zeitlich befristete Hilfsangebote für ortsfremde Personen sowie begrenzte Möglichkeiten einer individuellen Sicherung der Existenz an einem Ort.

Psychischer Dauerstreß bestimmt den Alltag Nichtseßhafter. In den Nächten ist Schlafmangel typisch; sei es aufgrund der Unruhe in zu großen Schlafsälen oder der vielfältigen Störungen beim Übernachten im Freien. Entwürdigende Behördengänge, Versuche etwas Geld und Nahrungsmittel aufzutreiben und ansonsten Langeweile bestimmen den Tagesablauf in Städten, die den Betroffenen kaum gesicherte Aufenthalts–, geschweige denn Rückzugsmöglichkeiten bieten.

Sieht man sich den Alltag der Männer im einzelnen an, so zeigen sich dennoch bei einigen Versuche, aus ihrer Situation das Beste zu machen. Hilfreich ist hierbei bei ortsansässigen Personen der Kontakt zu Verwandten, vor allem zu Kindern und Geschwistern. Diese Kontakte weiter pflegen zu können, ist ein wesentlicher Zukunftswunsch der Betroffenen.

Die Möglichkeit, über den Schnelldienst des Arbeitsamtes tageweise Jobs zu übernehmen, sehen etliche Männer als willkommene Abwechslung ihres monotonen Tagesablaufs an. Kommen Arbeitgeber regelmäßig auf bestimmte Personen zurück, sehen diese hierin eine Bestätigung ihrer (noch vorhandenen) Leistungsfähigkeit, die ihnen auch in der Nichtseßhaftenszene Anerkennung vermittelt.

Die in ihrem bisherigen Leben erfahrene Strukturierung des Wochenablaufs durch den Rhythmus der Erwerbsarbeit ersetzen einige der von mir befragten Männer durch eine bewußte Pflege sonntäglichen Verhaltens, wobei insbesondere soche Orte aufgesucht werden, die auch in früheren Lebensphasen den Ruhetag symbolisiert.

Auch die Routenplanung von Reisenden ist nicht bloß ein Reflex auf potentiall zugängliche Möglichkeiten der Existenzsicherung, sondern ebenso Ausfluß einer darüberhinausgehenden biographischen Bedeutsamkeit der aufgesuchten Orte.

Bezogen auf städtische Räume aber bleiben alleinstehende Wohnungslose typische „Restnutzer". Sei es, daß die Unauffälligen unter ihnen sich unter die Kunden der Kaufhäuser mischen oder auffällige Personen solche Stellen aufsuchen, an denen sie die Aktivitäten der übrigen Gesellschaft nicht stören.

Selten wird die Anwesenheit alleinstehender Wohnungsloser in innerstädtischen Räumen respektiert, bestenfalls wird sie toleriert. Infrage gestellt wird die Nutzung der betreffenden Örtlichkeiten durch Nichtseßhafte regelmäßig dann, wenn ökonomische Interessen oder das „saubere" Erscheinungsbild einer Stadt gefährdet scheinen.

Literaturverzeichnis

DROTH, W., DANGSCHAT J. 1985: Räumliche Konsequenzen der Entstehung „neuer Haushaltstypen". In: FRIEDRICHS, J. (Hg.): Die Städte in den 80er Jahren, Opladen, S. 147–180

FRIEDRICHS, J. (Hg.) 1985: Die Städte in den 80er Jahren, Opladen

GIESBRECHT, A. 1987: Wohnungslos – arbeitslos – mittellos. Lebensläufe und aktuelle Situation Nichtseßhafter, Opladen

GIRTLER, R. 1980: Vagabunden in der Großstadt, Stuttgart

GOSCHLER, W. 1983: Die alleinstehenden Wohnungslosen. In: Gefährdetenhilfe, Heft 3, S. 7–12

HARTMANN, H. 1985: Armut in der Bundesrepublik Deutschland. In: Sozialwissenschaftliche Informationen für Unterricht und Studium, Heft 3, S. 169–176

HOLTMANNSPÖTTER, H. 1982: Plädoyer zur Trennung von dem Begriff „Nichtseßhaftigkeit". In: Gefährdetenhilfe, Heft 4, S. 1 f.

KREIBICH, V. 1985: Wohnungsversorgung und Wohnstandortverhalten. In: FRIEDRICHS, J. (Hg.): Die Städte in den 80er Jahren, Opladen, S. 181–195

LANGER, W. 1985: Sozio–demographische Merkmale und Mobilitätsverhalten wohnungsloser Frauen in der BRD. In: Gefährdetenhilfe, Heft 2, S. 31–33

MARTON, J., FLOS, B. 1981: Wunden, die nie mehr ganz heilen – Nichtseßhafte in New York. In: Sozialmagazin, Heft 5, S. 22–27

ROTH, J. 1985: Zeitbombe Armut, Hamburg

SCHARNBERG, M., NOBEL, R. 1982: „Wir sind doch nicht der letzte Dreck". In: Sozialmagazin, März, S. 14 f.

SPECHT, TH. 1984: Die Verschärfung extremer Armut durch Veränderungen in Wohnungspolitik und Gesetzgebung: Nichtseßhaftigkeit und Obdachlosigkeit. In: Gefährdetenhilfe, Heft 1, S. 8 f.

SPECHT, TH. 1985: Die Situation der alleinstehenden Wohnungslosen in Hessen, Frankfurt a.M.

SPECHT, TH., ALBRECHT, G., GROSSKOPF, H. 1979: Grundlagen einer Theorie und empirische Analysen zur Nichtseßhaftigkeit. Kurzfassung der wichtigsten Ergebnisse des Forschungsberichts zur Grundlagenstudie – Erscheinungsweisen, Verlaufsformen und Ursachen der Nichtseßhaftigkeit, Teil II, Bielefeld

WEBER, R. 1984: Lebensbedingungen und Alltag der Stadtstreicher in der Bundesrepublik, Bielefeld

WICKERT, J., HELMES, D. 1977: Arbeit und Beruf bei Nichtseßhaften, Tübingen

Lebenszyklus, Arbeitslosigkeit und Hauseigentum

Hartmut Häußermann / Werner Petrowsky

Dem privaten Hauseigentum wird in der Bundesrepublik von Politikern eine überragende Bedeutung bei der Vorsorge für materielle Notlagen zugeschrieben. Diese Sicherungsfunktion kann das Hauseigentum aber nur haben, wenn die Lebensphasen, in denen Eigentum gebildet wird, also Schulden abgetragen werden müssen, und diejenigen, in denen materielle Notlagen auftreten, auseinanderfallen. Im folgenden Aufsatz wird am Fall der Arbeitslosigkeit untersucht, ob und unter welchen Bedingungen dies der Fall ist.

Nach einigen Anmerkungen zur Attraktivität des Hauseigentums (1.) beschreiben wir zunächst die Strukturierung der Arbeitslosigkeit, um zu erkennen, ob dieses Risiko typischerweise in spezifischen Lebensphasen auftritt (2. und 3.). Danach schildern wir anhand empirischer Ergebnisse die strategische Konstruktion von Lebenszyklen bei einkommensschwachen Haushalten, mit der sie die Risiken des Scheiterns der Eigentumsbildung zu minimieren versuchen (4. und 5.).

1. Die Attraktivität von Hauseigentum

Privates Hauseigentum hat in der Bundesrepublik sowohl bei den Wohnwünschen der Bevölkerung (GLATZER 1980, HERLYN/HERLYN 1976) wie in der Wohnungspolitik einen hohen Stellenwert. In dem Topos, die drei wichtigsten Leistungen im Leben eines Mannes seien, einen Sohn zu erzeugen, einen Baum zu pflanzen und ein eigenes Haus zu bauen, gewinnt die Eigentumsbildung nahezu mythische Bedeutung. Unzweifelhaft waren viele Biographien in den letzten 40 Jahren um den Hausbau zentriert, waren die Erwerbsstrategien von Haushalten und die Lebensprozesse von vielen Familien durch das Ziel bestimmt, im eigenen Haus leben zu können.

Die Gründe für die Attraktivität des Hauseigentums sind vielfältig: In der Bundesrepublik ist die Wohnform des Einfamilienhauses bis heute in der Regel nur als „Eigenheim" möglich (BAHRDT 1973). Mietwohnungen in Neubauten bieten vergleichsweise weniger Platz, was vor allem für Familien mit Kindern ein Problem ist (Gebrauchswert des Hauses). Mieter sind außerdem Hausordnungen und damit Einschränkungen in der Nutzung von Wohnung und Außenraum unterworfen, die nur in Ausnahmefällen eine ungebrochene Identifizierung mit dem privaten Lebensraum zulassen (Herrschaftsaspekt). Überragende Bedeutung hat aber die „Sicherheit" (vgl. dazu auch KAUFMANN 1973), die mit Hausbesitz assoziiert wird. Was ist damit gemeint?

Bezogen auf das Eigentum an Haus und Boden vereint dieser Begriff mindestens drei Dimensionen:

a) Die in unserer Gesellschaft nur mit dem Privateigentum verbundene *Dispositionsgewalt über das Haus*, konkret das Recht, selbst darüber bestimmen zu können, wie und wie lange man in einer Wohnung leben möchte – der absolute Kündigungsschutz also, der es erlaubt, die eigenen Lebensperspektiven mit einem Haus zu verbinden. Obwohl das geltende Recht auch Mietern weitgehenden Schutz vor Vermieterwillkür bietet, kann ein Mieter prinzipiell nie sicher sein, seine Wohnung nicht doch einmal räumen und sich eine neue suchen zu müssen. Die legitimen Kündigungsgründe „Eigenbedarf" bzw. Verkauf der Wohnung demonstrieren die Identität von Eigentums- und Verfügungsrecht, die unauflöslich ist, solange Wohnungen als Ware gehandelt und zur Kapitalverwertung verwendet werden können.

b) Die Tatsache, nicht aus der Wohnung gewiesen werden zu können, befriedigt neben der unmittelbaren praktischen Bequemlichkeit auch ein tieferes psychisches *Bedürfnis nach Stabilität der privaten Lebenswelt*. Die persönliche Identität sichern sich Menschen nicht nur durch ihr Bewußtsein von sich selbst, sondern auch durch Dinge, die Erfahrungen repräsentieren und mit der eigenen Lebensgeschichte eng verwoben sind. Gebrauchsgegenstände, Erinnerungsstücke werden von früher Kindheit an Teil der eigenen Person, deren Verlust Schmerz und Trauer auslöst (TRASLER 1982). Dieses Bedürfnis bzw. die Notwendigkeit, das Ich in äußerliche Dinge zu verlängern, trägt offensichtlich zu der hohen psychischen Besetzung auch des Hauseigentums bei. Vieles deutet darauf hin, daß dieses Bedürfnis im Verlauf der Industrialisierung und „Modernisierung" unserer Gesellschaft stärker geworden oder als besonderes erst entstanden ist: je mehr die Gestaltung der Lebenszeit durch die Verpflichtung zur Lohnarbeit der eigenen Entscheidung entzogen wurde, je instabiler die Orte und sozialen Beziehungen (durch den Zwang zur Mobilität) wurden, und je entfremdeter die Organisation des Alltags durch die Trennung von Erwerbstätigkeit und übriger Lebenszeit geworden ist.

c) Die Erfahrungen mit den Inflationswirkungen in den 20er Jahren, mit der Währungsreform und während der Boom-Perioden nach dem Zweiten Weltkrieg haben den festen Glauben in einem großen Teil der Bevölkerung verbreitet, daß das einzige, was in einer wechselvollen ökonomischen Entwicklung seinen Wert *behält*, Haus und Boden sind. Mühen und Anstrengung, Sparsamkeit und Konsumaskese lohnen sich, für eine Sache, die dauerhaft ihren Wert behält – ja sogar ohne Zutun mehr wert wird, solange die Hauspreise und die Mieten steigen. Hauseigentum bietet die Sicherheit, nicht durch unkontrollierbare Entwicklungen der Geldentwertung um die Früchte der eigenen Leistung gebracht zu werden.

In dieser Beschreibung der hohen Bedeutung des Hauseigentums mischen sich symbolische Funktionen mit realen Vorteilen, Wünsche mit Tatsachen. In der Bundesrepublik ist diese Bedeutung von Anfang an wohnungspolitisch ausgebeutet und, insbesondere in der unmittelbaren Nachkriegszeit während des „Kalten Krieges,, , für eine antikommunistische Propaganda vereinnahmt worden. Das „Eigenheim" wurde zu einem zentralen Instrument des Schutzes vor „Kollektivierung" und zur individuellen Vorsorge für Krisen aller Art hochstilisiert.

In den folgenden Überlegungen beschäftigen wir uns mit der Vorsorgefunktion des Hauseigentums, nicht mit dem Gebrauchswertaspekt und nicht mit den psychischen oder ideologischen Bedeutungen. Die Wichtigkeit der Vorsorgefunktion variiert mit der sozioökonomischen Situation der Haushalte: für Bezieher hoher Einkommen ist das eigene Haus ein Konsumgut, dessen Kauf vorwiegend unter Gebrauchswertaspekten und als eine Möglichkeit (neben anderen) zur Wertanlage und zur Steuerersparnis gesehen wird. Für öffentliche Bedienstete mit Beschäftigungsgarantie, die eine langfristige Kreditfähigkeit sicherstellt, ist Hauseigentum ebenfalls weitgehend Selbstverständlichkeit und ohne jedes Risiko. Die Vorsorgefunktion ist dagegen bei Angestellten und Arbeitern der Privatwirtschaft mit mittleren und niedrigen Einkommen das wichtigste Motiv. Für sie ist die Sicherung vor „Krisen" (Arbeitslosigkeit) und vor Armut im Alter von so großer Bedeutung, weil sie die höchsten Arbeitsmarktrisiken zu tragen haben – und gerade für sie ist auch das Unternehmen „Eigentumsbildung" am risikoreichsten.

Die propagierte Wirkung „Sicherheit und Vorsorge" tritt allerdings erst ein, wenn das Hauseigentum schuldenfrei ist, wenn Krisen, also Reduktionen des Einkommens laufende Zinszahlungen oder die Tilgung von Krediten nicht mehr unmöglich machen können – nur dann kann das Wohneigentum die ihm zugeschriebenen segensreichen ökonomischen und sozialen Wirkungen entfalten. Trifft eine Krise den Eigentumsbildner in einer Phase mit hohen laufenden Verpflichtungen, dann hat das Streben nach Eigentum die gegenteiligen Effekte: Nicht nur die bisherigen Ersparnisse gehen im Fall eines Zwangsverkaufs verloren, sondern in der Regel bleibt auch eine lebenslange Verschuldung als schmerzliche Erinnerung an die Verheißungen der Eigentumsbildung zurück. Ob die mit dem Hausbesitz assoziierte und politisch propagierte Sicherheit tatsächlich vorhanden ist, kann empirisch überprüft werden.

2. Arbeitslosigkeit, Verarmung, Zwangsversteigerung: Ein unmittelbarer Zusammenhang?

Seit Mitte der 70er Jahre ist Massenarbeitslosigkeit in der Bundesrepublik Deutschland wieder gesellschaftliche Realität. Seit Herbst 1982 ist die Zahl der Arbeitslosen nicht mehr unter 2 Millionen gefallen – trotz vielfältiger Versuche, sie durch Frühverrentung und Arbeitsbeschaffungsmaßnahmen zu senken. Dabei ist klar, daß die Zahl der registrierten Arbeitslosen nicht den ganzen Umfang der tatsächlichen Erwerbslosigkeit wiedergibt.

Im Unterschied zu den konjunkturellen Rezessionen in den 60er Jahren *steigt der Anteil der Langzeitarbeitslosen* heute weiter an: Während im April 1982 11,8% aller Erwerbslosen[1] seit einem Jahr oder länger auf Arbeitssuche waren, erhöhte sich dieser Anteil bis zum Juni 1985 auf 46,5% (HEIDENREICH 1986). Bei den männlichen[2] Erwerbslosen liegt diese Quote sogar bei 49,1%, wobei die verheirateten Männer mit 51,1% stärker betroffen sind als die ledigen (43,5%). Knapp 30% der erwerbslosen Männer suchten 1985 sogar schon zwei Jahre und länger eine Arbeitsstelle (MAYER 1987, S. 459). Längere Arbeitslosigkeit führt – vor allem für ältere und ungelernte Arbeiter – zur endgültigen Ausgrenzung aus dem Arbeitsmarkt. So wurde in einer Längsschnittuntersuchung (BÜCHTEMANN/ROSENBLADT 1983) festgestellt, daß von den Arbeitslosen im Herbst 1977 fünf Jahre später nur jedem 2. wieder eine stabile Wiedereingliederung in den Erwerbsprozeß gelungen war. Und bei denjenigen, die 1982 wieder am Erwerbsleben teilnahmen, zeichnete sich bei einem Drittel eine dauerhafte Destabilisierung des Berufsverlaufs in Form „kumulativer" Arbeitslosigkeit, die durch befristete Beschäftigungen immer wieder unterbrochen wird, ab.

Parallel zum Fortdauern der Massenarbeitslosigkeit verläuft der *Verarmungsprozeß durch Arbeitslosigkeit.* Zwar führt Arbeitslosigkeit immer zu Einkommensverlusten und damit zu Konsumeinschränkungen, der erreichte Lebensstandard kann jedoch in aller Regel bei kurzfristiger Arbeitslosigkeit gehalten werden. Trotz der Kürzung vor einigen Jahren sichert das Arbeitslosengeld 68% bzw. 63% (bei Alleinstehenden) des früheren regelmäßigen Nettoeinkommens. Diejenigen, die Arbeitslosengeld beziehen, machen aber inzwischen nur noch ca. 32% aller Arbeitslosen und 29,5% aller männlichen Arbeitslosen aus (STATISTISCHES JAHRBUCH 1986, S. 110). 40% der Langzeitarbeitslosen erhielten 1982 weder Arbeitslosengeld noch die niedrigere Arbeitslosenhilfe. Das monatlich verfügbare Einkommen eines Arbeitslo-

---

[1] Erwerbslose im Mikrozensus werden anders abgegrenzt als Arbeitslose in der Arbeitsmarktstatistik. Ca. 75% (Frauen) und 90% (Männer) der Erwerbslosen sind identisch mit den in der Arbeitsmarktstatistik erfaßten Personen.

[2] Wir konzentrieren uns hier auf die männlichen Arbeitslosen, da Frauen – abgesehen von Witwen – höchst selten Wohneigentümer sind.

senhaushaltes fiel von 1.783 DM im Jahre 1981 auf 1.667 DM im Jahre 1985 (KÜHL 1987, S. 290). Durch Ausgrenzung aus Leistungsanspruch und Reduzierung in der Leistungshöhe sind Arbeitslose immer häufiger auf Sozialhilfe angewiesen: knapp 20% aller erwerbslosen Männer bezog im Juni 1985 laufende Hilfe zum Lebensunterhalt (MAYER, 1987, S. 461) von den Sozialämtern.

Parallel zur Krise auf dem Arbeitsmarkt haben sich in den letzten Jahren auch die Zahlungsschwierigkeiten bei Haus- und Wohnungseigentümern rapide vermehrt. Die Zahl der eingeleiteten Zwangsversteigerungen stieg allein von 1984 bis 1985 um 10% auf 66.000. In den letzten Jahren kam es jährlich zu 7.500 bis 8.000 Zwangsversteigerungen – das entspricht immerhin 10% der 1986 neu errichteten Eigenheime (SÖFFNER 1987) – zusätzlich zu einer unbekannten Anzahl von vorher vollzogenen Notverkäufen (DREVERMANN/NORDALM 1986).

Stellt sich in der Krise die angestrebte Sicherheit als Illusion heraus? Dies wäre ein voreiliger Schluß: die bisher vorliegenden Untersuchungen zu den Gründen von Zwangsversteigerungen zeigen nämlich, daß Arbeitslosigkeit nur ein Faktor unter mehreren und keineswegs die Hauptursache für Zwangsversteigerungen darstellt. Der vermutete Zusammenhang ist sehr viel verwickelter.

3. Arbeitslosigkeit und Wohneigentum

Zunächst einmal müssen wir festhalten, daß über 2/3 aller Arbeitslosenhaushalte gar nicht über Wohneigentum verfügen. Bei einer durchschnittlichen Eigentumsquote von fast 50% hatten die Arbeitslosenhaushalte 1983 mit knapp 28% einen weit unterdurchschnittlichen Anteil an Haus- und Grundbesitz (BRAUN 1985, S. 986). Dies liegt nicht nur daran, daß unvermögende Haushalte weit häufiger von Arbeitslosigkeit betroffen sind. Wohneigentum ist auch stark *altersabhängig*; die Wohneigentumsquote steigt mit zunehmendem Alter. Haushaltsvorstände im Alter unter 25 Jahren verfügen sehr selten, im Alter von 25–35 mit 26% noch unterdurchschnittlich über Wohneigentum. Haushaltsvorstände im Alter von 45–65 dagegen sind zu ca. 60% Wohneigentümer (EINKOMMENS- UND VERBRAUCHSSTICHPROBE 1983).

Auch die Arbeitslosigkeit ist stark altersabhängig, und zwar in einer U–förmigen Verteilung: bei den mittleren Altersgruppen (35–55) liegt die Arbeitslosenquote – insbesondere bei Männern – wesentlich niedriger. Während von „kumulativer" Arbeitslosigkeit insbesondere jüngere Männer betroffen sind, ist Langzeitarbeitslosigkeit vor allem bei Arbeitern in den Altersgruppen ab 45 hoch. Ältere arbeitslose Männer haben kaum mehr Chancen, überhaupt wieder einen Normalarbeitsplatz zu erlangen. Von den

50jährigen und älteren Erwerbslosen im Juni 1985 suchten 59,5% bereits seit einem Jahr einen Arbeitsplatz (MAYER 1987, S. 466). Gerade also bei denjenigen Altersgruppen, bei der die Eigentumsquote hoch ist, ist auch die Betroffenheit durch Dauerarbeitslosigkeit besonders hoch.

Unterschiedliche Betroffenheit durch Arbeitslosigkeit zeigt sich nicht nur beim Lebensalter, sondern auch bei der Haushalts- und Familienstruktur.

Nach der Auswertung des Mikrozensus 1986 gab es weit *mehr ledige als verheiratete erwerbslose Männer*: nur 42,2% waren verheiratet. Die verheirateten Männer wiesen eine Erwerbslosenquote von 4,8% gegenüber 10,1% bei den ledigen auf (MAYER 1987, S. 106). Dabei hatte die Altersgruppe von 35–55 unterdurchschnittliche Werte.

Nach der Auswertung des Mikrozensus 1980 waren 331.000 Familien durch Erwerbslosigkeit eines oder beider Ehepartner betroffen (2,2% aller vollständigen Familien); 1985 waren es schon 1,038 Millionen (ca. 7%). Von Arbeitslosigkeit sind also immer mehr Familien betroffen, wenn auch die finanziellen Auswirkungen eine große Spannbreite aufweisen.

Hinsichtlich der *finanziellen Auswirkungen* zeigt sich, daß es in erster Linie die Einpersonenhaushalte sind, die unmittelbar von Verarmung bedroht sind. Bei den erwerbslosen, allein wohnenden Männern hatte 1986 über die Hälfte ein monatliches Haushaltsnettoeinkommen von unter 800 DM, ca. 88% von unter 1.200 DM. Demgegenüber hatten Mehrpersonenhaushalte, bei denen der Mann erwerbslos war, in nur 28% aller Fälle ein Haushaltsnettoeinkommen von unter 1.200 DM, ca. 34% jedoch von über 2.000 DM. Bei 30% der Haushalte mit erwerbslosen Ehemännern waren die Ehefrauen erwerbstätig. Dort lag nur in 9% der Fälle das Haushaltsnettoeinkommen unter 1.200 DM, zu 55% aber über 2.000 DM.

Bei Erwerbslosigkeit von Ehefrauen (und Erwerbstätigkeit des Mannes) entsteht in den meisten Fällen keine Notlage, da überwiegend der Ehemann das Haupteinkommen zur Familie beiträgt: bei fast drei Viertel aller Fälle hatten diese Haushalte ein Nettoeinkommen von über 2.000 DM.

Anders sieht es aus, wenn Ehemann und Ehefrau gleichzeitig von Erwerbslosigkeit betroffen sind. Fast 40% dieser Haushalte hatten ein Haushaltsnettoeinkommen von unter 1.200 DM. Die Anzahl dieser Haushalte hat sich dabei von 1980 auf 1986 von 17.000 auf 64.500 Haushalte vervierfacht.

Aus der Analyse der Erwerbslosenstruktur ergibt sich zweierlei: Zum einem die geringere Betroffenheit der Familienhaushalte durch Arbeitslosigkeit, also derjenigen Haushalte, die Hauseigentum weit überwiegend erwerben, und zum anderen, daß gerade die Altersgruppe mit der höchsten Eigentumsquote von Arbeitslosigkeit überdurchschnittlich betroffen ist.

4. Arbeitsmarktrisiko und Eigentumsbildung

Für die Frage, welche Bedeutung Hauseigentum im Fall der Arbeitslosigkeit hat, ist entscheidend, *in welcher Phase* der Eigentumsbildung die Arbeitslosigkeit eintritt. Die Finanzierung von Hausbau bzw. -kauf kann grob in 3 Phasen eingeteilt werden:

1. Die Ansparphase, in der das notwendige Eigenkapital gebildet wird;
2. die Phase hoher finanzieller Belastung unmittelbar nach dem Erwerb eines Hauses, der zu einer hohen Verschuldung führen kann (Zinsen sowie Tilgung von Krediten).
3. die „Endphase" mit niedrigen Belastungen, wenn Bausparkredite und/oder Hypotheken zurückgezahlt sind und nur noch langfristige Kredite „bedient" bzw. die laufenden Kosten für Unterhalt und Reparaturen aufgebracht werden müssen.

Die eigentliche Risikophase ist also die zweite, in der Reduktionen des vorausberechneten Einkommens dazu führen können, daß die laufenden Verpflichtungen nicht mehr erfüllt werden können.

Die Möglichkeit, durch Lohnarbeit überhaupt ein so hohes Einkommen erzielen zu können, das die Finanzierung von Hausbau oder -kauf erlaubt, ist bei Arbeitern lebenszyklisch begrenzt, weil Strategien zur individuellen Lohnsteigerung (Akkordarbeit, Überstunden, Arbeitsplatzwechsel) nur jüngeren Arbeitern, die im Vollbesitz ihrer körperlichen und psychischen Kräfte sind, offenstehen. Der Abschnitt im Leben eines Arbeiters, wo er sich durch *Verkauf* seiner Arbeitskraft auf dem Arbeitsmarkt so viel Geld beschaffen kann, um den *Kauf* eines Hauses zu finanzieren, ist relativ kurz. Wenn auch eine Einkommensreduktion für ältere Arbeiter bei *normalem* Erwerbsverlauf in einer Längsschnittbetrachtung umstritten ist, so steht unzweifelhaft fest, daß ihre relative Lohnposition im Vergleich zu den jüngeren Arbeitern fällt (SCHÄFER, 1981, SCHMÄHL 1986). Vor allem wissen sie um das mit fortschreitendem Altern wachsende Risiko der gesundheitlichen Einschränkungen und frühzeitiger Invalidität, die für viele zur Marginalisierung auf dem Arbeitsmarkt (STANDING 1986) und entsprechenden Einkommenseinbußen oder Entlassungen führen können. Weiterhin haben Arbeiter beim Übergang in die Rente – wobei das durchschnittliche Verrentungsalter seit Jahren bei 58 Jahren liegt – mit erheblichen Einkommenseinbußen gegenüber dem letzten Einkommen (BMAS 1985, HEINZ 1986, PAMPEL 1986) zu rechnen. Mit steigendem Alter im Erwerbsleben wird die zukünftige Einkommenssituation also immer ungewisser.

Das Problem bei der Eigentumsbildung besteht also darin, die Situation auf *zwei Märkten* zur Deckung zu bringen. Mit der Verschuldung geht der

Hausbesitzer Verpflichtungen auf dem Kreditmarkt ein, denen er sich künftig nicht mehr entziehen kann. Diese Situation ist außerdem nur für eine bestimmte Zeitspanne voll kalkulierbar, weil die Zinsfestlegung von Banken nicht unbefristet gewährt wird. Das Einkommen eines Arbeiters ist marktabhängig, weil der Verkauf seiner Arbeitskraft auf dem kapitalistischen Arbeitsmarkt grundsätzlich nach den Prinzipien von Nachfrage und Angebot gestaltet ist. Die Kontrolle über seine Situation auf diesem Markt ist äußerst gering.

Das größte Risiko, auf Dauer arbeitslos zu bleiben und damit einem Verarmungsprozeß ausgesetzt zu werden, tritt, wie oben gezeigt, in späteren Lebensjahren auf. Hauseigentum ist nur dann nicht gefährdet und kann nur dann eine materielle Sicherungsfunktion haben, wenn es zu diesem Zeitpunkt im wesentlichen entschuldet ist. Es kommt für die potentiellen Erwerber also darauf an, lebenszyklisch Möglichkeiten auszunutzen und Risiken so unter Kontrolle zu bringen, daß die Risiken auf den verschiedenen Märkten sich nicht in einer Lebensphase gegenseitig verstärken und zur biographischen Katastrophe werden.

Wir haben in einem empirischen Forschungsprojekt[3] die Frage untersucht, in welcher Situation sich dauerarbeitslos gewordene Arbeiter befinden, die Hausbesitzer sind, und ob typische Strategien erkennbar sind, mit diesem „Problem zweier Märkte" umzugehen.

Nach der Schließung eines Großbetriebs in der Region Bremen blieben fast ausschließlich Arbeiter mit über 50 Lebensjahren arbeitslos. Trotz der hohen Arbeitslosenquote in der Region hat die überwiegende Mehrzahl der jüngeren Arbeiter wieder eine andere Arbeitsstelle gefunden – zum großen Teil allerdings in befristeten Beschäftigungsverhältnissen oder mit erheblichen Einbußen beim Einkommen bzw. anderweitigen Verschlechterungen (Arbeitsbelastungen, Arbeitswege). Von den dauerarbeitslos Gebliebenen hatten 55% Wohneigentum. Diese Arbeiter befinden sich, wie unsere Untersuchung ergeben hat, fast ausschließlich in der dritten Phase der Eigentumsbildung, haben also nur geringe regelmäßige Kosten für das Wohnen aufzubringen (vgl. Tabelle 1). Wie sind sie in diese günstige Situation gekommen?

---

[3]Das Projekt: „Die Bedeutung der Wohnverhältnisse für die Bewältigung von Arbeitslosigkeit" wird von der Stiftung Volkswagenwerk gefördert und von den Verfassern in der Wissenschaftlichen Einheit „Stadt– und Sozialforschung" der Universität Bremen durchgeführt.

Tabelle 1:

Monatliche Wohnkosten (ohne Nebenkosten) von Arbeitslosen nach Wohnstatus

DM	Mieter	Eigentümer
unter 300	15%	45%
300 bis 600	80%	35%
über 600	6%	20%

Quelle: eigene Erhebung

5. Prozesse der Hauseigentumsbildung

Auf dreierlei Art kann man Hauseigentümer werden: durch den *Bau* eines Hauses, durch *Kauf* eines Neubaus oder eines älteren Objektes sowie durch *Erbe* bzw. *Schenkung*.

Hausbesitzer, die ein *Haus wie ein Fertigprodukt* kaufen oder herstellen lassen können, verfügen in aller Regel über ein entsprechend hohes Einkommen: nach der Wohnungsstichprobe 1978 (SCHRÖTER 1980) kamen knapp 70% der Erwerber aus höheren, aber nur 10% aus niedrigeren Einkommensschichten. Bei dieser Erwerbsform handelt es sich um eine Kaufentscheidung auf einem Markt, die durch rationale ökonomische Kalkulation (Steuerersparnis, langfristige Wertbildung) und durch eine bestimmte Gebrauchsorientierung (Wohnfläche, Grundriß, Lage) bestimmt ist. Diese Gruppe von Hauseigentümern besteht vorwiegend aus *gut verdienenden Angestellten* und *Beamten*. Aufgrund ihrer starken Gebrauchswertorientierung hat diese Gruppe überwiegend große Finanzierungsleistungen zu erbringen. Trotz höherer Einkommen müssen erhebliche Summen durch Bankkredite (Hypotheken, Zwischenfinanzierungen) aufgenommen werden, was zu hohen monatlichen Abzahlungsbelastungen führt. Eigenleistungen können bei teuren Objekten nur geringe einsparende Effekte haben.

Haushalte mit höheren Einkommen erwerben ihr Haus zu 57% durch Neubau, zu 20% durch Kauf und zu 23% durch Erbschaft. Nur ein Drittel aller Häuser sind Altbauten (SCHRÖTER 1980).

Das Problem des geringen Startkapitals

Anders ist das Erwerbsverhalten von Haushalten mit *niedrigen Einkommen*: hier gehen 36% der Ein– und Zweifamilienhäuser durch Erbe, 19% durch Kauf und 44% durch Neubau in das Eigentum über. Da 2/3 der Käufe Altbauten (vor 1948 errichtet) betreffen, wohnt fast jeder 2. Haushalt mit niedrigen Einkommen in einem Altbau (SCHRÖTER 1980).

In unserer Untersuchung zeigte sich, daß Arbeiter auf andere Art und Weise Hauseigentümer geworden sind. Für sie ist typisch, daß sie *nicht* das Risiko einer hohen Verschuldung auf dem Kapitalmarkt eingehen, daher können sie auch keine Neubauten mit hohem Ausstattungsniveau kaufen.

Voraussetzung für den Erwerb eines Hauses ist in jedem Fall die Verfügung über ein ausreichendes Startkapital, das bei „solider", d.h. risikoarmer Finanzierung ca. 30% der Gesamtsumme ausmachen soll. Dieses Startkapital ist bei Bausparkassen und Banken Vorbedingung für ergänzende Kredite.

Wenn man von Erbübertragungen absieht, ist die hauptsächliche Quelle für das Startkapital die Akkumulation „überschüssigen" Haushaltseinkommens, das weit überwiegend durch formelle Arbeit erworben wird. Regelmäßige Überstunden, Akkord- und Schichtzuschläge usw. sind die wichtigsten Bestandteile eines hohen Haushaltseinkommens. Hinzu kommen die Einkünfte der Ehefrau. Bei etwa der Hälfte der Hauserwerberhaushalte, besonders in der Stadt, waren die Frauen erwerbstätig, darüber hinaus arbeiteten viele informell (z.B. Putzen). Die Kapitalbildung wird auch dadurch erleichtert, daß viele Erwerber länger als andere ihrer Altersgruppe „zu Hause" wohnen bleiben und durch die Einbindung in den elterlichen Haushalt niedrigere Ausgaben haben. Die durch Lohneinzugsverfahren geregelte Sparform des 624-DM-Gesetzes (meist als Bausparen) wurde oftmals als Basis für Ansparungen genutzt, ebenso andere Sonderzahlungen wie Weihnachtsgratifikation, Urlaubsgeld etc.

Der Umfang der durchschnittlich erzielten *Ersparnisse aus den laufenden Einkommen* ist allerdings nicht sehr hoch. Nur bei außergewöhnlichem Sparverhalten ist es daher Haushalten möglich, aus Arbeitseinkommen das Startkapital für ein Hausprojekt anzusammeln. Dies soll anhand bundesdeutscher statistischer Erhebungen näher erläutert werden.

Die Einkommens- und Verbrauchsstichprobe gibt in das *Sparverhalten* genauere Einblicke (HERTEL 1985). Zwar haben 93% aller Arbeiterhaushalte ein Sparbuch, das durchschnittliche Sparguthaben liegt mit nur ca. 9.500 DM (mit Ausnahme der Arbeitslosenhaushalte) unter dem aller anderen sozialen Gruppen. Von den Ehepaarhaushalten bei den Arbeitern mit Sparbuch (knapp 80% aller Arbeiterhaushalte) haben 30% nur ein Sparguthaben von unter 3.000 DM, 15% jedoch von mehr als 15.000 DM (EINKOMMENS-UND VERBRAUCHSSTICHPROBE 1983). Dabei weisen in erster Linie die älteren Altersgruppen ein weit höheres Guthaben auf als diejenigen, die möglicherweise in einer Ansparphase für den Hauskauf sind: in den Altersgruppen 25-35 und 35-45 betragen die Summen - unabhängig von der sozialen Stellung - nur ca. 6.600 bzw. ca. 9.000 DM. Mehr als die Hälfte aller Sparbücher sind prämienbegünstigt; ca. die Hälfte der ausgezahlten Sparverträge werden nur für Konsumzwecke, die andere Hälfte als Kapitalanlagen oder für Haus– und Grundbesitz verwendet.

Mehr als die Hälfte aller Arbeiterhaushalte haben einen *Bausparvertrag* abgeschlossen, das Bausparguthaben liegt durchschnittlich bei knapp 10.000 DM, die durchschnittliche Bausparsumme bei 30.000 DM. Dies ist und war die niedrigste Summe im Vergleich zu allen anderen Erwerbsgruppen (ANGELE 1986, S. 738). Nur knapp 17% der Arbeiterehehaushalte haben eine Bausparsumme von 50.000 DM und mehr; diese befinden sich also in der Ansparphase. Die durchschnittliche Sparleistung betrug bei Arbeiterhaushalten jährlich ca. 2.000 DM. Da mindestens 80% die Bausparprämie in Anspruch nehmen, ist anzunehmen, daß der überwiegende Teil der Arbeiter(familien)haushalte den begünstigten Höchstbeitrag von 1.600 DM leistet.

Durchschnittlich kann man bei bausparenden Arbeiterhaushalten von einem insgesamt ersparten Vermögen in Höhe von ca. 20.000 DM ausgehen. Bei einer notwendigen Eigenkapitalquote von 30% und bei einer wahrscheinlich notwendigen Zwischenfinanzierung in Höhe der Vertragssumme – da Bausparverträge durchschnittlich erst zu 23% angespart sind – ist eine Finanzierung selbst eines 80.000 DM– Objektes schon risikoreich. Sie müssen also *entweder eine überdurchschnittliche – und das bedeutet längerfristige – Sparleistung erbringen oder andere Finanzierungsquellen erschließen,* wenn sie nicht das Risiko einer längerfristigen hohen Verschuldung eingehen wollen.

Bei Arbeiterhaushalten ist die Möglichkeit, die Ausgaben für Wohnzwecke für längere Zeit wesentlich über die „normalen" Mietkosten einer Wohnung steigen zu lassen, gering. Ein Erwerb wird daher nur möglich im Rahmen einer Lebensweise, in der verschiedene formelle und informelle ökonomische Strategien eng verflochten sind (vgl. JESSEN/SIEBEL u.a. 1987). Sowohl für die Ansparphase wie für den Bau bzw. Ausbau des Hauses sind informelle ökonomische Prozesse und soziale Vernetzungen von grundlegender Bedeutung.

Wohnen im unfertigen Haus

Der Hausbildungsprozeß bei Arbeiterhaushalten kann mit einer Analyse der Geld–Transaktionen nur unzureichend erfaßt werden. In unserem Forschungsprojekt haben wir versucht, retrospektiv die einzelnen Phasen des Eigentumsbildungsprozesses zu rekonstruieren. Die *erwerbsbiographische Betrachtung* zeigt, daß die spezifische Kombination von Geldvermögen und Eigenleistungen bzw. Arbeitsleistungen des informellen Netzes erst dann zum Tragen kommt, wenn über einen Teil des angestrebten Objekts be-

reits verfügt werden kann. Üblicherweise wird ein billiger, renovierungs-
bedürftiger Altbau gekauft. Es sind kleine Reihenhäuser *in* Bremen, ältere
Siedlungshäuser bzw. Arbeiterkaten am *Rande* der Stadt, Bauernhäuser im
Umland. Die Kaufsumme übersteigt in der Regel nicht das 4-fache des
jährlichen Haushaltseinkommens und liegt damit weit unter der üblicherweise kalkulierten Relation bei Neubauten (10-faches Jahreseinkommen).
Die Kreditbelastung ist vergleichsweise gering, übersteigt nicht wesentlich
die Mietpreise, und ihre Laufzeit ist überschaubar.

Mit dem Kauf wird kein „fertiges Haus" erworben. Im Gegensatz zum
Kauf eines Neubaus ist der *Ausbau* der Altbauten eine *notwendige zweite
Stufe des Erwerbs*. Dies bietet den Vorteil, die Gesamtkosten für das Objekt
zeitlich zu dehnen und den Bedingungen der individuellen Einkommenssituation und günstigen Gelegenheiten anzupassen. Die Erwerber können auf
das Marktgeschehen – sei es im formellen oder im informellen Sektor – flexibel reagieren und sich damit ökonomischer verhalten als der Erwerber eines
fertigen Neubaus.

Im Gegensatz zum Käufer eines Neubaus wohnt er schon im Haus, bevor
das Haus fertig ist. Er spart die Miete – und das ist unmittelbar notwendig, da er die doppelte Belastung von Miete und Schuldendienst nicht tragen könnte. Das Wohnen im unvollständigen Haus hat also zugleich einen
„Mietkauf"-Effekt: statt Miete an Dritte zu zahlen, wird sukzessiv Eigentum gebildet, und zwar schon in vergegenständlichter, nutzbarer Form. Die
Nachteile von inflationsbedingter Geldentwertung und unproduktiver Kapi-
talanlage sind damit vermieden. Eine Sonderform dieser Strategie schlagen
diejenigen ein, die einen Bauplatz erwerben, um dann mit hohem Anteil
von Eigenarbeit und verschiedensten Formen selbstorganisierter produkti-
ver Arbeit einen Rohbau zu erstellen, in den sie möglichst früh einziehen,
und dann den weiteren Ausbau wie der Altbauerwerber vorantreiben.

In den Fällen, wo ein größeres älteres Haus erworben oder neues Haus
erstellt wurde, handelte es sich meistens um einen Zweiterwerb; das notwendige höhere Eigenkapital wurde durch den Verkauf des (selbst ausgebauten)
ersten Hauses aufgebracht.

Wir haben oben gesagt, daß der Kauf eines „fertigen" Hauses vor allem
Sache der einkommensstärkeren Angestellten und Beamten und nicht der
Arbeiter ist. Das stimmt in der Regel – aber es gibt *auch Ausnahmen*: jene
Familien, die ein Fertighaus erwerben und beim Bau vergleichsweise we-
nig Eigenarbeit einbringen. Die ganze Familie versucht dann, durch lange
Arbeitszeiten, Erschwerniszulagen (für Sonntags-, Nachtarbeit usw.) und
Nebenerwerbsaktivitäten („doppelte Berufstätigkeit") ein möglichst hohes
Haushaltseinkommen zu realisieren, um die große Verschuldung möglichst
rasch zu reduzieren. Da in solchen Fällen schon der Wegfall von Überstun-

den oder die Einführung von Kurzarbeit den Haushalt in große finanzielle
Schwierigkeiten führen kann, darf eine solche Phase nicht lang andauern.
Schon beim Auftauchen des Gerüchts von bevorstehenden Entlassungen suchen solche Erwerber selbst einen anderen Arbeitsplatz und akzeptieren
dabei die schwierigsten Arbeitsbedingungen bzw. überlange Arbeitswege,
wenn nur genügend Geld dabei herausspringt. Bei dieser Strategie verkau-
fen die Arbeiter ihre Arbeitskraft unter jeder Bedingung – allerdings nur so
lange, bis die Belastungen so weit gesunken sind, daß sie auch mit einem
durchschnittlichen Einkommen getragen werden können.

Hauseigentum als Produkt familiarer Austauschprozesse

Nach der Einkommen– und Verbrauchsstichprobe 1983 wohnen knapp 18%
aller Haushalte in einem ererbten Haus. Je niedriger das Haushaltsnettoeinkommen, desto höher ist dieser Anteil. Dies hängt damit zusammen,
daß vermögendere Haushalte selbst Wohneigentum bilden und nicht darauf
angewiesen sind, im ererbten Haus wohnen zu bleiben oder auf den Erbfall
zu warten.

Nach unseren Beobachtungen spielen bei Arbeiterhaushalten Eigentumsübertragungen in Form von Erbe, vorzeitigen Schenkungen/Übertra-
gungen von Grundstücken und Häusern, Auszahlungen, Mitfinanzierung
von Häusern durch verschiedene Generationen sowie Verwandtenhilfe die
entscheidende Rolle bei der Realisierung von Hauseigentum. Ein Viertel aller Hauseigentümer hatte in unserer Untersuchung das Haus direkt geerbt;
unter Einbeziehung aller sonstigen Eigentumsübertragungen waren die Eltern bei fast 50% an der Eigentumsbildung beteiligt. Zum Teil wird damit
allerdings lediglich etwas zurückgegeben: Hohe Anteile an Eigenarbeit, die
in aller Regel im elterlichen Besitz materialisiert sind, werden auf die Kin-
dergeneration übertragen und ergänzen oder ermöglichen überhaupt erst
den aktuellen Prozeß der Wertbildung durch die Kombination von formeller
und informeller Arbeit.

In den Fällen, in denen das ganze Haus (nicht nur Geldanteile oder
ein Grundstück) geerbt wurde, war dies fast durchgängig damit verbunden,
daß der spätere Erbe im elterlichen Haus verblieben war und die Versorgung
und Pflege der eigenen Eltern übernommen hatte. Die erwachsenen Kinder
können sich dieser Aufgabe nur um den Preis des (teilweisen) Verlustes des
Erbes entziehen, denn die Kosten für ein Alters– oder Pflegeheim würden
den Wert des Hauses aufzehren. Diesen Generationsvertrag aufrechtzuerhal-
ten ist eine der wenigen bewußten und explizit geäußerten Zielsetzungen des
Hauserwerbs, die auch von heute noch jungen Eigentümern als Perspektive
für das eigene Alter angegeben werden. Zum Ausgleich des Betreuungs-

aufwandes des im Hause verbliebenen Kindes erhalten andere Kinder, die „von zu Hause weggezogen" sind, nur einen sehr viel geringeren Erbanteil ausgezahlt.

Das Erbe nach einer Betreuungsphase für die Eltern stellt einen *besonderen Fall informeller Ökonomie* dar, da hier eine Dienstleistung und nicht eine wertschaffende Tätigkeit Grundlage für die Eigentumsbildung ist. Da die Töchter wegen ihres niedrigeren Heiratsalters zumeist früher das Haus verlassen als die Söhne, wird diese Pflegearbeit in aller Regel durch die Schwiegertochter geleistet. Die Arbeit der Schwiegertochter stellt dann das eigentliche Äquivalent für das Hauserbe dar. Die Frau sichert also mit ihrer Arbeitsleistung die Erbfolge innerhalb der Familie ihres Mannes. Das Erbe ist dann nur der formelle Abschluß einer informell längst laufenden Eigentumsübertragung. Sozial ist es ein Verhältnis familiarer Versorgung und Sicherung der privaten Sphäre im Alter.

Neben der Pflegearbeit beobachten wir weitere Formen der Eigentumssicherung wie z.B. Reparaturen, Modernisierungen, Renovierungsleistungen und Ausbauten, die von den potentiellen Erben finanziell bzw. durch Arbeitsleistungen mitgetragen werden. So finden also eine ganze Reihe von Wertübertragungen von den potentiellen Erben in das Eigentum der künftigen Erblasser statt. Dies sind Investitionen in die eigene Zukunft. Ein gewisser Wertausgleich findet auch in umgekehrter Richtung statt, indem üblicherweise billiges oder unentgeltliches Wohnen im elterlichen Haushalt gewährt wird oder indem die Oma auf die Kinder aufpaßt, um der Schwiegertochter eine formelle Beschäftigung zu ermöglichen. Diese wertmäßigen Betrachtungen zeigen ökonomische Strukturen eines sozialen Verhältnisses zwischen den Generationen, deren zentrale Achse das Hauseigentum bildet.

6. Risiken der Eigentumsbildung

Wir haben oben festgestellt, daß Hauseigentum nur dann eine „Sicherheitsfunktion" hat, wenn Arbeitsmarkt- und Erwerbsrisiko entkoppelt sind. Unsere empirischen Ergebnisse zeigen, daß die laufenden Belastungen, die mit der Eigentumsbildung verbunden sind, *je nach Erwerbsform unterschiedlich sind.*

Erwerbskosten bei den Erben sind übernommene Schulden sowie Auszahlungen an Miterben, bei Käufern/Hausbauern die Gesamtkosten bei der Eigentumsübertragung. Die Tabelle 2 zeigt allerdings nur die Geldausgaben beim Eigentümerwechsel; berücksichtigt sind weder notwendige Ausbaukosten noch unentgeltliche Leistungen. Bei Erben und Teilerbschaften entstehen prinzipiell keine hohen Belastungen. Das Risiko der Verschuldung trifft ausschließlich die Käufer und die Hausbauer.

Tabelle 2:

Erwerbskosten und Belastungen nach Erwerbsart

	n	Erwerbskosten (DM)	mtl. Belastung (DM)
Erben	20	18.002	203
Teilerben	11	66.111	258
Käufer	27	86.970	484
Hausbauer	12	145.492	612

Quelle: eigene Erhebung

Nach einer schriftlichen Befragung der entlassenen Beschäftigten im Rahmen unserer Untersuchung befanden sich 1985 48% aller Wohneigentümer in den ersten 10 und 20% sogar noch in den ersten 5 Erwerbsjahren (ohne Erben). Belastungen von über 1.000 DM pro Monat und höher sind für Wohneigentum, das ab Ende der 70er Jahre gebildet wurde, nicht untypisch (vgl. Tab. 3).

Tabelle 3:

Durchschnittliche monatliche Belastungen bei einem Erwerb im Zeitraum 1975–1985 (n=104)

Jahr des Erwerbs	Arbeiter mit Vorb./Meister		Angestellte	
	DM	n	DM	n
1975	471	12	600	1
1976	567	6	728	6
1977	606	6	677	7
1978	690	7	1026	7
1979	911	9	1116	3
1980	961	13	806	3
1981	1134	7	1507	3
1982	807	3	2050	2
1983	1222	5	—	—
1984	—	–	1017	3
1985	1140	1	—	—
		69		35

Quelle: eigene Erhebung; Basisjahr 1985

Im Jahre 1985 hatten von diesen 69 Arbeitern 12 (17%), von den 35 Angestellten 2 (6%), keine andere feste Arbeitsstelle gefunden. Dauerhaft arbeitslos seit der Betriebsschließung Ende 1984 waren von diesen 14 lediglich 8 Arbeiter und 1 Angestellter geblieben, wobei zwei dieser Arbeitslosen, die in den letzten 10 Jahren Eigentümer geworden waren, allerdings keine bzw. nur noch eine geringe Belastung hatten. Auch drei Jahre nach Betriebsschließung ist aus unserer Untersuchungsgruppe kein einziger Fall von Verlust des Wohneigentums durch Arbeitslosigkeit bekannt geworden. Die Fälle des Scheiterns, die wir kennenlernten, waren familiär bedingt, wenn eine wesentliche Säule der Eigentumsbildung, das familiäre Netzwerk, zusammenbrach.

Für den erfolgreichen Abschluß des Hauserwerbs, egal in welcher Art und Weise er erfolgt, ist eine hohe *Stabilität* der *Lebenslage* der Familie zumindest in den ersten Jahren Voraussetzung. Dies zeigt sich auch bei der Betrachtung der Biographien von denjenigen, die *nicht* Hauseigentümer geworden sind.

Die Analyse von 56 Wohn- und Lebensbiographien von Eigentümern in unserer Untersuchung ergab, daß Differenzen in der Einkommenshöhe oder in der beruflichen Stellung für die Entscheidung, ob jemand Hauseigentümer oder Mieter bleibt, allein nicht ausschlaggebend sind, wenn sie auch wichtige Faktoren für die Eigentumsbildung sind.

Ausschließen müssen wir zunächst 1/3 der Eigentumslosen, weil sie *potentielle Erben* von Häusern ihrer Vorfahren sind sowie alle diejenigen, bei denen aufgrund ihrer Jugend keine sinnvolle Prognose eines zukünftigen Verhaltens sinnvoll erscheint. Die *älteren Mieter* (über 35 Jahre) waren fast immer Personen, bei denen ein *Wohneigentumswunsch auch vorhanden, aber nicht zu realisieren* war. Überzeugte Mieter waren eine absolute Ausnahmeerscheinung.

Die häufigste Ursache, weshalb Mieter keine Hauseigentümer geworden sind, liegt in *biographischen Abweichungen* begründet. Darunter verstehen wir Ereignisse oder Lebensgeschichten, die die *Entstehung* oder die *Erhaltung* einer „normalen" Familie verhinderten. Eine „normale" Familie hat in unserer Untersuchungsgruppe 1–2 Kinder; die Heirat erfolgt (beim Mann) im Alter von Mitte 20, das erste Kind wird zu Beginn der Ehe geboren.

Lebensgeschichtlich bedingte Abweichungen von dieser Familien-Norm liegen bei folgenden Merkmalen vor:

- unverheiratet geblieben;
- geschieden (meist mit Hauseigentumsverlust);
- früh verwitwet;
- keine (gemeinsamen) Kinder in der Ehe;
- Kinder erst in vergleichsweise hohem Alter

(Der Mann ist bei Geburt des 1. Kindes 30 Jahre und älter);
- viele Kinder (3 und mehr) bei gleichzeitig niedrigem Haushaltseinkommen
- langwierige Krankheiten eines Ehepartners

Diese „Abweichungen" lassen eine Eigentumsbildung als nicht sinnhaft erscheinen, wenn keine Kinder und damit keine Erben vorhanden sind, mit denen der beschriebene „Pflegeversicherungsvertrag "abgeschlossen werden könnte. Brüche im Lebenslauf betreffen nicht nur den sozialen und emotionalen Lebenszusammenhang, sondern sprengen auch die Strategie der Eigentumsbildung.

Die Bildung von Wohneigentum bei Arbeitern ist durch Arbeitslosigkeit dann nicht gefährdet, wenn sie eingebettet ist in eine Lebensorganisation, die die Risiken der modernen Arbeitsgesellschaft und des kapitalistischen Kreditmarktes reduziert. Vermögensakkumulation und Eigentumssicherung werden durch persönliche Austauschbeziehungen und Übertragungen in den Familien und im engeren Bekanntenkreis abgesichert. Das heißt, daß der Eigentumserwerb nur in einem zeitlich und finanziell eng begrenzten Rahmen möglich ist und zugleich die Einhaltung von Verhaltens– und Lebensnormen erfordert, die die Entfaltung von Individualität und die räumliche Mobilität einschränken.

7. Arbeitsmarkt, Lebenszeit und Eigentumsbildung

Bei Arbeitern, insbesondere bei denen, die auf dem Lande wohnen, sind Formen von konsistenten Lebensläufen zu beobachten, die die subjektiven Lebensentwürfe bestimmen. In diesen Lebensentwürfen nimmt der Hausbesitz einen zentralen Platz ein. Man könnte auch sagen, daß Hausbesitz das zentrale strukturierende Element der Lebensplanung ist. Diese Bedeutung hängt mit der vor– und außerindustriellen Lebens– und Arbeitsorganisation zusammen. In der vorindustriellen ländlichen Lebenswelt war das Individuum eingebunden in ein soziales Netz, das von Besitz strukturiert und von Arbeit bestimmt war. Jedem, der sich den Normen dieser Lebenswelt unterwarf, wurde sein mehr oder weniger privilegierter Platz zugewiesen. Mit der Industrialisierung und der damit einhergehenden wachsenden Bedeutung von Kapitalbesitz verringerte sich zwar die Bedeutung von Grundeigentum für die Strukturierung der Gesellschaft, Haus– und Grundbesitz behielten aber eine große Bedeutung für die private Lebensorganisation. Durch ihn bleibt eine Art „Gegenwelt" erhalten, die materielle und soziale Sicherheit gegenüber der dominanten Marktförmigkeit der gesellschaftlichen Reproduktion gewährleistet.

Mit der Entstehung eines industriellen Lohnarbeitsmarktes, in den auch die ländlichen Bewohner nach und nach einbezogen werden, differenzieren sich die Zeitgeber für die Lebenszeit. Neben die Familie tritt die Arbeitszeit – vor dem Hintergrund bestimmter historischer Situationen.

Im Gegensatz zu Beamten und vielen Angestelltengruppen, deren Berufsleben klare, zeitlich aufeinander aufbauende Sequenzen hat, sind Arbeiter – zumal in der Industrie – viel unmittelbarer den Bewegungen des Kapitals unterworfen. Ihr Erwerbsleben ist von durch außen induzierte Brüche, Einschnitte, temporäre Veränderungen gekennzeichnet, die eine konsistente, allein auf das Erwerbsleben aufbauende Lebensplanung nicht zulassen (BROSE 1986, S. 186 f.).

Eine vollständige Unterwerfung unter die Logik der Arbeitszeit führt notgedrungen zur Individualisierung des Lebens. Ein individualisierter Lebensstil kann ohne Gefahr des totalen Scheiterns aber nur auf Basis eines abgesicherten Laufbahnmodells gelebt werden.

Arbeiter, die ihre Lebensplanung gegen Risiken absichern wollen, können dies nur, wenn sie Arbeitsleben und Familienleben in ihrer Lebenszeit synchronisieren. Deshalb hat der soziale Verband der Familie und Verwandtschaft für Arbeiter einen ganz anderen Stellenwert als für städtische Mittelschichten.

Die vorindustrielle Familie löst sich nicht einfach auf, sondern bleibt – modifiziert bestehen, da der Familienverband in der Industriegesellschaft neben individuellen Lohneinkommen und staatlicher Fürsorge als dritte Säule der sozialen Absicherung des Lebens von Arbeitern seine zeitstrukturierende Funktion behält.

Zwar trennen sich Familienleben und Arbeitsleben, aber die Familie bleibt eine ökonomische Einheit, in der Arbeitsbeziehungen ihrer Mitglieder ihren Stellenwert für die Ökonomie der Haushalte behalten und die Verwandtschaft wiederum durchdringt die formalen Organisationsstrukturen und Rekrutierungsmuster der Industrie mit ihrer Logik der kurzen Wege. Die Fabrik zerstört die Familie also nicht, sondern beide Bereiche beeinflussen sich gegenseitig. Die Fabrik benutzt die Familie als Quelle und Vermittlungsinstanz vorsozialisierter neuer Arbeitskräfte und damit als Disziplinierungsinstrument und die Familie benutzt die Fabrik als Mittel zur Erreichung ihrer eigentlichen Lebensentwürfe: Lösen von der totalen Abhängigkeit des Lohnarbeiterdaseins. In diesem Kontext der gegenseitigen Verschränkungen der Zeitstrukturen von „family time", „industrial time" und „historical time" für Lebenszeit und die Lebenslage von Industriearbeitern spielt „home security", das Hauseigentum, eine wichtige Rolle (HAREVEN 1986).

Für Arbeiter gibt es angesichts dieser Diskrepanz grundsätzlich zwei verschiedene Möglichkeiten: entweder die „private Welt" möglichst gegen die Einflüsse marktförmiger Lebensorganisation abzuschirmen und zu einem weitgehend selbstkontrollierten, „autonomen" Bereich auszubauen, oder sich ganz auf die marktförmige Organisation von Arbeit und Güterproduktion einzulassen. Im letzteren Fall wird Lohnarbeit und Hausbau so koordiniert und synchronisiert, daß nach Erreichen eines bestimmten Lebensalters („mit 40 muß man mit dem Haus durch sein") ein Zustand erreicht ist, der eine gewisse Unabhängigkeit vom Arbeitsmarkt bietet, wenn die individuellen Fähigkeiten (Leistungskraft, Flexibilität) auf dem Arbeitsmarkt nicht mehr jederzeit und zu einem hohen Preis verkauft werden können. Die Phase eines intensiven „Eintauchens" in die marktförmige Arbeitsorganisation, in der die Arbeitskraft bis zum Raubbau an der eigenen Gesundheit verausgabt wird, hat also dann den Sinn, eine mehr unabhängige Lebensphase vorzubereiten, in der die Arbeitsmarktrisiken größer werden und eine Reproduktion über Lohnarbeit nicht mehr selbstverständlich ist.

Die Lebensplanungen der von uns befragten Arbeiter richteten sich vorwiegend auf die Phase nach der Verrentung, die bei den Dauerarbeitslosen faktisch schon nach dem 58. Lebensjahr beginnt (HEINELT/WACKER/WELZER, 1987, S. 283 f.). Herausragendes mit dem Hauseigentum verbundenes Ziel war die Sicherung einer privaten Sphäre für das Alter, um den Umzug in ein Alten– bzw. in ein Pflegeheim zu vermeiden. Die mit dem Hausbesitz verbundene Macht über die potentiellen Erben stellt eine Art individueller Pflegeversicherung dar, die eine Abhängigkeit von staatlicher Fürsorge bzw. eine gänzlich ungewisse Zukunft vermeiden soll.

Die warenförmige Eigentumsbildung (also Kauf eines fertigen Hauses bzw. Finanzierung weitgehend über den Kreditmarkt) ist nur bei stabilem über längere Zeit berechenbaren Einkommen und bei stabiler Ehe möglich. Die mehrheitlich von uns beobachteten Strategien der Eigentumsbildung zeichnen sich dadurch aus, daß die Arbeiter den *Warencharakter des Hauses möglichst vermeiden*, indem sie monetäre Kreisläufe ganz gering halten oder sie nur außerhalb des Geldmarktes anlegen. Sie nutzen die Produktivität der informellen Ökonomie und die Möglichkeiten der eigenen Arbeitskraft, um ihre privaten Pläne möglichst unabhängig von den Risiken des Arbeitsmarktes zu halten.

Die Synchronisierung von Lebenszeit und sozialer Zeit stellt einen Kampf um die „private Sphäre" dar, die entweder durch eine fortlaufende Parallelisierung und Trennung verschiedener Sphären gesichert wird, oder durch eine zeitlich überschaubare und kalkulierbare große Anstrengung auf dem Arbeitsmarkt durch eine umfassende Mobilisierung aller Ressourcen in einem relativ kurzen Zeitraum, als deren Ergebnis eine „autonome Welt", der Haus– Grundbesitz übrigbleibt. In beiden Fällen wird der Lebenszyklus und die Lebensorganisation wesentlich durch dieses Bemühen strukturiert.

Literaturverzeichnis

ANGELE, J. 1986: Bauspargeschäft 1985, in: Wirtschaft und Statistik 9/1986, S. 736–740

BAHRDT, H.P. 1973: Humaner Städtebau, München

BMAS (Bundesminister für Arbeit und Sozialordnung) (Hg.): Daten zur Einkommenssituation im Alter. Forschungsbericht 188, Bd. 1–3, Bonn 1985

BRAUN, H.–U. 1985: Grundvermögen privater Haushalte Ende 1983, Ergebnisse der Einkommens– und Verbrauchsstichprobe, in: Wirtschaft und Statistik, 12/1985, S. 967–974

BROCK, D. u.a. (Hg.) 1984: Arbeit und Reproduktion, München

BROSE, H.–G. 1986: Lebenszeit und biographische Zeitperspektiven im Kontext sozialer Zeitstrukturen, in: FÜRSTENBERG, F., MÖRTH, I. (Hg.): Zeit als Strukturelement von Lebenswelt und Gesellschaft, Linz

BÜCHTEMANN, CHR. F., ROSENBLADT, B. VON 1983: Kumulative Arbeitslosigkeit. Wiedereingliederungsprobleme Arbeitsloser bei anhaltend ungünstiger Beschäftigungslage, in: Mitteilungen aus der Arbeitsmarkt– und Berufsforschung, 3/1983, S. 262–275

CHEVALLERIE, O. DE LA 1987: Zur Entwicklung der Langzeitarbeitslosigkeit, in: DIW–Wochenbericht, 54, S. 262–275

DOLING, J., KARN, V., STAFFORD, B. 1986; The Impact of Unemployment on Home Ownership, in: Housing Studies, 1, S. 49–59

DREVERMANN, M., NORDALM, V. 1986: Zahlungsschwierigkeiten von Wohneigentümern, Ergebnisbericht des Forschungsprojektes „Ansatzpunkte für die Behebung von Zahlungsschwierigkeiten von Wohneigentümern", Bonn

GLATZER, W. 1980: Wohnungsversorgung im Wohlfahrtsstaat, Frankfurt/New York

HAREVEN, T. K. 1986: Family time and industrial time. The relationship between the facility and work in a New England community, Cambridge/USA, 4., 1986

HEIDENREICH, H.–J. 1986: Mikrozensus und Erwerbstätigkeit im Juni 1985, in: Wirtschaft und Statistik 12/1986, S. 974–985

HEINELT, H., WACKER, A., WELZER, H. 1987: Arbeitslosigkeit in den 70er und 80er Jahren – Beschäftigungskrise und ihre sozialen Folgen, in: Archiv für Sozialgeschichte, Bd. XXVII, S. 259–317

HEINZ, M. 1986: Zur Einkommenssituation im Alter, in: Nachrichtenblatt des Vereins für öffentliche und private Fürsorge, 66, 3, S. 130–133

HERLYN, I., HERLYN, U. 1976: Wohnverhältnisse in der BRD, Frankfurt/M.

JESSEN, J., SIEBEL, W., SIEBEL–REBELL, CHR., WALTHER, U.–J. 1987: Arbeit nach der Arbeit, Opladen

KAUFMANN, F.–X. 1973: Sicherheit als soziologisches und sozialpolitisches Problem, Stuttgart

KÜHL, J. 1987: Einkommen und Sozialleistungen in den 80er Jahren, in: Arbeit und Beruf, 9/1987, S. 288–291

KÜHL, J. 1988: 15 Jahre Massenarbeitslosigkeit – Aspekte einer Halbzeitbilanz, in: Aus Politik und Zeitgeschchen, B38/88 vom 16. September 1988, S. 3–15

MAYER, H.–L. 1981: Erwerbslosigkeit im Haushaltszusammenhang, in: Wirtschaft und Statistik 9/1981, S. 657–663

MAYER, H.–L. 1987: Definition und Struktur der Erwerbslosigkeit. Ergebnisse des Mikrozensus 1985, in: Wirtschaft und Statistik 6/1987, S. 453–466

PAMPEL, H. 1986: Daten zur Einkommenssicherung und zur Einkommenssituation im Alter – Ergebnisse der Infratest–Erhebung 1982, in: Deutsche Rentenversicherung 5–6/1986, S. 294–318

SCHÄFER, H. 1981: Arbeitsverdienst im Lebenszyklus. Zur Einkommensmobilitä von Arbeitern, in: Archiv für Sozialgeschichte, XXI, S. 234–267

SCHMÄHL, W. 1986: Einkommensentwicklung und Einkommensverteilung im Lebenslauf, in: Sfb3–Arbeitspapier Nr. 220

SCHRÖTER, A. 1980: Wohneigentum durch Kauf und Erbschaft. Ergebnisse der 1%–Wohnungsstichprobe 1978, in: Bundesbaublatt, 9/1980, S. 553–555

SCHUPP, J. 1988: Trotz Anstiegs der Beschäftigung wurde Wiedereingliederung Erwerbsloser schwieriger. Ergebnisse einer Längsschnittstudie für die Jahre 1984 bis 1987, in: DIW–Wochenbericht, 55, 32/1988, S. 409–416

SÖFFNER, F. 1987: Erholung der Baukonjunktur war nur von kurzer Dauer, in: Wirtschaftskonjunktur 39, 8, A1–A10

STANDING, G. : Labour flexibility and older worker marginalisation: The need for a new strategy, in: International Labour Review, 125, 3, S. 329–348

STATISTISCHES BUNDESAMT (Hg.) 1986: Statistisches Jahrbuch 1986, Wiesbaden

STATISTISCHES BUNDESAMT (Hg.) 1986: Einkommens– und Verbrauchsstichprobe 1983. Heft 2. Vermögensbestände und Schulden privater Haushalte, Wiesbaden

TRASLER, G. 1982: The Psychology of Ownership and Possessiveness, in: PETER HOLLOWELL (Hg.), Property and Social Relations, London

II. Formen räumlicher Mobilität

Regionale Herkunft und Lebensverlauf

Michael Wagner

1. Einleitung

Diese Arbeit handelt von den Einflüssen der regionalen Herkunft auf den Lebensverlauf. Sie unterstellt damit, daß räumliche Differenzierungen sozial und damit soziologisch bedeutsam sein können, weil sie Entwicklungen in zentralen Gesellschafts- und Lebensbereichen beeinflussen. Diese Annahme wird von Soziologen nicht in jeder Hinsicht geteilt. Um dieses zu erläutern, werden im folgenden verschiedene Argumente zwei Grundpositionen zugeordnet.

So läßt sich zumindest für die Bundesrepublik die Vernachlässigung räumlicher Kategorien bei der Analyse sozialer Ungleichheit mit dem Hinweis legitimieren, daß zentrale Elemente der gesellschaftlichen Organisation und ihres Wandels wie die kapitalistische Produktionsweise, die Industrialisierung und die Modernisierung alle Regionen durchsetzt und erfaßt haben. Noch bestehende regionale Ungleichheiten werden durch räumliche Mobilität von Personen, Gütern und Kapital bei relativ geringen Transportkosten weiter nivelliert. Zwischen Regionen findet außerdem ein großer Austausch von Informationen statt, ermöglicht durch ein immer noch in Entwicklung befindliches System der Massenmedien und Datenübertragung. Spätestens die Gründung und der Ausbau des Nationalstaates führten zu einer Einschränkung lokaler politischer Autonomie. In der Bundesrepublik ist die kommunale Selbstverwaltung in der Nachkriegszeit eher eingeschränkt als erweitert worden. Industrien und Produktionszweige, die auf die Ausbeutung natürlicher Ressourcen eines spezifischen Standortes angewiesen sind – die Landwirtschaft, der Bergbau, die Werftindustrie –, verlieren im Zuge des wirtschaftlichen Strukturwandels angesichts internationaler Konkurrenz und neuer Technologien an Bedeutung. Vor allem weiterführende Schulen vermitteln Schülern eine überlokale Orientierung (MUSGROVE 1963). Schließlich sind die Lebensrisiken global: Kriege, Atomkatastrophen und ökologische Bedrohungen kennen kaum territoriale Grenzen.

Anderseits kann kein Zweifel daran bestehen, daß zentrale Lebensbedingungen nach wie vor regional variieren. Dazu gehört das regional unterschiedliche Wirtschaftswachstum, der unterschiedliche Grad der Arbeitsteilung, der sich in der Vielfalt der Arbeitsplätze ausdrückt sowie Beschäftigungschancen, die von Region zu Region erheblich variieren können, wie die seit Jahren bestehende Diskrepanz von Gebieten hoher und niedriger Arbeitslosigkeit zeigt. An dieser Stelle setzt auch die Regionalpolitik ein, deren Ziel es unter anderem ist, derartige Disparitäten abzubauen. Unternehmer fällen Standortentscheidungen durchaus mit Blick auf räumliche Merkmale: Sie wollen Agglomerationsvorteile nutzen und beziehen in ihre Kalkulationen Bodenpreise und Mietkosten mit ein, deren regionale Differenzierung zudem zu einer erheblichen räumlichen Ungleichheit der Wohnformen führt. So ist der Anteil der Hausbesitzer in ländlichen Räumen bedeutend größer als in den Großstädten. Unzweifelhaft unterscheiden sich Regionen im Hinblick auf ihre infrastrukturelle Ausstattung (Bildungseinrichtungen, Einkaufs–, Freizeitmöglichkeiten, Verkehrsanbindung). Ihren unverwechselbaren Charakter gewinnen sie häufig durch spezifische kulturelle Merkmale ihrer Bewohner.

Die Analyse von Folgen der regionalen Herkunft für den weiteren Lebensverlauf kann dazu beitragen, jene Positionen inhaltlich zu präzisieren und Kriterien für ihre Beurteilung zu liefern. Darüber hinaus läßt sich an einige weitere Diskussionen anknüpfen.

In der gegenwärtigen Diskussion um neuere gesellschaftliche Entwicklungen ist häufig von Individualisierung die Rede. Dieser Begriff bezeichnet einen gesellschaftlichen Prozeß, der Individuen aus „traditionellen Bindungen und Versorgungsbezügen" (BECK 1983, S. 41) herauslöst. Die zentrale These lautet, daß das Ausmaß der Individualisierung in den wohlhabenden westlichen Industriestaaten besonders hoch sei. Nicht immmer wird genau angegeben, auf welche sozialen Gruppierungen sich der Individualisierungsprozeß beziehen soll, aber häufig werden auch räumlich definierte Sozialsysteme genannt: Nachbarschaften oder lokale Herkunftsmilieus (BECK 1983, S. 38). Es ist vor allem ein regional differenzierter Arbeitsmarkt, der nach räumlich mobilen Individuen verlangt und stabile lokale Bindungen verhindert. Indessen ist die Individualisierungsthese, sofern sie sich auf derartige Indikatoren stützt, empirisch nicht belegt.

Ähnliches gilt auch für Behauptungen, denen zufolge moderne Industriegesellschaften unter der zu hohen räumlichen Mobilität ihrer Mitglieder leiden würden. Dabei werden die Meinungen vertreten, moderne Menschen wären „entwurzelt" (PACKARD 1973) oder sie benötigten „heimatliche Geborgenheit" (BOLLNOW 1984). Bereits die Tatsache, daß die räumliche Mobilität vor dem Zweiten Weltkrieg in Deutschland größer war als danach (SCHWARZ 1969) und bei Beginn der 70er Jahre die Wanderungsraten in der Bundesrepublik Deutschland noch einmal deutlich zurückgegangen

sind, unterstützt derartige Anklagen an die heutige Gesellschaft nicht.
Zweitens wird ein Beitrag zur Analyse sozialer Ungleichheit geleistet.
Die Frage ist, in welchem Ausmaß die regionale Herkunft die Positionierung
von Individuen im System sozialer Ungleichheit steuert. In der Bundesrepublik wurde diesem Gesichtspunkt lange nicht so viel Aufmerksamkeit
geschenkt wie beispielsweise in den USA. Während dort spätestens seit
der wegweisenden Arbeit von BLAU/DUNCAN (1967) regionale Merkmale
und räumliche Mobilität bei der Analyse sozialer Mobilität berücksichtigt wurden, gibt es in der Bundesrepublik nur vereinzelte Arbeiten auf
dem Gebiet der Sozialstrukturanalyse, die derartige Faktoren einbeziehen
(MAMMEY/SCHWARTZ 1980). Diese Vernachlässigung ist nie systematisch
begründet worden.

Drittens knüpfen wir an das Programm der Lebensverlaufsforschung
(MAYER 1986) an. Diese untersucht u.a., wie die soziale und räumliche Organisation der Gesellschaft die Lebensverläufe ihrer Mitglieder prägt. Der
Lebensverlauf wird dabei auch als ein endogener Kausalzusammenhang begriffen, und es wird gefragt, wie sich Ereignisse des Lebensverlaufs gegenseitig beeinflussen. Dabei spielt eine wichtige Rolle, ob bestimmte Aktivitäten
und soziale Übergänge im Lebensverlauf kurz- oder langfristige Folgen für
andere soziale Lebensverlaufsereignisse haben.

Schließlich berührt das Verhältnis von regionaler Herkunft und Lebensverlauf zweifellos Gebiete der Regionalsoziologie, vor allem der Migrationsforschung. Denn Individuen können sich ungünstigen regionalen Lebensbedingungen häufig nur durch Mobilität entziehen. Die regionale Herkunft
wäre für den weiteren Lebensverlauf von vornherein ohne große Bedeutung,
wenn Individuen ohne Handlungsrestriktionen, ohne finanzielle und psychi-
sche Kosten ihren Wohnort wechseln könnten. Ein umfassender theoretischer Bezugsrahmen über die individuellen Folgen der regionalen Herkunft
muß sich daher zudem auf Bedingungen und Konsequenzen räumlicher Mobilität richten.

Im einzelnen sollen nun die folgenden Fragen untersucht werden:

1. In welchem Ausmaß verändern sich regionale Lebensbedingungen im
   Lebensverlauf?
2. Inwieweit determinieren regionale Lebensbedingungen bei Geburt soziale und räumliche Strukturen des weiteren Lebensverlaufs, zum Beispiel Bildungs– und Berufschancen sowie Familienbildung? Inwieweit
   determinieren regionale Faktoren in frühen Phasen des Lebensverlaufs
   räumliche Mobilität in späteren Phasen des Lebensverlaufs?
3. Wie hat sich das Verhältnis von regionaler Herkunft und Lebensverlauf
   in der Nachkriegszeit geändert?

Solche Fragen können angemessen nur mit individuellen Längsschnittdaten untersucht werden. Daher bieten Untersuchungen von repräsenta-

tiv erhobenen Lebensverläufen hervorragende Analysemöglichkeiten. Ein großer Teil der im folgenden angeführten empirischen Ergebnisse basiert auf Studien, die im Rahmen des Projekts „Lebensverläufe und Wohlfahrtsentwicklung", das zum Sonderforschungsbereich 3 der Deutschen Forschungsgemeinschaft gehört, entstanden. Es wird von Karl Ulrich Mayer geleitet und ist am Max–Planck–Institut für Bildungsforschung in Berlin angesiedelt. 2.171 Männer und Frauen der Geburtsjahrgänge 1929–1931, 1939–1941 und 1949–1951 wurden retrospektiv zwischen Oktober 1981 und Januar 1983 nach ihrem Bildungs–und Berufsverlauf, der Wohn–, Wanderungs– sowie Familiengeschichte gefragt. Wichtig ist, daß Wohngeschichten vollständig von der Geburt bis zum Zeitpunkt des Interviews erhoben wurden. Die Befragten sollten jeden Wohnungswechsel nennen und auf Monate genau angeben, wann dieser Wechsel erfolgte.

2. Begriffsklärungen und allgemeine Hypothesen

Um die Auswirkungen der regionalen Herkunft auf den Lebensverlauf sinnvoll erörtern zu können, sind einige Begriffsklärungen unumgänglich.

Der Begriff regionale Herkunft bezieht sich auf die Region, genauer: auf Merkmale des Kontextes und der Umwelt, in der Individuen aufgewachsen sind. Ein derartiger Begriff wird mehrdeutig, wenn die räumliche Mobilität, zum Beispiel zusammen mit den Eltern, hoch ist. Sofern sich die regionalen Lebensbedingungen während des ersten und zweiten Lebensjahrzehnts ändern, muß der Begriff regionale Herkunft auch innerhalb der frühen Lebensphasen *altersabhängig* konzipiert werden.

Zweitens ist anzugeben, über welche *regionalen Einheiten* etwas ausgesagt werden soll. Es lassen sich diverse regionale Ebenen unterscheiden (zum Beispiel Land, Stadt, Stadtteil, Block). Ihre Auswahl hängt in erster Linie von theoretischen Überlegungen und der Art der zu erklärenden Phänomene ab.

Welche Merkmale des regionalen Kontextes zur Erklärung des weiteren Lebensverlaufs herangezogen werden müssen, ist ebenfalls Gegenstand der Theoriebildung. Von zentraler Bedeutung sind zweifellos die *Gelegenheitsstrukturen,* die einerseits Handlungschancen, andererseits jedoch Handlungsrestriktionen darstellen (HUININK/WAGNER 1988). Für die Zwecke dieser Arbeit genügt weitgehend eine enge Definition des Begriffs Gelegenheit (vgl. FRIEDRICHS 1977, S. 55)[1]. Darunter seien private und öffentliche Einrichtungen – Betriebe, Schulen, Verkehrsverbindungen – und deren Merkmale (berufliche Positionen, Größe) verstanden, die innerhalb einer regio-

---

[1]vgl. dazu friedrichs in diesem Band.

nalen Einheit lokalisiert sind. Auch die Verfügbarkeit und Erreichbarkeit von Einrichtungen bestimmen das Ausmaß der Optionsmöglichkeiten für Aktivitäten. Eine umfassendere Definition des Konzepts der Gelegenheitsstruktur würde Art und Anzahl potentieller Kontakt- und Interaktionspartner beinhalten und normative Regelungen des Zugangs zu gesellschaftlichen Positionen, Ressourcen u.ä. als Merkmale des sozialen Kontextes.

Der *Lebensverlauf* soll hier im Hinblick auf seine soziale und räumliche Struktur betrachtet werden. Diesem Konzept liegt die Vorstellung zugrunde, daß die für Handeln bedeutsamen Strukturen des Lebensverlaufs Folge davon sind, wie in einer Gesellschaft Arbeitsteilung und Institutionen sozial und räumlich organisiert sind. Diese soziale Differenzierung ist immer auch eine räumliche, so daß der Wohn- und Wanderungsverlauf von Individuen durch Muster räumlicher Ungleichheit auf einer makrosozialen Ebene geprägt wird. Es ist die an bestimmte Standorte gebundene Besetzung von Positionen und Ausübung von sozialen Rollen, die sich regelhaft im Lebensverlauf ändert und dessen räumliche Struktur konstituiert (WAGNER 1989).

Da Gelegenheitsstrukturen – wenn man sie auf private und öffentliche Einrichtungen bezieht – und Sozialstrukturen voneinander abhängen (wobei wir auf kausale Beziehungen hier nicht eingehen können), kann die regionale Herkunft aufgrund der räumlichen Differenzierung beider Bedingungskomplexe Folgen für den weiteren Lebensverlauf haben. Das erreichte Bildungsniveau wird durch die soziale Lage der Eltern und ihrer damit verknüpften Erwartungen *sowie* dem Angebot von Schulen in der Wohnregion bedingt. Empirische Studien gewinnen wesentlich an theoretischer Bedeutsamkeit, wenn die Folgen der sozialen Herkunft von den Folgen der regionalen Herkunft getrennt werden.

Eine umfassende Theorie zum Zusammenhang von regionaler Herkunft und Lebensverlauf müßte genauer angeben, wie sich spezifische Gelegenheitsstrukturen in subjektive Merkmale, zum Beispiel Präferenzen, umsetzen. So wird von Merkmalen der Gelegenheiten – sicherlich auch in Abhängigkeit von ihrer Nutzung – das Informationsniveau über Handlungsmöglichkeiten gesteuert. Sind die so entstehenden Wissensbestände dauerhafter Natur, prägen sie den Lebensverlauf, beispielsweise berufliche oder familiale Lebenspläne. Umgekehrt wird auch die Wahrnehmung und Nutzung von Gelegenheiten in Abhängigkeit von individuellen Wahrnehmungen und Präferenzen vorgenommen.

Eine Klärung dieser Fragen würde einen Beitrag zur Lösung des allgemeineren theoretischen Problems leisten, wie sich nämlich die Folgen regionaler Lebensbedingungen in frühen Altersspannen über den nachfolgenden Lebensverlauf vermitteln. Es wäre wünschenswert, über die bloße Feststellung hinaus, daß X langfristige Auswirkungen auf Y hat, anzugeben, wie diese Effekte transportiert werden. Neben subjektiven Vermittlungsprozessen sind hier selbstverständlich soziale Regelungen relevant. Man denke an das Modell der Weichenstellung, demzufolge der Lebensverlauf durch zentrale Entscheidungssituationen gekennzeichnet ist. Übergänge zwischen institutionalisierten Lebensbereichen, selbst Karrieren innerhalb von Organisationen sind demnach stark normiert. Jemand, der in einer im Ausbildungsbereich schlecht ausgestatteten Region aufgewachsen ist, daher nur einen niedrigeren Bildungsabschluß aufweist, muß also damit rechnen, daß ihm bestimmte Karrierewege verschlossen bleiben. Der Lebensverlauf hat eine bestimmte soziale Struktur, die relativ unabhängig von subjektiven Merkmalen, wie Wahrnehmungen oder Einstellungen der Individuen, ist.

Allgemein lassen sich Annahmen über die Folgen der regionalen Herkunft für den weiteren Lebensverlauf bzw. für spätere Handlungen auf vier allgemeine Hypothesen reduzieren: die Sozialisations–, die Unterbrechungs–, die Adaptions– und die Selektionshypothese.

Nach der *Sozialisationshypothese* hat die regionale Herkunft langfristige Konsequenzen für die soziale und räumliche Struktur des Lebensverlaufs. Diese Auswirkungen bleiben auch dann bestehen, wenn Individuen ihre regionalen Lebensbedingungen durch räumliche Mobilität verändern. Dagegen behauptet die *Unterbrechungshypothese* – sie wird auch als Mobilitätshypothese bezeichnet–, daß Wanderungen unabhängig von Merkmalen der Herkunfts– und Zielregionen das Eintreten bestimmter Ereignisse kurzfristig verzögern. Demzufolge kommt es unmittelbar nach der Wanderung in verschiedenen Lebensbereichen zu Handlungsunterbrechungen, zum Beispiel im Ausbildungs– oder Erwerbsbereich. Zu der Sozialisationshypothese gibt es zwei Alternativhypothesen, die nicht davon ausgehen, daß der regionalen Herkunft Sozialisationseffekte zukommen.

Die *Adaptionshypothese* besagt, daß nicht die regionale Herkunft, sondern immer nur der aktuelle regionale Kontext Auswirkung auf den Lebensverlauf hat. Nach einer Wanderung passen sich Individuen zunehmend den neuen Lebensbedingungen an und übernehmen diejenigen Verhaltensformen, die für die seßhafte Population der Zielregion typisch sind. Auch nach der *Selektionshypothese* ist der Einfluß der regionalen Herkunft gering. Sie berücksichtigt, daß sich Abwanderer von den Nichtwanderern der Herkunftsregion aufgrund sozialer Selektionsprozesse unterscheiden. Es gibt demnach Individuen in der Herkunftsregion, die infolge ihrer sozialen Lage die dortigen Gelegenheiten nicht nutzen können oder wollen. Demnach sind sie bereits an den Kontext der Herkunftsregion nicht „angepaßt". Vielmehr präferieren sie die Lebensbedingungen in anderen Regionen und wandern ab.

Bevor anhand einiger Beispiele näher analysiert wird, welche Folgen die regionale Herkunft für den Lebensverlauf haben kann, sollen der Wandel der regionalen Lebensbedingungen und Prozesse der räumlichen Mobilität auf der Basis der individuellen Längsschnittdaten aus dem oben genannten Lebensverlaufsprojekt beschrieben werden.

3. Der Wandel der regionalen Lebensbedingungen im Lebensverlauf

Die Frage ist, in welchem Ausmaß sich die regionalen Lebensbedingungen im Lebensverlauf verändern. Es werden die drei aufeinanderfolgenden Geburtsjahrgänge aus der Lebensverlaufsstudie betrachtet, so daß der Wandel von Mobilitätsmustern in der Nachkriegszeit sichtbar wird.

Die Abbildungen 1 und 2 zeigen also auf der Basis von individuellen Längsschnittdaten, wie groß der Anteil von Personen aus drei Geburtsjahrgängen ist, der in einem *bestimmten Alter im Geburtsort* lebt. Dabei wurde die folgende operationale Definition gewählt: Geburtsort ist der erste Wohnort in der Wanderungsbiographie. Personen wohnen dann in ihrem Geburtsort, wenn der Wohnort dieselbe Postleitzahl wie der Geburtsort hat. Da ein Wechsel der Postleitzahlen um so eher mit einem Wohnungswechsel verbunden ist, je kleiner der Wohnort ist, wurden bei den Geburtsorten Dörfer (Abbildung 1) und Großstädte (Abbildung 2) unterschieden.

Man sieht sogleich, daß das Verlassen des Geburtsortes ein Prozeß ist, der etwa bis zum 30. Lebensjahr andauert. Danach verändert sich der Anteil von Personen im Geburtsort nicht mehr. Immerhin leben dann noch 40% derjenigen, die im Dorf geboren sind, und – je nach Geburtsjahrgang – 50% bis 60% der aus Großstädten stammenden Personen in ihrem Geburtsort. Erwartungsgemäß ist bei den hier verwendeten regionalen Einheiten die Wahrscheinlichkeit, den Geburtsort zu verlassen, dann besonders groß, wenn es sich dabei um ein Dorf handelte.

Wenden wir uns nun den Unterschieden zwischen den Geburtsjahrgängen zu. Klar zeigen sich vor allem bei den Großstadtbewohnern die Folgen des Zweiten Weltkriegs. Viele der um 1940 Geborenen mußten die Großstädte verlassen, nur wenige kamen später wieder zurück. Aus dieser geringen Zahl von Rückkehrern resultiert ein vergleichsweise geringer Anteil von Personen dieses Geburtsjahrgangs, der in nachfolgenden Altersgruppen im Geburtsort wohnte. Mitglieder der Geburtsjahrgänge 1929–1931 traf der Krieg im Alter zwischen 10 und 15 Jahren. Wiederum verließen viele die Großstädte, in denen sie aufgewachsen waren; der Anteil der Rückwanderer ist dagegen größer als beim darauffolgenden Geburtsjahrgang.

Bei der Gruppe der Personen, deren Geburtsort ein Dorf war, zeigen sich die Folgen des Krieges ebenfalls in den Wanderungsverläufen. Zwei

Unterschiede zu den Großstädtern lassen sich jedoch erkennen: Zum einen kehrten Personen seltener in ihren Geburtsort zurück, wenn es ein Dorf war; zum anderen setzten die kriegsbedingten Wanderungen in ländlichen Gebieten etwas später als in großstädtischen Räumen ein.

Wenn man sich die Geburtsjahrgänge 1949–1951 ansieht, dann ist offensichtlich, daß auch hier, obwohl sie vom Krieg verschont geblieben waren, bereits in den ersten beiden Lebensjahrzehnten eine nennenswerte Abwanderung aus den Geburtsorten eintritt. Insofern ist es keinesfalls unproblematisch, die regionalen Lebensbedingungen bei der Geburt als Indikator für die regionale Herkunft zu nehmen.

Zweitens läßt sich klar belegen, daß es im historischen Zeitablauf nicht zu einem Prozeß gekommen ist, der Individuen aus ihrem Geburtsort und dem damit verbundenen lokalen Herkunftsmilieu zunehmend herauslöst[2]. Die vorliegenden Daten unterstützen die Individualisierungsthese in dieser Hinsicht nicht. Bemerkenswert ist ferner, daß es bei einem erheblichen

Abbildung 1: Wohnen im Geburtsort (in %) nach Geburtsjahrgang
– Geburtsort: Dorf –

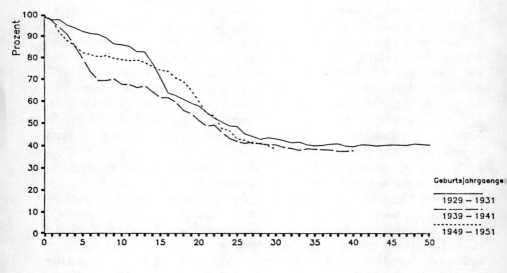

Quelle: Sfb–3 Lebensverlaufsstudie

---

[2]Es ist nicht so, daß in der Abfolge der Geburtsjahrgänge immer weniger Personen im 30. Lebensjahr in ihrem Geburtsort leben.

Abbildung 2: Wohnen im Geburtsort (in %) nach Geburtsjahrgang
– Geburtsort: Großstadt –

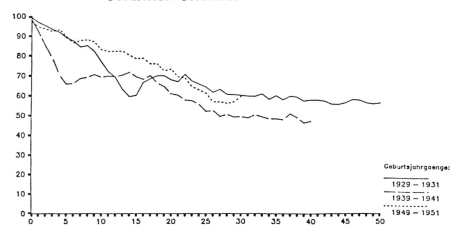

Quelle: Sfb–3 Lebensverlaufsstudie

Abbildung 3: Größe des Wohnorts und Alter (in %);
Geburtsjahrgang 1929–1931

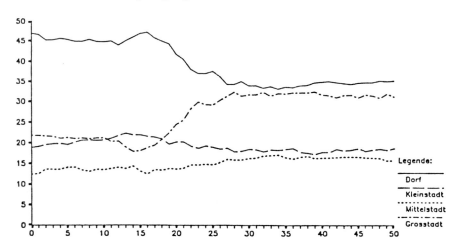

Quelle: Sfb–3 Lebensverlaufsstudie

131

Abbildung 4: Größe des Wohnorts und Alter (in %);
Geburtsjahrgang 1939–1941

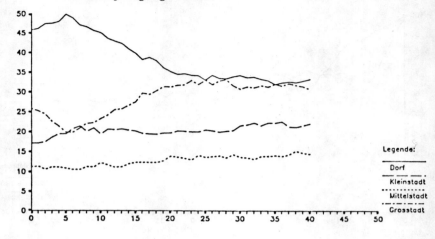

Abbildung 5: Größe des Wohnorts und Alter (in %);
Geburtsjahrgang 1949–1951

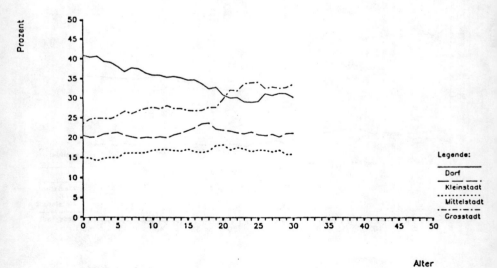

Teil der Bevölkerung offenbar nicht zu Adaptions– oder Selektionsprozessen kommen kann, denn die regionalen Lebensbedingungen werden im Zuge von Wanderungen nicht verändert. Gerade bei den geographisch Immobilen wird ihr Einfluß aber besonders prägend sein.

Es geht nun um den *Wandel der regionalen Lebensbedingungen* im Lebensverlauf (Abbildungen 3, 4 und 5). In der Annahme, daß der Urbanisierungsgrad von Regionen eine Größe ist, mit der zahlreiche Merkmale der Gelegenheitsstruktur zusammenhängen, wird gefragt, wie sich die Mitglieder eines Geburtsjahrgangs in einem bestimmten Alter über Regionen verteilen, die nach ihrem Urbanisierungsgrad unterschieden wurden. Hierfür wurden Wohnorte in die Kategorien Dorf, Kleinstadt (unter 30.000 Einwohner), Mittelstadt (30.000 bis unter 100.000 Einwohner) und Großstadt (100.000 Einwohner und mehr) gegliedert.

Bei Geburt leben je nach Geburtsjahrgang zwischen 40% und 50% der Individuen in Dörfern, zwischen 20% und 25% in Großstädten, der Rest in Klein– und Mittelstädten. Jemand, der zwischen 1949 und 1951 geboren wurde, ist mit einer geringeren Wahrscheinlichkeit in einem Dorf aufgewachsen als jemand aus den vorangegangenen Geburtsjahrgängen. Dagegen hat der Anteil der Bewohner von Mittelstädten zugenommen. Kinder und Jugendliche der Nachkriegszeit wohnen seltener in Dörfern und häufiger in Orten mittlerer Größe, als es vor und während des Zweiten Weltkrieges der Fall war. Ihre Lebensräume[3] haben sich somit deutlich verändert.

Für alle drei Geburtsjahrgänge bilden die Kurvenverläufe für Dorf– und Großstadtbewohner eine „Schere". Die Abwanderung aus den Dörfern erfolgt in dem Maße, wie die Großstädte Zuwanderungen erfahren. Es ist anzunehmen, daß wir es hier mit Wanderungen von Dörfern in Großstädte zu tun haben. Diese Abwanderungen nehmen Individuen vor, die jünger als 30 Jahre sind. Sofern Wanderungen (und nicht regional unterschiedliche Geburtenraten) für die Veränderung der räumlichen Verteilungsmuster der Bevölkerung verantwortlich sind, ereignen sich diese zusammen mit den Eltern oder am Beginn der selbständigen Wohngeschichte.

4. Regionale Herkunft und Bildungschancen

Es ist unumstritten, daß das allgemeine und berufliche Bildungsniveau einen zentralen Einfluß auf die Struktur des Lebensverlaufs hat. Seine Folgen für die beruflichen Chancen sind evident. Das Bildungsniveau determiniert jedoch auch deutlich das Alter beim Verlassen des elterlichen Haushalts (MAYER/WAGNER 1986) sowie das Heirats– und Fertilitätsverhalten

---

[3] vgl. dazu ZEIHER in diesem Band.

(HUININK 1987). Darüber hinaus hängen Ausmaß und Richtung von räumlicher Mobilität in allen Phasen des Lebensverlaufs vom Bildungsniveau ab (WAGNER 1987).

Regionale Unterschiede im Bildungsniveau der Bevölkerung sind eindeutig. Schwieriger ist es hingegen, die regionalen Differenzen der Bildungsbeteiligung nachzuzeichnen. Sie sind es, die Aufschlüsse über die Stärke eines möglichen Zusammenhangs zwischen regionaler Herkunft und Bildungschancen geben können. Die wohl entscheidenden Fragen dabei sind, ob es regionale Unterschiede in der Bildungsbeteiligung gibt und wenn ja, ob sie auf soziale Unterschiede reduzierbar sind oder ob das lokale Angebot an Schulen bzw. die Erreichbarkeit bestimmter Schultypen sowie die Verkehrslage die Bildungsbeteiligung beeinflussen.

Für die 60er und frühen 70er Jahre wurden in mehreren Studien regionale Differenzen in der Bildungsbeteiligung nachgewiesen. Vor allem ländliche Räume wiesen vergleichsweise geringe Übergangsquoten von der 4. Klasse der Hauptschule auf Realschulen oder Gymnasien auf. Gründe hierfür waren nicht allein sozial–, sondern auch infrastrukturelle Merkmale von Regionen (BAUR 1972, GEIPEL 1965, PEISERT 1967, TROMMER–KRUG 1980).

Diese Befunde werden durch Untersuchungen mit Lebensverlaufsdaten über die Bildungschancen von Mitgliedern der drei Geburtsjahrgänge 1929–1931, 1939–1941 und 1949–1951 gestützt (BLOSSFELD 1988). Der Übergang in weiterführende Schulen fällt bei ihnen in die frühen 60er Jahre und in die Jahrzehnte davor. Es zeigt sich, daß Kinder, die in größeren Wohnorten aufwuchsen, in einem höheren Ausmaß die Mittlere Reife oder das Abitur absolvierten. Die Einflüsse der sozialen Herkunft wurde dabei kontrolliert; daher muß man annehmen, daß regional unterschiedliche Bildungsangebote den Ausschlag für die Variation der Beteiligung im allgemeinen Bildungssystem gaben.

Wenn die Ausstattung von Regionen mit allgemeinbildenden Schulen weitgehend vom Staat vorgenommen wird, so hängt das Angebot an Lehr– und beruflichen Ausbildungsstellen in erster Linie von Investitionen des privaten Sektors ab. In ländlichen Räumen sind die Ausbildungsplätze zum Teil wesentlich knapper als in den industriellen Ballungszentren (BUNDESMINISTER FÜR BILDUNG UND WISSENSCHAFT 1977, DERENBACH 1984).

In den Jahren vor 1970 wurde der regionalen Verteilung von Ausbildungsplatzangebot und –nachfrage kaum Beachtung geschenkt. Es spricht aber einiges dafür, daß zumindest in den Zeiten des Wirtschaftswachstums, möglicherweise bis etwa zur Rezession der Jahre 1967/68, regional spezifische Engpässe nicht derart gravierend waren wie 10 oder 15 Jahre später. Lebensverlaufsanalysen ergaben, daß die Wohnortgröße keinen eigenständigen Effekt auf das Ausmaß der Qualifizierung im berufsbildenden System hatte (BLOSSFELD 1988). Das trifft allerdings auf jüngere Geburtsjahrgänge vermutlich nicht mehr zu, denn im Bereich der Berufsausbildung gab es in den 70er und 80er Jahren, auch aufgrund der veränderten demographischen Situation, erhebliche regionale Disparitäten (DERENBACH 1984, ROB 1986). Während regionale Nachteile im allgemeinbildenden Schulsystem nicht durch einen Wohnortwechsel nach den ersten vier Grundschuljahren, sondern nur durch aufwendige, zudem schichtspezifisch ausgeführte Pendelmobilität ausgleichbar sind (SCHORB 1980), könnten Jugendliche bei Abschluß der Realschule, vor allem aber nach Abschluß der Gymnasialzeit schon eher ihr Elternhaus verlassen, wenn dieses durch einen entsprechend ungünstigen Wohnstandort erforderlich wird. Auf 100 Personen der Geburtsjahrgänge 1929–1931, 1939–1941 und 1949–1951 entfielen in der Altersklasse der 15–19jährigen und 20–24jährigen jeweils 6 bis 10 Wanderungen für die u.a. auch Ausbildungsmotive genannt wurden (WAGNER 1987). Hierbei kommt es dann in erster Linie zu Selektionsprozessen.

In vielen Publikationen über regionale Ungleichheiten im Bildungsangebot findet sich die Aussage, daß die regionalen Disparitäten im Bildungswesen im Zuge seiner Reformierung und Expansion abgebaut wurden. Insbesondere wurde die Versorgung der ländlichen Räume mit Bildungseinrichtungen verbessert (MROHS 1971, ROB 1982, WUCHTER 1972). Insofern dürften sich die Einflüsse der regionalen Herkunft auf das allgemeine Bildungsniveau bei denjenigen, die nach 1950 geboren wurden, verringert haben. Dieses wurde allerdings noch nicht mit individuellen Längsschnittdaten empirisch untersucht.

Seit Mitte der 70er Jahre wiederum kam es kaum noch zu Schulneugründungen. Die regionale Schulplanung sah sich zunehmend veränderten sozialen und demographischen Rahmenbedingungen gegenüber. Die Schülerzahlen gingen zurück, gekoppelt mit einer sich vermindernden Finanzkraft von Schulträgern. Es entstand nunmehr das Problem, durch Schulschließungen und –zusammenlegungen keine neuen regionalen Benachteilungen entstehen zu lassen (AURIN 1984).

5. Einflüsse der regionalen Herkunft auf soziale und räumliche Mobilität im späteren Lebensverlauf

Ein Zusammenhang zwischen regionaler Herkunft und Berufskarriere liegt auf der Hand, wenn er auch indirekt über das Bildungsniveau vermittelt ist: Wer aufgrund regionaler Benachteiligung eine weniger qualifizierte Ausbildung bekommt, wird spätere berufliche Benachteiligungen in Kauf nehmen müssen, die selbst durch räumliche Mobilität nur schwer ausgeglichen werden können.

Hat nun die regionale Herkunft einen direkten Effekt auf die Berufskarriere, der nicht über das Bildungsniveau vermittelt ist? Es stellt sich zunächst das Problem, auf welche regionalen Einheiten zurückgegangen werden muß, wenn regionale Herkunft und Berufschancen miteinander in Beziehung gesetzt werden sollen. Das Konzept, mit dessen Hilfe Gelegenheiten im Erwerbsbereich räumlich abgegrenzt werden, ist dasjenige des regionalen Arbeitsmarktes. Regionale Arbeitsmärkte bestehen aus einem Zentrum wirtschaftlicher Aktivität und derjenigen Umgebung, in der die Wohnstandorte lokalisiert sind, die durch Pendelmobilität mit diesem Zentrum verflochten sind (HURLER 1984). Innerhalb von regionalen Arbeitsmärkten können Arbeitsplatzwechsel stattfinden, ohne daß ein Wohnungswechsel erfolgen muß.

Die Analyse der Lebensverlaufsdaten hat gezeigt, daß die Chancen zum beruflichen Aufstieg in der Bundesrepublik regional variieren. Für alle drei Geburtsjahrgänge ergab sich, daß Erwerbstätige in den Kernstädten der Verdichtungsräume im Vergleich zu ländlichen Räumen schneller zum beruflichen Aufstieg kamen. Bemerkenswert ist dann aber, daß sich die Verschlechterung der wirtschaftlichen Lage in den sogenannten altindustrialisierten Regionen, wie dem Ruhrgebiet und den Stahlregionen im Saarland, deutlich in den Berufsverläufen ausdrückt. Erwerbstätige der Geburtsjahrgänge 1949 bis 1951, die in den Kernstädten dieser Verdichtungsräume wohnten, hatten ähnlich schlechte Aufstiegschancen wie die Erwerbstätigen in den ländlichen Räumen (WAGNER 1988).

Regionen können mit Bildungseinrichtungen gut ausgestattet sein, aber weder in qualitativer noch in quantitativer Hinsicht sind dort möglicherweise die Arbeitsplätze lokalisiert, die dem Qualifikationsniveau und der Anzahl der Berufsanfänger entsprechen. Auf derartige strukturelle Ungleichgewichte zwischen Angebot und Nachfrage auf dem Arbeitsmarkt können Individuen mit räumlicher Mobilität reagieren (HOFFMANN–NOWOTNY 1970). Diejenigen, die in wirtschaftlich benachteiligten Regionen aufwachsen, müssen somit eher räumlich mobil sein, wenn sie berufliche Nachteile vermeiden wollen.

Es gibt jedoch zahlreiche Faktoren, die die räumliche Mobilität von Individuen hemmen. Es ist eindeutig, daß Wohneigentümer und Verheiratete sowie Personen mit Kindern immobil sind. Wenn auch zum Zeitpunkt der Heirat häufig Wohnungswechsel stattfinden – sie leitet trotzdem eine räumlich immobile Lebensphase ein. Die Folgen regionaler Benachteiligungen können Individuen somit am ehesten vor der Familiengründung und vor dem Erwerb von Hauseigentum durch Wanderungen kompensieren. In der Tat zeigt sich, daß in keiner Phase des Lebensverlaufs die Wahrscheinlichkeit einer berufsbedingten Wanderung größer ist als in der ersten Hälfte des dritten Lebensjahrzehnts, also in der frühen Phase des Erwerbslebens und in der Regel vor der Familiengründung (WAGNER 1989).

Bei berufsbedingten Wanderungen werden sicherlich in hohem Maße Selektionsprozesse wirksam. Dabei darf man allerdings nicht übersehen, daß nicht nur einzelne Erwerbstätige, sondern auch Haushalte den Wohnort wechseln, denen mehr als ein Erwerbstätiger angehört. Beispielsweise wird es bei Verheirateten häufig vorkommen, daß die erwerbstätige Frau zugunsten der Berufskarriere ihres Mannes einen Wohnortwechsel und damit eine Erwerbsunterbrechung oder einen Tätigkeitswechsel in Kauf nimmt. Aus der Sicht der Frau wird im Hinblick auf das Erwerbsverhalten dann eine Adaption in der Zielregion notwendig. Daß gleichwohl die regionale Herkunft im Sinne von Sozialisationseffekten auch langfristige Folgen für das Erwerbs– und Wanderungsverhalten haben kann, mögen die folgenden Beispiele illustrieren.

Die Lösung von der Herkunftsregion bedeutet in der Regel immer auch die räumliche – und in der Folge davon wahrscheinlich auch soziale – Distanzierung von Mitgliedern der Herkunftsfamilie und der Freundeskreise. In diesem Zusammenhang sind zwei generelle Befunde bedeutsam: Erstens ist die räumliche Mobilität bei Individuen, die in ihrem Geburtsort wohnen, geringer als bei denjenigen, die nicht in ihrem Geburtsort wohnen. Zweitens wissen wir, daß Kinder, die mit ihren Eltern Wohnungs– und Wohnortwechsel erlebt haben, später selbst räumlich mobiler als diejenigen waren, bei denen Wohnsituation und regionale Lebensbedingungen in frühen Phasen des Lebensverlaufs unverändert blieben. Man kann also sagen, daß starke lokale Bindungen in der Herkunftsregion, die gerade durch geringe räumliche Mobilität entstanden, die Neigung, den Wohnort nicht zu wechseln, noch einmal verstärken.

Ein empirischer Befund, dessen theoretische Interpretation bislang nur unzureichend möglich ist, lautet, daß die Größe des Geburtsortes einen positiven Effekt auf berufliche Aufstiegsraten hat, obwohl Merkmale des regionalen Arbeitsmarktes (in denen Orte unterschiedlicher Größe lokalisiert sind) am Beginn von Erwerbstätigkeiten sowie Merkmale der sozialen Herkunft und des Bildungsniveaus in ihrem Einfluß statistisch kontrolliert wurden. Die Stärke dieses Zusammenhangs zwischen Geburtsort und beruflichem Aufstieg nimmt von Geburtsjahrgang zu Geburtsjahrgang ab (WAGNER 1988). Demnach gibt es Folgen der regionalen Herkunft auf den Berufsverlauf, die weder über den allgemeinen Bildungsabschluß noch über die soziale Lage des Elternhauses oder Merkmale des aktuellen, relativ großräumigen regionalen Arbeitsmarktes vermittelt sind. Möglicherweise spielt dabei eine Rolle, daß die „neuen" Berufe, vor allem im Dienstleistungsbereich, die einen schnellen Aufstieg versprechen, schwerpunktmäßig in den Großstädten lokalisiert sind. Jugendliche, die vor der Berufsausbil-

dung stehen und in solchen Städten leben, haben gegenüber den Jugendlichen anderer Regionen wahrscheinlich einen Informationsvorsprung, der
unabhängig von der Schulausbildung besteht. Sie lassen sich eher in Berufen ausbilden, deren wirtschaftliche Bedeutung zunimmt, und erfahren
daher schneller einen beruflichen Aufstieg.

6. Regionale Herkunft und Familienbildung[4]

Regionale Unterschiede des generativen Verhaltens in der Bundesrepublik
sind mehrfach dokumentiert worden. Danach nehmen die Geburtenzahlen
mit abnehmender Ortsgröße zu. Das Land–Stadt–Gefälle bei der Fertilität hat zwischen 1961 und 1974 sogar noch zugenommen (RÜCKERT 1975,
SCHWARZ 1979, MÜLLER 1984). Die Erklärung dieses Geburtengefälles allerdings steht noch aus. Da mehrere Studien gezeigt haben, daß regionale Unterschiede im generativen Verhalten nicht allein auf die räumliche
Differenzierung der Sozialstruktur zurückgeführt werden können (SCHWARZ
1979, HUININK 1987), muß insbesondere noch geklärt werden, in welchem
Ausmaß regionale Unterschiede der Infrastruktur und des Arbeitsmarktes
sowie sozial selektive Wanderungen (STROHMEIER 1986) für die regionale
Differenzierung der Geburtenhäufigkeiten verantwortlich sind.

Welche Beziehungen sind zwischen regionaler Herkunft und Fertilität
zu erwarten? In der einschlägigen Literatur findet man keine umfassen-
den theoretischen Überlegungen, die sich speziell auf dieses Problem beziehen. Man muß jedoch einerseits auf den generellen Umstand verweisen,
daß in Regionen, in denen gute Berufschancen für Frauen vorhanden sind,
die Geburtenhäufigkeiten niedriger sein werden als dort, wo Frauen wenig
Aufstiegschancen haben oder häufig arbeitslos sind. Dieser Zusammenhang
wird so lange bestehen bleiben, bis sich Berufstätigkeit und die Betreuung
von Kindern für Männer und Frauen besser vereinbaren lassen. Vor allem Frauen, die aus ländlichen Räumen stammen, haben oft nur die Wahl
zwischen Hausarbeit bzw. Kinderbetreuung und Berufskarriere bei gleich-
zeitiger Abwanderung aus der Herkunftsregion. Ferner wird beispielsweise
eine Rolle spielen, daß stark urbanisierte Regionen häufig als vergleichsweise
wenig „kinderfreundlich" bewertet werden. Aufgrund der unterschiedlichen
Bodenpreise sind die Kosten beim Erwerb von Hauseigentum mit Garten in
Großstädten wesentlich höher als in weniger verdichteten Regionen. In jüngster Zeit wird dem Problem, ob Wanderungen den Einfluß der regionalen
Herkunft auf das generative Verhalten modifizieren, einige Aufmerksamkeit
geschenkt. Von Bedeutung sind dabei alle vier der oben formulierten all-

---

[4]Mittlerweile wurde eine Studie abgeschlossen (HUININK/WAGNER 1988), deren Ergebnisse wesentlich über die Ausführungen dieses Kapitels hinausgehen.

138

gemeinen Hypothesen, die bislang nur in wenigen ausländischen Studien genauer untersucht wurden. Dazu gehören in neuerer Zeit die Arbeiten von HERVITZ (1985) für Brasilien und COURGEAU (1987) für Frankreich. COURGEAU fand auf der Basis von individuellen Längsschnittdaten, daß es bei Frauen, die aus weniger urbanisierten Regionen stammen, zu einem Rückgang der Geburtenrate kommt, wenn sie in stark urbanisierte Regionen abwandern. Dagegen kommt es bei Wanderungen in die entgegengesetzte Richtung zu einem Anstieg der Geburtenrate. In jedem Fall gleicht sich das Fertilitätsverhalten von Wanderern demjenigen der Nichtwanderer der Zielregion an, so daß die Adaptionshypothese unterstützt wird. Darüber hinaus fand COURGEAU, daß Frauen, die in weniger verdichteten Regionen lebten und später abwanderten, bereits vor der Wanderung vergleichsweise wenige Kinder bekamen. Dieser Befund läßt die Schlußfolgerung zu, daß nicht alle Wanderungen in die stark urbanisierten Regionen das generative Verhalten im Sinne der Adaptionshypothese beeinflussen, sondern daß auch hier Selektionsprozesse eine Rolle spielen.

Eine empirische Untersuchung zum generativen Verhalten, die im Rahmen des Lebensverlaufsprojekts durchgeführt wurde (HUININK 1987), ergab, daß Frauen, die im Alter von 15 Jahren in einer Großstadt gelebt haben, unter bestimmten Bedingungen ihr erstes Kind später bekommen. Dieser Effekt besteht bei statistischer Kontrolle zentraler sozialer Erklärungsgrößen in erster Linie bei den Frauen der Geburtsjahrgänge 1949–1951. Das Ergebnis läßt sich so interpretieren, daß für Frauen ab Beginn der 70er Jahre Großstädte Erwerbsmöglichkeiten eröffneten, deren Nutzen die Familiengründung zumindest aufschob.

7. Diskussion

Ihre regionale Herkunft können Individuen – ähnlich wie ihre soziale Herkunft, ihr Geschlecht oder ihre Rassenzugehörigkeit – nicht beeinflussen. Insofern ist die Frage nach den Folgen der regionalen Herkunft für die soziale und räumliche Struktur des Lebensverlaufs besonders relevant. Die Auffassung, daß in sozialstrukturellen Analysen räumliche Differenzierungen in ihrer Bedeutung im Vergleich zu anderen Faktoren zurücktreten, ist in dieser allgemeinen Form unzutreffend, denn empirische Analysen führen zu der Schlußfolgerung, daß bedeutsame Aspekte der sozialen Lage im Erwachsenenalter davon abhängen, wo man aufgewachsen ist.

Die Untersuchung von Lebensverläufen hat ergeben, daß ein erheblicher Anteil der Bevölkerung auch im Erwachsenenalter im Geburtsort lebt. Ein gesellschaftlicher Trend, die Herkunftsregion schneller zu verlassen, konnte keineswegs ermittelt werden. Die Individualisierungsthese sollte daher ohne weitere Differenzierungen nicht auf räumlich definierte Sozialsysteme bezogen werden.

Die zentrale, nunmehr empirisch untermauerte These ist, daß die regionale Herkunft die soziale und räumliche Struktur des Lebensverlaufs beeinflußt. Neben der regionalen Differenzierung der Sozialstruktur sind räumliche Ungleichheiten der Gelegenheitsstrukturen dafür verantwortlich. Dieses läßt sich anhand der Bildungs- und Berufskarriere, der Familienbildung und des Wanderungsverlaufs aufzeigen.

Im allgemeinen Bildungswesen gab es deutliche regionale Benachteiligungen zumindest bis zum Ende der 60er Jahre. Erst die Geburtsjahrgänge ab 1960 profitierten von dem Abbau regionaler Benachteiligungen, der zum Programm der Bildungsreform gehörte. Diese Entwicklung betrifft zunächst nur das allgemeine Bildungswesen. Wie sich regionale Disparitäten in der Nachkriegszeit bei den beruflichen Ausbildungsplätzen verändert haben, ist nicht genauer bekannt. Sicher ist, daß ab Ende der 70er Jahre erhebliche regionale Unterschiede bestanden. Da diese zudem in nur geringem Ausmaß durch räumliche Mobilität kompensiert werden können, erscheint die Annahme gerechtfertigt, daß die Bedeutung regionaler Disparitäten bei der Berufsausbildung zunahm, als sie im allgemeinen Bildungswesen zurückging.

Die regionale Herkunft determiniert auch den Berufsverlauf. Dieses geschieht nicht nur wegen der regionalen Ungleichheiten im Bildungsbereich. Wahrscheinlich ist hierbei bedeutsam, daß Betriebe derjenigen Wirtschaftszweige, die in der Expansion begriffen sind, vor allem in den Verdichtungsräumen lokalisiert sind. Individuen, die in diesen Regionen aufgewachsen sind, haben eher die Chance, zukunftsträchtige Berufe zu ergreifen. Die Möglichkeit, im Zuge von Wanderungen die Berufschancen zu verbessern, besteht nur dann, wenn die lokalen Bindungen gering sind. Dieses hängt indessen in hohem Maße von der Wohndauer, der familialen Situation und dem Hausbesitz ab.

Der genaue Zusammenhang zwischen regionaler Herkunft, Wanderungen und dem generativen Verhalten ist für die Bundesrepublik noch ungeklärt. Man kann zumindest die Hypothese aufstellen, daß die regionalen Lebensbedingungen erst ab Beginn der 70er Jahre einen von sozialstrukturellen Merkmalen unabhängigen Einfluß auf die Geburt von Kindern hatten. Aufgrund verbesserter Erwerbschancen der Frauen und der Schwierigkeiten, Beruf und Kinder zu vereinbaren, beeinflußten regional spezifische Erwerbsmöglichkeiten dann auch das generative Verhalten. Im übrigen wird man erwarten, daß ähnlich wie in Frankreich auch in der Bundesrepublik Adaptions- und Selektionsprozesse auftreten.

Die Auswirkungen der regionalen Herkunft auf den weiteren Lebensverlauf variieren überhaupt mit der Zugehörigkeit zu Geburtsjahrgängen und hängen damit vom historischen Zeitraum ab. Dieser Tatbestand unterstreicht, daß die Struktur von Lebensverläufen und ihre endogenen kausalen Beziehungen von gesellschaftlichen Entwicklungen, zum Beispiel der Veränderung regionaler Ungleichheiten, geprägt werden. Im Rahmen der empirischen Forschung wäre es sicherlich wünschenswert, spezifische Merkmale von Regionen (Makrodaten) genauer zu messen, um sie dann mit individuellen Längsschnittdaten (Mikrodaten) in Beziehung zu setzen. Ein derartiges Vorgehen würde zudem die Chance eröffnen, Regional– bzw. Stadtsoziologie und Lebensverlaufsforschung in einem stärkeren Ausmaß aufeinander zu beziehen.

Im theoretischen Bereich sollte sicherlich versucht werden, die Sozialisations–, Unterbrechungs–, Adaptions– und Selektionshypothese auf alle sozial bedeutsamen Lebensbereiche zu beziehen. Dabei sollte genauer bestimmt werden, welche Gelegenheitsstrukturen spezifische Handlungsbereiche beeinflussen und wie sich diese Zusammenhänge bei einem Wechsel des regionalen Kontextes ändern.

Literaturverzeichnis

AURIN, K., 1984: Regionale Schulplanung unter veränderten Bedingungen, in: AKADEMIE FÜR RAUMFORSCHUNG UND LANDESPLANUNG (Hg.): Regional differenzierte Schulplanung unter veränderten Verhältnissen, Hannover

BAUR, R., 1972: Elternhaus und Bildungschancen, Weinheim, Basel

BECK, U., 1983: Jenseits von Stand und Klasse? in: KRECKEL, R. (Hg.): Soziale Ungleichheiten, Soziale Welt, Sonderband 2, Göttingen

BLAU, P., DUNCAN, O. D., 1967: The American occupational structure, New York/London/Sidney

BLOSSFELD, H.–P., 1988: Bildungsverläufe im historischen Wandel – Eine Längsschnittanalyse über die Veränderung der Bildungsbeteiligung im Lebenslauf dreier Geburtskohorten, in: BODENHÖFER, H.–J. (Hg.): Bildung, Beruf, Arbeitsmarkt. Schriftreihe des Vereins für Socialpolitik, Bd. 174, Berlin

BOLLNOW, O. F., 1984: Der Mensch braucht heimatliche Geborgenheit, in: LANDESZENTRALE FÜR POLITISCHE BILDUNG BADEN–WÜRTTEMBERG (Hg.): Heimat heute, Stuttgart u.a.

BUNDESMINISTER FÜR BILDUNG UND WISSENSCHAFT 1977 (Hg.): Berufsbildungsbericht 1977, Bonn

COURGEAU, D., 1987: Constitution de la famille et urbanisation, in: Population 42, 1, S. 57–82

DERENBACH, R., 1984: Berufliche Eingliederung der nachfolgenden Generation, Forschungen zur Raumentwicklung, Bd. 13, Bonn

FRIEDRICHS, J., 1977: Stadtanalyse. Reinbek

GEIPEL, R., 1965: Sozialräumliche Strukturen des Bildungswesens, Frankfurt a.M. u.a.

HERVITZ, H. M., 1985: Selectivity, adaption, or disruption? A comparison of alternative hypotheses on the effects of migration on fertility: the case of Brazil, in: International Migration Review 19, 2, S. 293–317

HOFFMANN–NOWOTNY, H.–J., 1970: Migration. Ein Beitrag zu einer soziologischen Erklärung, Stuttgart

HUININK, J., 1987: Soziale Herkunft, Bildung und das Alter bei der Geburt des ersten Kindes, Zeitschrift für Soziologie 16, 5, S. 367–384

HUININK, J., WAGNER, M., 1988: Regionale Lebensbedingungen, Migration und Fertilität, Sonderforschungsbereich 3, Arbeitspapier Nr. 270, Universitäten Frankfurt und Mannheim

HURLER, P., 1984: Regionale Arbeitslosigkeit in der Bundesrepublik Deutschland, Institut für Arbeitsmarkt– und Berufsforschung der Bundesanstalt für Arbeit, Nürnberg

MAMMEY, U., SCHWARTZ, W., 1980: Chancen des sozialen Aufstiegs in den Teilräumen der Bundesrepublik Deutschland, Bonn (Schriftenreihe „Raumordnung" des Bundesministers für Raumordnung, Bauwesen und Städtebau 06.045)

MAYER, K. U., 1986: Lebensverlaufsforschung, in: VOGES, W. (Hg.): Methoden der Biographie– und Lebenslaufforschung, Opladen

MAYER, K. U., WAGNER, M., 1986: Der Auszug von Kindern aus dem elterlichen Haushalt – ein Erklärungsmodell für die Geburtsjahrgänge 1929–31, 1939–41 und 1949–51, in: ZIMMERMANN, K. F. (Hg.): Demographische Probleme der Haushaltsökonomie, Beiträge zur Quantitativen Ökonomie, Vol XI, Bochum

MROHS, E., 1971: Der Schulbesuch in ländlichen Gebieten der Bundesrepublik, in: Berichte über Landwirtschaft, Neue Folge, Bd. 49, Heft 3/4: S. 594–607

MÜLLER, A., 1984: Regionale Unterschiede der Geburtenhäufigkeiten der deutschen Bevölkerung, Statistische Rundschau für das Land Nordrhein–Westfalen 36, S. 580–617

MUSGROVE, F., 1963: The migratory elite, London

PACKARD, V., 1973: Die ruhelose Gesellschaft Düsseldorf, Wien

PEISERT, H., 1967: Soziale Lage und Bildungschancen in Deutschland, München

ROB 1982, RAUMORDNUNGSBERICHT DER BUNDESREGIERUNG 1982, Deutscher Bundestag, 10. Wahlperiode, Drucksache 10/210, Bonn

ROB 1986, RAUMORDNUNGSBERICHT DER BUNDESREGIERUNG 1986, hg. vom Bundesminister für Raumordnung, Bauwesen und Städtebau, Schriftenreihe „Raumordnung", Sonderheft, Bonn

RÜCKERT, G.-R., 1975: Charakteristik kinderloser Erstehen. Ergebnisse der Volkszählung vom 27.5.1970, in: Zeitschrift für Bevölkerungswissenschaft 3/4, S. 100–110

SCHORB, A. O., 1980: Entwicklung im Schulwesen eines Flächenstaates am Beispiel Bayerns, in: MAX–PLANCK–INSTITUT FÜR BILDUNGSFORSCHUNG, PROJEKTGRUPPE BILDUNGSBERICHT (Hg.): Bildung in der Bundesrepublik Deutschland, Bd. 2, Reinbek

SCHWARZ, K., 1969: Analyse der räumlichen Bevölkerungsbewegung, Hannover (Veröffentlichungen der Akademie für Raumforschung und Landesplanung, Bd. 58)

SCHWARZ, K., 1979: Regionale Unterschiede der Geburtenhäufigkeit, in: BUNDESMINISTER FÜR JUGEND, FAMILIE UND GESUNDHEIT (Hg.): Ursachen des Geburtenrückgangs – Aussagen, Theorien und Forschungsansätze zum generativen Verhalten, Stuttgart u.a.

STROHMEIER, K. P., 1986: Migration und Familienentwicklung. Selektive Zuwanderung und die regionalen Unterschiede der Geburtenhäufigkeit, in: ZIMMERMANN, K. F. (Hg.): Demographische Probleme der Haushaltsökonomie, Beiträge zur Quantitativen Ökonomie, Vol. XI, Bochum

TROMMER–KRUG, L., 1980: Soziale Herkunft und Schulbesuch, in: MAX–PLANCK–INSTITUT FÜR BILDUNGSFORSCHUNG, PROJEKTGRUPPE BILDUNGSBERICHT (Hg.): Bildung in der Bundesrepublik Deutschland, Bd. 1, Reinbek

WAGNER, M., 1987: Bildung und Migration, in: Raumforschung und Raumordnung 45, 3, S. 97–106

WAGNER, M., 1988: Spatial determinants of social mobility, Max–Planck–Institut für Bildungsforschung, Berlin, Manuskript (erscheint in: VAN DIJK, J., u.a.: Migration and labor market adjustment, Dordrecht.)

WAGNER, M., 1989: Räumliche Mobilität im Lebensverlauf, Stuttgart (im Druck)

WUCHTER, G., 1972: Tendenzen der regionalen Entwicklung, in: Baden-Württemberg in Wort und Zahl 20, 3, S. 82–88

Wohnungsmarkt und Lebenszyklus

Zur Vermittlung individueller und kollektiver Mechanismen des Tausches[1]

Detlev Ipsen

1. Marktstruktur und Lebenszyklus

Lebenszyklus ist die soziale Form des natürlichen Prozesses, der das Leben zwischen Geburt und Tod umspannt. So natürlich Geburt, das Heranwachsen, Altern und der Tod sind, so sozial bestimmt ist doch die Form, in der sie in einer Gesellschaft erscheinen. Welch ein Unterschied, ob jemand alleine altert oder im Rahmen einer Großfamilie. Welten liegen zwischen dem jugendlichen Single, dem Junggesellen oder dem alleinstehenden Sohn, der in der väterlichen Landwirtschaft oder dem Handwerksbetrieb arbeitet.

Markt ist eine soziale Organisation des Tausches. Im Wohnungsmarkt vermitteln sich auf recht komplizierte Weise öffentliche und private Handlungen, die für Umfang, Geschwindigkeit und Wert des Tausches verantwortlich sind.

Zunächst leuchtet es nicht ein, daß Lebenszyklus und Marktgeschehen in einem engen Zusammenhang stehen. Ist der Lebenszyklus nicht etwas ganz Privates, der Markt dagegen öffentlich, unpersönlich? Doch gleich helfen einem die persönlichen Erfahrungen, die Bezüge zu sehen. Hat man nicht neulich davon gehört, wie ein Student mühselig nach einer Wohnung gesucht hat, alle Wohnungen aber viel zu teuer waren? Hat man nicht gestaunt, wie billig Freunde wohnen, seitdem sie in ein anderes Stadtviertel umgezogen sind, obgleich sie nun zu ihrer Wohnung sogar noch einen kleinen Garten haben? Sicherlich, und der Arbeitskollege X ist neulich umgezogen, weil er sich von seiner Frau getrennt hat. Das Geschehen auf dem Wohnungsmarkt und der Lebenszyklus sind im hohen Maße aufeinander bezogen, in gewisser Hinsicht bedingen sich beide Prozesse gegenseitig. Ohne eigene Wohnung kann man keine eigene Familie gründen, zumindest ist dies sehr viel schwieriger. Der Wohnungsmarkt wiederum sähe ohne die ständige Dynamisierung, die durch den hunderttausendfachen Wechsel von einer Phase des Lebenszyklus

---

[1] Dieser Aufsatz bezieht sich in seinem empirischen Teil vor allem auf zwei Studien. Der Untersuchung von Wohnungsteilmärkten und der Untersuchung von Filteringprozessen. Beide Studien wurden in Mannheim durchgeführt. Ihre Methodik und die Ergebnisse insgesamt sind dokumentiert in D. IPSEN, H. GLASAUER, W. HEINZEL: Teilmärkte und Wirtschafts– verhalten privater Miethausbesitzer, Kassel 1981 D. IPSEN, H. GLASAUER, V. LASCH: Markt und Raum, Frankfurt 1986. Für diesen Aufsatz wurde mit dem gleichen Daten–Material eine Reihe von neuen Auswertungen durchgeführt.

zur nächsten hervorgerufen wird, sicherlich völlig anders aus.

Allerdings ist es eben nicht der natürliche Lebenszyklus, der sich auf das Marktgeschehen auswirkt, sondern seine historisch spezifische gesellschaftliche Form. Die Moderne westlicher Prägung ist durch ständige Schübe der Individualisierung gekennzeichnet (BECK, 1986). Wäre dies nicht so, würde sich der Wechsel in der Lebenszyklusphase nicht oder nicht im gleichen Maße auf den Wohnungsmarkt auswirken. Erst die Individualisierung verknüpft die Lebensphasen mit neuen Raumansprüchen.

Ältere Kinder brauchen ihren eigenen Raum, auch Frau und Mann in einer Familie wünschen sich häufig ihr eigenes Zimmer. Ältere Kinder verlassen die Wohnung ihrer Eltern und suchen ihre eigenen vier Wände. Die Individualisierung ist wiederum nicht frei gewählt. Die mit ihr einhergehenden Raumansprüche haben nichts Anspruchsvolles an sich. Die Organisation von Arbeit und Reproduktion über Märkte verlangt das ungebundene Individuum, das sich ohne oder mit nur geringen sozialen Fesseln dem Markt als Arbeitskraft anbietet und auf dem Markt als Konsument auftreten kann. Die Durchdringung unserer Lebenswelt durch Märkte legt die Individualisierung nahe. Diese wiederum verknüpft Lebenszyklus und Wohnungsmarkt: die Invidualisierung verlangt zum einen räumliche Abgrenzung und Distanzierung, ermöglicht und fordert zum anderen räumliche Mobilität.

Die monetären Tauschprozesse äußern sich auf dem Wohnungsmarkt in Umzügen. In jeder Großstadt ist die Summe dieser Tauschvorgänge so groß, daß rein rechnerisch nach Ablauf von zehn Jahren kein Haushalt mehr in derselben Wohnung wohnt. Die Häufigkeit des Umziehens ist allerdings räumlich und sozial unterschiedlich verteilt, so daß die Seßhaften anderen gegenüberstehen, die ihre Wohnungen sehr häufig wechseln.

Neben dem Wechseln von einer Lebenszyklusphase zur anderen sind zwei weitere komplexe Faktoren beteiligt. Da ist zum einen die räumliche Veränderung der Stadt selber. Stadtsanierung, die Ausweitung der Geschäftszentren oder der Niedergang eines Zentrums, die ständige Zunahme des Autoverkehrs und die entsprechenden Straßenbauten, Parkhäuser und Parkflächen verschieben die Wohnbevölkerung im städtischen Raum. Die Ökonomie der Stadt führt ständig zur Auf- und Abwertung einzelner Teilräume, zur Destruktion und Produktion des Raumes, und bedingt so die Verlagerung und Verdrängung von Nutzungen und Personen. Der zweite Faktor ist die Dynamik des gesellschaftlichen Schicht- und Klassensystems. Der soziale Aufstieg ermöglicht eine positive Wohnkarriere, sozialer Abstieg erzwingt nach einiger Zeit den Wohnungswechsel, um die Wohnkosten zu senken.

Lebenszyklus und die beiden anderen, den Marktprozeß von der Nachfrageseite her steuernde Faktoren sind empirisch in ihrer Wirkung schwer voneinander zu trennen, da sie theoretisch eng verflochten sind. Manche Familie wechselt die Wohung, wenn ein Kind geboren wird, weil dann der

Verkehr und seine Belastung nicht mehr erträglich erscheinen. Oder die andere Situation: ein eigentlich wegen der Geburt eines Kindes notwendiger Wohnungswechsel unterbleibt, weil der Arbeitsplatz gefährdet ist. Wenn wir also den Zusammenhang von Lebenszyklus und Wohnungsmarkt untersuchen, so werden wir die Stadtentwicklung und die Dynamik der Klassenstruktur im Auge behalten, um die empirischen Einzelergebnisse in richtiger Weise einzuordnen.

2. Die soziale Organisation des Wohnungsmarktes

Wir behaupten, daß die Funktionsweise des Wohnungsmarktes sozial bestimmt ist. Sicherlich gelten die Regeln von Angebot und Nachfrage. Doch wie wird die Nachfrage geregelt und wie das Angebot? Unsere Suche nach den soziologischen Gesetzmäßigkeiten des Wohnungsmarktes begann mit einer eigentümlichen Entdeckung. Der empirische Zusammenhang zwischen dem Mietpreis und der Qualität einer Wohnung ist eher gering. Es gibt Wohnungen ohne Bad und Zentralheizung, die sich in einem schlechten baulichen Zustand befinden, und doch sehr teuer sind. Und es gibt Wohnungen, die in gutem Zustand sind, ein Bad, eine Zentralheizung, einen Balkon oder vielleicht sogar einen Garten haben, die aber auf den Quadratmeter bezogen billiger als die schlechten Wohnungen sind. Und es gibt Wohnungen, die sehr gut ausgestattet und sehr teuer sind. Mit anderen Worten: Der Zusammenhang zwischen dem Gebrauchswert und dem Tauschwert einer Wohnung ist nicht linear, statistisch ausgedrückt ist die Korrelation niedrig.

Ein Blick auf die Verteilung des Zusammenhangs von Qualität und Preis zeigt, daß man es sich mit Erklärungen nicht einfach machen kann. In der Abbildung (1) wird die Verteilung schematisch dargestellt. Es zeigt sich, daß Wohnungen schlechter Wohnqualität teuer sind, bei mittlerer Qualität die Preise dann sinken und erst bei guten Standards wieder steigen. Dies weist zumindest einmal auf eine duale Situation des städtischen Wohnungsmarktes hin, und dies um so mehr, als die u-förmige Beziehung zwischen Qualität der Wohnung und dem Preis auch für die Qualität des städtischen Wohnstandortes gilt: Gebiete mit einer hohen Belastung durch Verkehrs- und Gewerbelärm, mit dichter Bebauung und wenig Grün, Gebiete mit hoher Immissionsbelastung haben höhere Mieten als städtische Gebiete besserer Standortqualität.

Wir können nunmehr damit beginnen, die Struktur von Wohnungsmärkten theoretisch zu rekonstruieren. Die Beobachtung der Relation von Qualität und Preis ließ auf eine zumindest duale Struktur des Wohnungsmarktes schließen, die auch stadträumliche Entsprechungen hat. Unsere folgenden Überlegungen konzentrieren sich darauf, städtische Räume unabhängig von

Abbildung 1: Schematische Darstellung des Zusammenhangs
von Wohnqualität und Miete pro qm

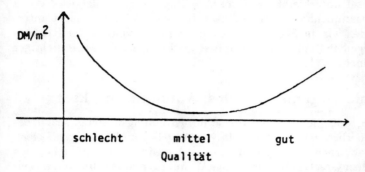

den sich räumlich niederschlagenden Preisdifferentialen zu bestimmen und abzugrenzen. Wenn dies gelingt, ist gleich ein erster Schritt der Verbindung zwischen der Ökonomie und der sozialräumlichen Organisation der Stadt hergestellt. Zwei Beobachtungen sind dabei hilfreich:

a) Untersuchungen über den Zusammenhang von Wohndauer und Mietpreis zeigen, daß bei konstanter Wohnqualität der feststellbare Mietpreis mit zunehmender Wohndauer drastisch sinkt. Diese Beobachtung könnte darauf hinweisen, daß es unterschiedliche Tauschregeln auf dem Wohnungsmarkt gibt und diese unterschiedlichen Tauschregeln zu unterschiedlichen monetären Ergebnissen führen. Bei langer Wohndauer kann man annehmen, daß häufig, wenn auch nicht notwendigerweise, zwischen dem Mieter und Vermieter eine persönliche Kenntnis besteht. Wir nehmen nun an, daß beim „Tausch" im Bewußtsein der Akteure Gebrauchswert und Tauschwert „normativ korreliert" sind. Das hieße, daß nur für „gute" Dinge ein „hoher" Preis verlangt und bezahlt wird, für schlechte aber nicht. Es gibt Hinweise darauf, daß sich eine derartige Gebrauchswertorientierung aus der historischen Periode der einfachen Warenwirtschaft bis zum heutigen Entwicklungsstand des Kapitalismus herübergerettet hat, ja im Arbeitsleben als Arbeitsmotivation sogar konstitutiv für das Funktionieren der Warenproduktion geblieben ist (BECK, BRATER, 1978). Soziologisch handelt es sich dabei um eine kulturelle Ungleichzeitigkeit, von der ohnehin häufiger behauptet wird, sie sei wesentlich daran beteiligt, die dominanten Elemente der jeweils neuen Formation entwicklungsfähig zu machen. Auf den Wohnungsmarkt bezogen bedeuten diese Überlegungen, daß die Ware Wohnung im Zeitablauf absolut (durch Abnutzung) und relativ (dadurch, daß der Neubau höhere Standards setzt) an Gebrauchswert verliert und dieser Wertverlust sich bei personalisierten Tauschbeziehungen im Preis niederschlägt. Die Wohndauer ist in diesem Zusammenhang also eine Bedingung für die

Existenz personalisierter Tauschbeziehungen. Umgekehrt kann man es auch so ausdrücken: Der Preis als Funktion der Konkurrenz im Spannungsfeld zwischen Angebot und Nachfrage kann sich nur in sozial anonymen Situationen durchsetzen.

Ein Blick auf die Wanderungsstatistik einer jeden Großstadt zeigt, daß es mobile und inmobile Quartiere gibt (relativ gesehen). In der Logik der vorgebrachten Überlegungen weist dies darauf hin, daß in verschiedenen Stadträumen die Bedingungen für anonymen bzw. personalisierten Tausch unterschiedlich stark ausgeprägt sind. Die Stadt gliedert sich demzufolge in Räume unterschiedlicher Tauschregeln.

b) Die u-förmige Verteilung von Qualität und Preis läßt sich nur erklären, wenn der Wohnungsmarkt uneinheitlich ist, wenn relativ eigenständige und in sich abgeschlossene Marktteile existieren. Nun kann die Differenzierung des städtischen Raums in Bereiche unterschiedlicher Tauschregeln möglicherweise ein Ansatz zur Erklärung der Preisunterschiede sein, es kann sich jedoch keineswegs um eine hinreichende Bedingung handeln. Es wäre über einige Zeit hin nicht zu erklären, warum nicht die preiswerten Wohnungen immer mehr nachgefragt würden. So würde sich entweder diese Bewegung als Preisdruck der billigen auf die teuren Wohnungen oder umgekehrt auswirken. Man muß also nach einem sozialen Phänomen suchen, welches die Abschließung einzelner Stadträume erklären kann. Die Stadtforschung beschäftigt sich schon lange mit derartigen Phänomenen und nennt diese Segregation (U. HERLYN, 1980). Die systematische Verteilung sozialer Klassen und Schichten im Stadtraum ist Ausdruck der Segregation. Diese ist ihrem Charakter nach die zwanghafte oder freiwillige Trennung sozialer Gruppen durch Barrieren, die den Bewegungsspielraum und die Bewegungsrichtung bei innerstädtischen Umzügen kontrollieren. Ausdruck dieser Steuerung sind zirkuläre Wanderungen, d.h. Wanderungen, die innerhalb qualitativ gleichartiger städtischer Räume stattfinden.

Die theoretische Rekonstruktion von Teilmärkten läßt sich nun entwickeln. Im städtischen Raum gibt es Teile, die sich durch hohe, andere, die sich durch geringe Mobilität auszeichnen. Dieser Sachverhalt selber ist durch das Handlungspotential einzelner Haushalte zu erklären.
Unter dem Handlungspotential eines Haushalts verstehen wir seine Fähigkeit, auf Veränderungen der äußeren Situation (z.B. neue Belastung der Wohnsituation durch Verkehrslärm) oder der inneren Situation (z.B. Vergrößerung/Verkleinerung des Haushalts) seinen Interessen gerecht zu reagieren. Das Handlungspotential ist hoch, wenn der Haushalt das Niveau seiner Wohnversorgung verbessern oder zumindest halten kann; es ist gering, wenn der Haushalt auf äußere oder innere Situationsveränderungen gegen seine Absicht nicht mit Veränderungen der Wohnsituation reagieren kann bzw. Kompromisse und Zwischenlösungen eingehen muß.

Ist das Handlungspotential gering, so müssen bei städtebaulichen Veränderungen wie Sanierung oder Verkehrsbauten unmittelbar Wohnungswechsel vorgenommen werden (Zwangsmobilität); bei Verbesserungen der wirtschaftlichen Situation wird sich diese nur in kleinen Schritten in eine bessere Wohnsituation umsetzen lassen. Das Handlungspotential wirkt sich vornehmlich auf notwendige Veränderungen im Verlauf des Lebenszyklus aus. Bei geringem Potential können nur kleine Veränderungen der Wohnsituation vorgenommen werden, die sich schon bald als revisionsbedürftig erweisen könnten. Nun führt aber nicht nur ein geringes Handlungspotential zu relativ häufigen Wohnungswechseln, sondern auch eine hohes Potential. Dieses ermöglicht eine statusgemäße Wohnversorgung. Wir nehmen also eine kurvilineare Beziehung zwischen Handlungspotential und Umzugshäufigkeit an: Bei hohem Handlungspotential ist sie „freiwillig" hoch (um den jeweiligen Status zu präsentieren). Bei mittlerem Handlungspotential ist die Mobilität niedrig, da weder der Zwang zur Mobilität hoch ist, noch die Statusmobilität einen Umzugsimpuls gibt. Bei niedrigem Handlungspotential ist die Umzugshäufigkeit erzwungenermaßen hoch, da äußere Veränderungen sich als Verdrängung niederschlagen, Verbesserungen dagegen nur in vielen kleinen Schritten erfolgen kann. Die Konstituierung von mobilen und inmobilen Quartieren aufgrund unterschiedlicher Handlungspotentiale führt zu Raumeinheiten mit unterschiedlichen Tauschregeln. Als eine weitere Bedingung tritt die Segregation hinzu, die eine relative Abschließung der einzelnen Raumeinheiten bewirkt. Die Segregation selber ist durch die Klassen- und Schichtstrukturen bedingt, die ihrerseits auch wieder das Handlungspotential beeinflußt.

Abbildung 2: Schema der theoretischen Faktoren der Teilmarktbildung

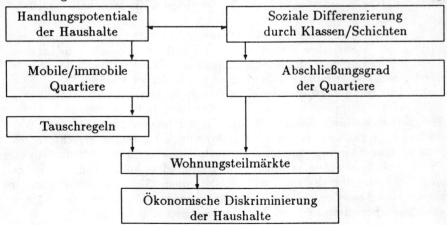

So entstehen im städtischen Raum relativ stark voneinander abgeschlossene Raumeinheiten, deren jeweils eigene Ökonomie zu unterschiedlichen Preisbildungsprozessen führt. Diese nennen wir Wohnungsteilmärkte. Die Wohnungsteilmärkte erklären damit zugleich ökonomische Diskriminierung und Privilegierung in einem objektiven Sinne. Die Abbildung (2) schematisiert dieses Beziehungsgefüge.

Empirische Untersuchungen in zwei Städten (Mannheim und Kassel) haben zahlreiche Hinweise dafür erbracht, daß diese theoretische Rekonstruktion plausibel ist (IPSEN, GLASAUER, LASCH, 1986). Ohne auf wichtige Differenzierungen einzugehen, lassen sich die Ergebnisse in folgender Abbildung (3) zusammenfassen:

Abbildung 3: Schematische Darstellung der empirischen Ergebnisse der Wohnungsmarktuntersuchung in Mannheim

Status des Quartiers		Mobilität des Quartiers		
		hoch		niedrig
Mittelschicht	Wohnqualität	+		
gehobene Mittelschicht	Preise	+		
untere Mittelschicht			Wohnqualität	+
gehobene Mittelschicht			Preise	−
Unterschicht	Wohnqualität	−		
	Preise	+		

'+' = höherer Wert / '−' = niedriger Wert

Die Ergebnisse weisen darauf hin, daß die unteren Schichten für schlechte Wohnungen relativ und absolut viel zahlen, die Mittelschicht und die etablierte Arbeiterschicht für gute Wohnungen wenig zahlt und die gehobene Mittelschicht für gute Wohnungen wiederum eine hohe Miete aufbringen muß. In dieser Struktur von Wohnungsteilmärkten finden nun Umzüge statt, die sich zu Umzugsketten verknüpfen. Die Wohnung, die einer verläßt, bezieht in aller Regel ein nächster Haushalt. Die Filteringtheorie macht hier eine hoffnungsvolle Aussage (RATCLIFF, 1949). Die Preise einer Wohnung verfallen schneller als ihre Qualität. Wäre diese Aussage empirisch haltbar, so brächte jeder Umzug (oder doch der Durchschnitt aller Umzüge) eine Verbesserung der Relation von Qualität und Preis. Wir bräuchten uns über die Verteilung der Chancen auf dem Wohnungsmarkt nicht allzuviele Gedanken machen, da der Marktmechanismus letztendlich für die Verbesserung der Wohnsituation aller sorgen würde. Unsere Untersuchungen zeigen allerdings, daß dies empirisch nicht zu halten ist. Jede Verbesserung der Wohnversorgung durch Umzug wird bezahlt, nur wer über hinreichendes Einkommen verfügt, kann seine Wohnsituation verbessern. Für die Wohlhabenden allerdings gilt die Filteringtheorie noch am ehesten. Da der Markt mehr Luxuswohnungen anbietet als Nachfrager vorhanden sind, ist das Preisniveau für diese Wohnungen relativ niedrig. Da der Markt für die meisten jedoch Ungleichheit hervorruft, lohnt es sich zu untersuchen, welche Verteilungsstruktur sich um den Lebenszyklus herum organisiert.

3. Bestimmt die Stellung im Lebenszyklus die Chance auf dem Wohnungsmarkt (mit)?

Die Phasen im Lebenszyklus sind Ausdruck bestimmter gesellschaftlicher Verhältnisse und Wertstrukturen, sie unterliegen in ihrer lebensweltlichen Bedeutung einem ständigen Wandel. Gerade in Bruchstellen der gesellschaftlichen Entwicklung, in der alte Formationen an Bedeutung verlieren und sich Konturen neuer Formierungen andeuten, verändert sich auch der Bedeutungsgehalt der einzelnen Phasen im Lebenszyklus. Welten liegen zwischen dem Junggesellen und dem Single, die Rolle der Frauen in Familie und Beruf ändert sich ständig, das Alter wird neu bewertet (BERGER 1986, KOHLI 1986). So hatten wir einige Schwierigkeiten, Lebenszyklusphasen den veränderten Bedingungen angemessen zu bestimmen. Zum anderen sind die Hinweise auf Veränderungen nicht mit dem Wechsel der Lebenssituation für die Mehrheit der Mitglieder einer Gesellschaft zu verwechseln. Hier wirkt ein Trägheitsgesetz der Entwicklung, das alte Muster „massenhaft" tradiert. Wir unterscheiden fünf Phasen: Die Gründungsphase (junge Ein- oder Zwei–Personen– Haushalte ohne Kinder), die Phase der Expansion (Haushalte mit kleinen Kindern, „unvollständige" Haushalte), die Konsolidierungsphase (Haushalte mit älteren Kindern, Jugendliche), die Stagnationsphase (Haushalte mit erwachsenen Kindern) und die Altersphase (ältere Ein–und Zwei–Personen–Haushalte). Ohne jeden Zweifel kann diese Typologie gerade neue Formen nur unbefriedigend widerspiegeln, doch haben wir den Eindruck, daß wir die Mehrzahl der Phänomene damit richtig erfassen. So zeigt es sich zum Beispiel, daß in der Gründungsphase der Wohnungswechsel häufig mit einer Veränderung der Lebensorganisation verbunden ist (in 54.6% der Fälle). Umzug heißt in dieser Phase in der Tat häufig Haushaltsneugründung (35.5%), die Gründung einer Wohngemeinschaft (12.8%) oder die Teilung eines existierenden Haushaltes (4.5%). In allen anderen Lebensphasen bedeutet Umzug weit seltener eine Veränderung der Haushaltsorganisation (die Werte liegen zwischen 12% und 18%). Wir sind also der Meinung, daß die hier gewählte Typologie aussagefähig ist.

Wenden wir uns dem zweiten Problem dieses Abschnittes zu. Was bedeutet es eigentlich, von Chancen auf dem Wohnungsmarkt zu reden. Sicherlich kann man auch hier ganz unterschiedliche Vorstellungen haben, etwa die, wie schnell man eine annehmbare Wohnung finden kann. Wir konzentrieren uns dagegen ganz auf die Frage, wie günstig ist die Wohnung, die man finden konnte? Dabei unterscheiden wir zwischen der Versorgungschance, die besagt, wie gut die Ausstattung der Wohnung und wie groß die Flächen sind. Zum zweiten untersuchen wir die Tauschposition, , d.h. wie viel wird für die neu gefundene Wohnung bezahlt, wie ist das Verhältnis von Preis und Qualität? Und schließlich fragen wir nach der räumlich bestimmten Marktchance, auf welchem Wohnungsteilmarkt findet welche Lebenszyklusphase eine Wohnung? Die Vielzahl der Analysen fassen wir in einer Tabelle zusammen.

Tabelle 1: Lebenszyklus und Chancen auf dem Wohnungsmarkt
   Untersuchung von 1982[2]

	Ausstattung[a]	Fläche[b]	Miete[c]	PQR[d]	Teilmarkt[e]	
					a	b
Gründung	57%	40qm	6,10 DM	1.38	36%	41%
Expansion	71%	28qm	5,29 DM	1.57	46%	46%
Konsolidierung	84%	33qm	5,36 DM	0.96	31%	60%
Stagnation	82%	39qm	5,43 DM	0.92	26%	68%
Alter	90%	42qm	5,43 DM	0.87	11%	85%

Mit einem Blick läßt sich nun feststellen, daß in fast allen Bereichen die Phasen, die am Beginn des Lebenszyklus stehen, relativ schlechte Chancen auf dem Wohnungsmarkt haben. Sie finden sich weniger häufig in gut ausgestatteten Wohnungen, in der Gründungsphase ist die Miete dafür hoch, die Relation von Qualität und Preis entsprechend ungünstig. Mit steigender Konsolidierung der Haushalte steigt die Chance, in dem günstigen Mittelschichtenmarkt eine Wohnung zu finden. Einzig bei der Flächenversorgung

---

[2]Erläuterungen zu der Tabelle:
a) Anteil der Haushalte, die in guter Ausstattung wohnen, d.h. in Wohnungen mit Zentralheizung, Bad und ohne wesentliche Schäden
b) Quadratmeter Wohnfläche pro Person
c) Nettomiete, d.h. Miete ohne Nebenkosten und Heizungskosten pro Quadratmeter
d) Preis–Qualitätsindex. Der Index setzt die Ausstattungsqualität in Bezug zur Nettomiete. Ein Wert von 1.0 bedeutet ein ausgeglichenes Preis–Qualitäts–Verhältnis, Werte unter „Eins" weisen auf eine positive Relation hin /Preiswürdigkeit, Werte über „Eins" weisen auf ungünstige Relationen hin.
e) Der erste Wert (a) ist der Anteil der Haushalte, der seine Wohnung in dem relativ teuren Unterschichtenmarkt gefunden hat, der zweite Wert (b) gibt den Anteil von Personen wider, die ihre Wohnung in dem günstigen Mittelschichtenmarkt gefunden haben. Die Differenz zu 100 bezieht sich auf den stabilen Oberschichtenmarkt.

stehen die Haushalte in der Gründungsphase besser da. Der Eindruck der Diskriminierung der jüngeren Lebenszyklusphasen verstärkt sich noch, wenn man den Zusammenhang zur Einkommensverteilung herstellt. Die Phasen der Haushaltsgründung und der Expansion haben deutlich geringere Haushaltsnettoeinkommen, zugleich besteht in diesem Lebensabschnitt ein hoher Ausstattungsbedarf (Möbel, Haushaltsgeräte etc.). In der Gründungsphase verdienen 17.4% der Haushalte weniger als DM 1.000 netto, in den anderen Phasen sinkt dieser Anteil bis auf 0.8% ab und steigt erst im Alter wieder auf 9.4% an. Ähnlich sind die Verhältnisse in den mittleren Einkommensgruppen. So ist die Gründungsphase in der Einkommensgruppe 2.501–3.500 DM mit 14.9% vertreten, die darauf folgenden Phasen mit 30 bzw. 31%. Allerdings gibt es auch hier wieder die schlechtere Einkommenssituation in der Altersphase. In Verbindung mit der Struktur des Wohnungsmarktes, seiner Gliederung in Teilmärkte, führt dies dazu, daß die Gründungsphase im Lebenszyklus die höchsten Quadratmetermieten zu zahlen hat (6,98 DM/qm im Vergleich zu durchschnittlich 5,46 DM/qm der andern Lebenszyklusphasen).

4. Gewinn und Verlust

Wir möchten die Untersuchung, wie Lebenszyklus und Wohnungsmarkt aufeinander bezogen sind, vertiefen, indem die Analyse nun den dynamischen Aspekt betont. Der Tauschprozeß auf dem Wohnungsmarkt äußert sich in Umzügen, im Wohnungswechsel. Wir fragen, wer gewinnt und wer verliert an Wohnqualität durch einen Wohnungswechsel? Wer muß für die neue Wohnung mehr, wer muß weniger zahlen, und wie verändert sich die Relation von Qualität und Preis? Spielt die Phase im Lebenszyklus bei diesem Verteilungsprozeß eine Rolle?

Es mag merkwürdig erscheinen, daß die Frage nach Gewinn und Verlust überhaupt gestellt wird. Wechselt nicht jeder seine Wohnung gerade, um seine Wohnsituation zu verbessern? Sicherlich ist subjektiv die Verbesserung der Wohnsituation ein wesentliches Motiv für den Umzug, doch von außen gesehen gibt es viele Gründe umzuziehen, die sich dem Motiv der Verbesserung der Wohnverhältnisse nicht zurechnen lassen. Betrachten wir den Haushalt als ein kleines soziales System, so lassen sich diese Gründe in exogene und endogene unterscheiden. Exogene Gründe sind zum Beispiel städtische Planungsmaßnahmen wie eine Stadterneuerung, Verkehrsbauten u.a. , aber auch Veränderungen der wirtschaftlichen Gesamtlage, die sich auf das Haushaltsbudget auswirken und so Umzüge erzwingen oder ermöglichen. Endogen sind Faktoren, die im sozialen System Haushalt selbst angesiedelt sind. Heirat und Scheidung, Geburt und Tod, Freundschaft und Feindschaft sind ausschlaggebende endogene Faktoren. Zum einen sind manche dieser Ereignisse und Gefühlslagen unmittelbar an Phasen im Lebenszyklus gebunden oder finden sich doch besonders häufig in der einen oder anderen Phase. Zum anderen ist das Handlungspotential in den einzelnen Lebenszyklusphasen unterschiedlich verteilt. Es ist in den Phasen der Gründung und der Expansion relativ gering, steigt dann allmählich an, um in vielen Fällen im Alter wieder abzunehmen. Unter Handlungspotential ist dabei nicht schlicht das Einkommen zu verstehen, auch wenn dies eine bedeutende Rolle spielt; dazu gehört auch die Kompetenz, seine Interessen zu erkennen, sich auszudrücken, die Kenntnis von Problemlösungsstrategien, das Maß an Ich–Stärke. Wie man sich erinnert, spielt das Handlungspotential auch eine entscheidende Rolle in der Konstituierung mobiler bzw. stabiler Wohnbezirke, ein Faktum, das seinerseits für die Herausbildung von Wohnungsteilmärkten bedeutsam ist. Wir behaupten also, daß das Handlungspotential zum einen die Wahrscheinlichkeit der Mobilität, die Wahrscheinlichkeit eines Wohnungswechsels, bestimmt und zugleich die Position in dem Verteilungssystem von Gewinn und Verlust beeinflußt.

Bevor wir uns der empirischen Untersuchung dieser Frage zuwenden, soll die Struktur des Verteilungssystems, das bei Wohnungswechsel entsteht, aufgezeigt werden. Gewinn und Verlust lassen sich empirisch feststellen, indem man die Wohnsituation vor dem Umzug mit der nach dem Umzug vergleicht. Wie groß war die alte Wohnung und wie groß ist die neue, wie war die Ausstattung der alten Wohnungen und wie ist die der neuen, wie sind die Mieten vorher und nachher, und wie verändert sich die Relation von Qualität und Preis? Um die quantitative Struktur deutlich zu erkennen, werden alle Haushalte der Gruppe der Verlierer zugeordnet, wenn sich in der jeweiligen Dimension ihre Situation verschlechtert hat, in die der Gewinner, wenn sie sich verbessert hat und in die der Neutralen, wenn die Situation (mehr oder weniger) gleich geblieben ist. Die Tabelle 2 zeigt die Ergebnisse einer derartigen Untersuchung für einige Kennzeichnungen der Wohnungsqualität.

Tabelle 2: Gewinn und Verlust bei ausgewählten Dimensionen
der Wohnqualität in %

	Gewinner	gleich gebl.	Verlierer
Wohnungsgröße in qm	60, 4	19, 3	20, 4
Wohnausstattung (Index)	73, 5	12, 5	14, 0
Mängel (Index)	50, 6	28, 5	20, 9
zusätzliche Abstellräume	53, 4	30, 0	16, 6
Freiflächen (Index)	61, 9	21, 2	16, 9

Wir sehen, daß sich der Anteil von Haushalten, die Verluste hinnehmen müssen, zwischen 14% und 20% bewegt. Die Haupttendenz der Verteilungsstruktur ist also in der Tat so, wie sie sich in unserem Bewußtsein in der Regel präsentiert. Durch Umzug verbessern sich die Wohnverhältnisse. Bei einer respektablen Minderheit von Haushalten ist dies jedoch in der einen oder anderen Qualitätsdimension nicht der Fall. Ähnliches zeigt sich auch bei den Mieten, nur ist die Richtung dort umgekehrt. Während sich durch den Umzug bei 71% der Haushalte die Miete erhöht, verringert sie sich bei einer Minderheit von 20%, bei 9% bleibt sie mehr oder weniger gleich. Die Relation von Qualität und Preis verschlechtert sich durch einen Umzug bei einem knappen Drittel aller Haushalte (32.5%). Man kann also festhalten, daß sich empirisch in der Tat eine Verteilungsstruktur feststellen läßt und daß sie sich auf die zentrale Größe der Relation von Qualität und Preis bezogen nach Gewinn und Verlust im Verhältnis von 2 zu 1 darstellt.

Für die Untersuchung der Frage, welche Bedeutung die Stellung im Lebenszyklus in diesem Verteilungssystem hat, benutzen wir eine Varianzanalyse. Dadurch wird die Analyse selbst verfeinert und die statistische Überprüfung erleichtert, zugleich büßt sie an Anschaulichkeit ein. Die Verteilung wird nicht mehr durch die notgedrungen grobe Zuordnung zu Kategorien von Verlust und Gewinn bestimmt, sondern durch für die einzelnen Lebenszyklusphasen gemittelte Werte. In der Mittelung verschwindet die kategoriale Klarheit von Gewinn und Verlust zugunsten eines exakteren Mehr oder Weniger (an Wohnqualität oder Miete).

Tabelle 3: Die Veränderung der Wohnqualität nach Phasen des Lebenszyklus (Vergleich Vorwohnung und aktueller Wohnung, Differenzenmaße)

	Fläche in qm	Ausstattung	Freiflächen
Gründung	10,5	11,77	3,3
Expansion	23,4	19,01	7,9
Konsolidierung	21,0	20,22	8,6
Stagnation	14,7	21,7	10,0
Alter	- 9,2	23,8	7,8
F–Wert	16,5	8,1	12,7
Sign.	0,0000	0,000	0,0000

Lebenszyklus hat einen statistisch signifikanten Einfluß auf die Verteilungsergebnisse. Die Werte für Ausstattung der Wohnung, die Versogung mit Freiflächen und Wohnungsgrößen sind in der Gründungsphase immer geringer als in allen anderen Phasen. Zugleich zeigt sich der nun schon bekannte Effekt, daß es, wenn überhaupt, noch einmal in der Altersphase zu Verschlechterungen kommt. Wohnungswechsel bringt in den jüngeren Lebenszyklusphasen an Wohnqualität weniger als dies in den übrigen Phasen der Fall ist. Die Tabelle 4 zeigt, daß dies für die Wohnkosten nicht, für die Veränderung der Relation von Qualität und Preis nur zum Teil gilt. Nur bei der Relation der Gesamtkosten für die Wohnung (einschließlich Heizung und Nebenkosten) zu den Ausstattungseigenschaften der Wohnung ist die Benachteiligung der jüngeren Phasen (Gründung, Expansion und Konsolidierung) deutlich.

Tabelle 4: Lebenszyklus und die Veränderung von Mieten und Preis–Qualitäts–Relationen bei Umzug[3]

	Gesamtmiete (DM)	Nettomiete (DM/qm)	PQ[a)]	PQ[b)]
Gründung	45,1	0,76	1,38	- 33,3
Expansion	62,1	0,65	1,57	- 19,9
Konsolidierung	92,8	0,95	0,96	- 9,9
Stagnation	71,6	0,94	0,92	- 5,3
Alter	13,0	0,44	0,87	7,8
F–Wert	1,8	0,7	1,5	2,3
Sign.	0,12	0,58	0,18	0,05

Dieses unserer These eher relativierende Ergebnis führt die Analyse zu einem wichtigen Argument, mit dem wir unsere kleine empirische Untersuchung über die Bedeutung der Lebenszyklusphasen für die Chancen eines Haushaltes auf dem Wohnungsmarkt abschließen. Der Lebenszyklus ist für die Bestimmung der Lage und der Chance eines Haushaltes auf dem Wohnungsmarkt ein wichtiger, aber eben doch nur ein Faktor. Die Chance, an eine gute oder an eine schlechte Wohnung zu kommen, preiswert oder teuer zu mieten, ist neben dem Lebenszyklus durch eine Vielzahl weiterer Faktoren bestimmt. Der Verteilungsmodus auf dem Wohnungsmarkt ist komplex, staatliche Politik (Sozialer Wohnungsbau, Mietgesetze) ist daran genauso beteiligt wie die soziale Organisation des städtischen Raumes. Bei den eher individuellen Verteilungsmodi spielen die Schichtzugehörigkeit, das Einkommen, die Handlungskompetenz und die Haushaltsgröße eine wichtige Rolle. Führt man eine multivariate Analyse durch, die alle individuellen Verteilungsmodi in einer Kovarianzanalyse auf die Höhe der Mietsteigerung

---

[3]Erläuterungen zu der Tabelle
a) Relation von Nettomiete pro qm zu Wohnungsausstattung
b) Relation von Gesamtmiete (absolut) zu Wohnungsausstattung

bzw. Senkung und die Preis–Qualitäts–Relation bezieht, so erweist sich die Haushaltsgröße als der bedeutsamste Faktor. Je größer ein Haushalt ist, desto schlechter sind seine Chancen auf dem Wohnungsmarkt. Das heißt keineswegs, daß die Phase im Lebenszyklus unbedeutend wäre, doch wird deutlich, daß es sich um einen neben anderen Verteilungsmodi handelt.

5. Individuelle und kollektive Mechanismen des Tausches

Die bislang vorgestellten theoretischen Überlegungen und empirischen Hinweise sollen deutlich machen, daß der Lebenszyklus für das Geschehen auf dem Wohnungsmarkt seine Bedeutung gewinnt, weil sich in ihm individuelle und kollektive Mechanismen des Tausches verbinden. Die Veränderung von Haushalten im Lebenszyklus wird für und auf dem Wohnungsmarkt bedeutsam, weil eine individualistische Kultur und durch Modernisierungsprozesse bestimmte Schübe der Individualisierung eine Übersetzung in Raumansprüche bewirkt. Die Bewegung im Lebenszyklus wird auf den Raum projiziert zu einem Prozeß stets neuer Absonderungen und Grenzziehungen. Konkret äußert sich dies in einer Nachfrage nach anderen, größeren oder kleineren, komfortableren oder einfacheren Wohnungen in stets qualitativ unterschiedenen Stadträumen. Alt trennt sich von Jung, junge Familien mit Kindern von denen ohne Kinder... Dies kann man einen kollektiven Mechanismus des Tausches nennen. Auf der individuellen Ebene verbindet sich die Veränderung im Lebenszyklus mit einer Zu– und Abnahme von Handlungskompetenz. Sicherlich ist die Stellung im Lebenszyklus nicht die einzige Bedingung für das Maß von Handlungskompetenz und doch eine wichtige; vor allem, wenn sie im Zusammenhang mit anderen Verteilungsmodi gesehen wird. Die kollektiven und die individuellen Mechanismen des Tausches treffen im städtischen Raum auf eine spezifische Organisationsform des Marktes. Die unterschiedliche Verteilung der Handlungskompetenz bei den Haushalten einer Stadt konstituiert mobile und stabile Quartiere und Märkte. Das „Gesetz" des anonymen und des personalisierten Tausches übersetzt dies in den Preisbildungsprozeß. Teilmärkte bilden sich heraus und werden durch die Schichtstruktur stabilisiert. Über die Teilmärkte verfestigt sich stadträumlich, was sonst nur individuell zuordenbar wäre. Die Haushalte mit den schlechteren Chancen der Wohnversorgung häufen sich in einem Raum, die mit den besseren in einem anderen. Auf diese Weise kristallisieren sich im Lebenslauf kollektive und individuelle Mechanismen des Tausches. Empirisch äußert sie dies in einem spezifischen Muster von Diskriminierung und Privilegierung.

Literaturverzeichnis

BECK, U., BRATER, M. 1978: Berufliche Arbeitsteilung und soziale Ungleichheit. Eine gesellschaftlich historische Theorie der Berufe. Frankfurt a.M.

BECK, U. 1986: Risikogesellschaft, Frankfurt a.M.

BERGER, J. 1986: Die Moderne–Kontinuitäten und Zäsuren, Soziale Welt Sonderband 4, Göttingen

GODELIER, M. 1972: Ökonomische Anthropologie, Reinbek

HERLYN, U. (Hg.) 1980: Großstadtstrukturen und ungleiche Lebensbedingungen in der Bundesrepublik, Frankfurt a.M.

IPSEN, D., GLASAUER, H., LASCH, V. 1986: Raum und Markt. Die Verteilungswirkungen wohnungspolitischer Subventionsformen im städtischen Raum, Frankfurt a.M.

KOHLI, M. 1986: Gesellschaftszeit und Lebenszeit, in: BERGER J.: Die Moderne–Kontinuitäten und Zäsuren, Soziale Welt Sonderband 4, Göttingen

RATCLIFF, R. 1949: Urban Land Economics, New York

Aktionsräume von Stadtbewohnern verschiedener Lebensphasen

Jürgen Friedrichs

1. Einleitung

Der Lebenslauf einer Person ist mit der Stadt, in der sie wohnt, auf vielfältige Weise verbunden. Eine Person wird im Verlaufe des Lebens die Stadt auf jeweils andere Weise wahrnehmen und benutzen. Dieser Zusammenhang von Lebenslauf und Stadtbenutzung wird vor allem von einer Forschungsrichtung untersucht, in der sowohl Soziologen als auch Geographen und Psychologen arbeiten: der Aktionsraumforschung. Sie fragt danach, wer wann und wie oft welche Aktivitäten wo ausübt. Diese Fragen lassen sich nicht direkt für die unterschiedlichen Phasen des Lebenslaufes beantworten, da z.b. die Art und die Häufigkeit, mit der eine Aktivität ausgeübt wird, auch von anderen Merkmalen als denen des Lebenslaufes abhängt, so u.a. dem Einkommen einer Person oder der Lage von Gelegenheiten.

Ich stelle daher zunächst die grundlegenden Elemente der Aktionsraumforschung und einige ihrer zentralen Hypothesen dar. Im zweiten Abschnitt wird die unterschiedliche Wahrnehmung und Benutzung der Stadt behandelt, im dritten der Zusammenhang von Lebenslauf und Aktionsräumen.

2. Aktivitäten, Gelegenheiten und Aktionsräume

2.1 Elemente der Theorie

Um die Aktionsräume von Personen zu untersuchen, verwenden wir folgende Elemente:

- die Merkmale einer Person wie Geschlecht, Alter, Verfügung über einen Pkw, Einkommen;
- die Aktivitäten;
- die Gelegenheiten, die erforderlich sind, um eine Aktivität auszuüben.

Die *Merkmale einer Person* sind das komplizierteste Element in der Theorie. Die grundlegende Annahme ist, daß Personen unterschiedlichen Alters, Geschlechts, Einkommens, Erwerbstätigkeit und verfügbarer Zeit unterschiedliche Wünsche („Bedürfnisse", „Motive") haben, die zu unterschiedlichen Aktivitäten führen (AKADEMIE 1980; CHAPIN/FOERSTER 1975; DANGSCHAT et al. 1982; FRIEDRICHS 1983; SAS 1979). Dabei wird man unter Umständen auch nach jenen Aktivitäten fragen, die jemand ausüben möchte, faktisch aber nicht ausübt.

Wir gehen demzufolge nicht von Merkmalen aus, sondern von Aktivitäten und fragen dann, welche Merkmale Personen haben, die die Aktivität X ausüben. Anzahl, Art und Häufigkeit von Aktivitäten werden also durch Merkmale der Person erklärt.

Das zweite Element der Theorie sind die *Aktivitäten*. Unter Aktivitäten werden alle Tätigkeiten von Personen verstanden, die sie ausüben wollen oder müssen. Solche Aktivitäten sind: Schlafen, Essen, Sich–Vergnügen, Arbeiten, Sport treiben, Sich–Bilden usw. Oft werden Aktivitäten auch nach der Art der Gelegenheit bezeichnet, in der sie ausgeübt werden, so z.B. ins Kino, ins Theater, zum Arzt, zur Bank gehen.

Jede Aktivität wird an einem Ort ausgeübt. Um Aktivitäten auszuüben, bedarf es der *Gelegenheiten*; sie sind das dritte Element in der Theorie. Unter „Gelegenheiten" seien öffentliche und private Einrichtungen verstanden, z.B. Museen, Theater, Postämter, Rathaus, Sportplätze. Diese Gelegenheiten sind Gebäude oder Flächen. Im Sinne unserer Frage nach den Aktionsräume bzw. der Art und Weise, wie die Stadt benutzt wird, sind die wichtigsten Merkmale der Gelegenheiten ihre Lage in der Stadt, ihre Zugänglichkeit, sowie die Art und Zahl der Aktivitäten, die in ihnen ausgeübt werden können. Mit *Lage* ist gemeint: Wo in der Stadt gibt es welche Art von Gelegenheiten, z.B. Sportplätze, Kinos? Wie gut sind diese Gelegenheiten zu erreichen – zu Fuß, mit dem Pkw, mit einem öffentlichen Verkehrsmittel?

Mit *Zugänglichkeit* ist gemeint: Wann und für wen ist eine Gelegenheit geöffnet? So können Einzelhandelsgeschäfte von 7.00 bis 18.30 geöffnet sein, können aber auch mittags geschlossen sein. Für wen sind sie geöffnet? Eine Tennisanlage kann für alle, die einen Platz mieten wollen oder aber nur für Clubmitglieder zugänglich sein. Es handelt sich hierbei um Beschränkungen oder „constraints" (HÄGERSTRAND 1970) des Handlungsspielraums von Personen.

Um für eine Person die Abfolge ihrer Aktivitäten (einschließlich der Fahrten) in allen Orten an einem Tag grafisch darzustellen, bedient man sich der in der Zeit–Geographie (u.a. CARLSTEIN/PARKES/THRIFT 1978) entwickelten Form der Raum–Zeit–Pfade. Sie zeigt Abbildung 1 am Beispiel von drei Mitgliedern einer Familie. Eingezeichnet sind auch die Zeiten und Orte, an denen eine der drei Personen mit anderen Personen zusammentraf. (Die bei dem Sohn fehlende Zeit von 13–17 Uhr ist der Besuch eines Freundes.)

Abbildung 1: Tagesablauf von drei Mitgliedern einer Familie, dargestellt als Raum-Zeit-Pfade

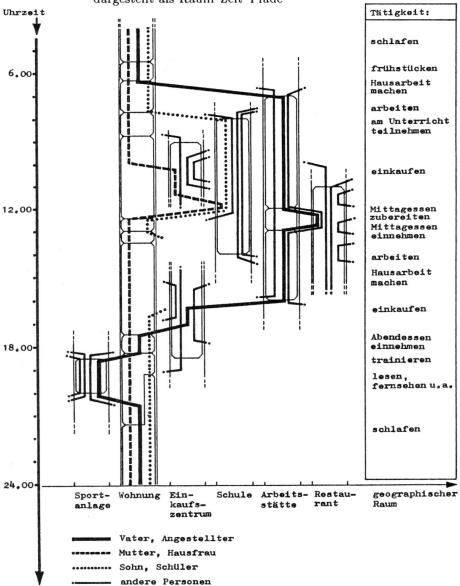

Quelle: HEUWINKEL 1981, S. 27.

2.2 Methodische Probleme

Es ist offenkundig, daß die Zahl der Aktivitäten wächst, je feiner wir sie unterteilen. Die Aktivität „Lesen" kann sich auf Bücher, Zeitschriften und Zeitungen beziehen. Trennt man also nach dem Medium, so ergeben sich drei Aktivitäten. Die Aktivität „sich entspannen" kann als Untergruppe „Film sehen" enthalten, diese wiederum kann in Form eines Kinobesuchs, des Sehens eines ausgeliehenen Videofilms oder des Sehens eines Films im Fernsehen vor sich gehen. Die Genauigkeit, mit der Aktivitäten klassifiziert werden, führt auch zu unterschiedlichen Formen und Gelegenheiten, die Aktivität auszuüben.

Ebenso lassen sich Gelegenheiten grob und fein klassifizieren. Die Aktionsraumforschung hat demnach das Problem, ihre Untersuchungen mit unterschiedlich ausführlichen Listen von Aktivitäten und Gelegenheiten durchzuführen, was die Vergleichbarkeit der Ergebnisse mindert. In Verkehrsstudien werden meist nur fünf Aktivitäten verwendet (u.a. HEUWINKEL 1981), spezielle Aktionsraumstudien verwenden 13 (CHAPIN 1974) oder 25 (DANGSCHAT et al. 1982) Aktivitäten.

Ein weiteres Problem ist die Art, wie die Aktionsräume empirisch ermittelt werden. Nehmen wir an, die Probleme der Anzahl der Aktivitäten und der Gelegenheiten, also die Klassifikationsprobleme, seien gelöst. Es ist dann noch zu bestimmen, welche Aktivitäten zugelassen werden sollen, um von einem Aktionsraum zu sprechen. Dies hängt von der Häufigkeit ab, mit der eine Aktivität ausgeübt wird. Einige werden täglich ausgeübt (Essen, Arbeiten), einige fast täglich (Einkaufen), einige selten (eine politische Veranstaltung besuchen, ins Kino gehen), andere sehr selten oder gar nicht (ein Buch aus einer öffentlichen Bücherhalle ausleihen, ein Fußballspiel im Stadion miterleben, eine Ausstellung in einer fremden Stadt besuchen). Welche Aktivität jeweils häufig, selten oder gar nicht ausgeübt wird, hängt von der Person ab. Daher wird der Forscher eine Regel einführen, welche Aktivitäten aufgenommen werden sollen: z.b. nur solche Aktivitäten einer Person, die sie mindestens einmal in sechs Monaten augeübt hat.

Die Erhebung selbst kann auf unterschiedliche Weise erfolgen. Dies geschieht entweder in Form eines Tagebuchs, das Personen zu führen haben, oder durch ein Interview mit einem standardisierten Fragebogen. Im letzteren Fall wird der befragten Person ein Blatt mit einem Raster vorgelegt, in das sie chronologisch Zeiten, Aktivitäten und Orte einträgt. Sie gibt an, was sie um 8.00, 8.15, 8.30 etc. getan hat, wo sie die Aktivität ausgeübt hat (Ort, mitunter auch Gelegenheit) und wie sie dorthin gekommen ist (vgl. hierzu ausführlich: BLASS 1980).

2.3 Die Beziehung zwischen Aktivitäten und Gelegenheiten

Wie sich erkennen läßt, gibt es keine eindeutige Zuordnung von Aktivitäten und Gelegenheiten in dem Sinne, daß *eine* Aktivität nur in *einer* Gelegenheit ausgeübt werden kann (vgl. DANGSCHAT et al. 1982, S. 29 f.). Je nach Feinheit der Klassifikation von Aktivitäten und Gelegenheiten wird man feststellen, daß sich eine Aktivität in mehreren Gelegenheiten ausüben läßt. Fitness betreiben kann man zuhause, aber auch in einem Fitness–Center. Einen Film kann man im Kino oder zuhause sehen, Bankgeschäfte kann man von zuhause via Bildschirmtext (BTX) oder in der Bank erledigen; Essen schließlich kann man in ganz verschiedenen Gelegenheiten: zuhause, in einem Imbiß auf der Straße, in einem Warenhaus, im Restaurant. Das letztgenannte Beispiel des Essens zeigt auch den entgegengesetzten Fall: In einer Gelegenheit können mehrere Aktivitäten ausgeübt werden, z.B. in einem Warenhaus oder in der Wohnung. So zeigt der Beitrag von ZEIHER, daß für Kinder die Wohnung mehr Gelegenheiten bietet als die Räume außerhalb der Wohnung.

2.4 Disparitäten

Die Lage der Gelegenheiten in einer Stadt beeinflußt die Aktivitäten der Bewohner. In allen bislang untersuchten Städten sind die Gelegenheiten nicht gleich über die Stadt verteilt, also nicht proportional zur Zahl der Einwohner in den städtischen Teilgebieten. Die Verteilung wäre gleich, wenn die Zahl der Krankenbetten, Allgemeinmediziner, Postämter, Sportplätze, Bücherhallen etc. pro Einwohner in jedem städtischen Teilgebiet gleich wäre. Das ist nicht der Fall, wie u.a. die Studien von GÖSCHEL et al. (1977, 1979, 1980 a) für zwölf Großstädte in der Bundesrepublik gezeigt haben.

So fanden die Autoren (GÖSCHEL et al. 1979, S. 261; 1980 a) in den zwölf Großstädten in den Arbeitervierteln weniger Schulen, Ärzte und Grünflächen als in bürgerlichen Wohnvierteln. Ferner ergab eine Analyse der Teilgebiete von Braunschweig unter anderem, daß Gebiete mit einem hohen Arbeiteranteil schlechter mit Kindergärten ausgestattet waren als Gebiete mit einem durchschnittlichen oder niedrigeren Arbeiteranteil (GÖSCHEL et al. 1977, S. 129 ff.). Die Auswirkungen einer schlechten Ausstattung des Wohngebietes auf die Aktivitäten der Bewohner zeigt auch der Beitrag über Neubausiedlungen von HERLYN in diesem Band.

Ist ein Wohngebiet schlecht ausgestattet, so hat dies eine erhöhte Belastung der Bewohner zur Folge. Die Belastung zeigt sich in

- einem erhöhten Zeitaufwand für Wege oder Fahrten;
- einer größeren Gesamtentfernung der aufgesuchten Gelegenheiten;

- einem höheren Anteil der im Wohnviertel und in der Wohnung ausgeübten Aktivitäten an allen Aktivitäten.

Diese Ergebnisse berichtet HEUWINKEL (1981, S. 152 u. S. 203) in seiner Studie über sieben Wohngebiete in Berlin. Sie bestätigten sich in der Studie von DANGSCHAT et al. (1982), in der elf Wohngebiete in Hamburg und sechs im Hamburger Umland untersucht wurden. Hier konnte der Zusammenhang von Ausstattung und einzelnen Aktivitäten untersucht werden. Der Zusammenhang zwischen objektiver Ausstattung (Vorhandensein der Gelegenheit) und der mittleren Wegzeit zum Ort der Aktivität betrug:

sonstige Läden	–	Einkaufen:	r =	–.64,
Gaststätten	–	Ausgehen :	r =	–.46,
Parks/Grünanlagen	–	Erholen im Freien:	r =	.05.

Die hohen negativen Korrelationskoeffizienten zeigen, daß je besser die Ausstattung ist, desto niedriger auch der Zeitaufwand ist, um die Aktivität in der Gelegenheit auszuüben. Eine gute Ausstattung steigert die Neigung, eine Aktivität auszuüben, da die Erreichbarkeit der Gelegenheit hoch ist. Entsprechend sind bei Bewohnern solcher Wohnviertel die Entfernungen zu den aufgesuchten Gelegenheiten niedrig (vgl. BECKER 1977, S. 236; HEIDEMANN/STAPF 1969, S. 56; KLINGBEIL 1978).

Eine derart gleiche Verteilung wäre jedoch noch keine „gerechte", worauf vor allem GÖSCHEL et al. (1980 b, 1980 c) hinweisen. Wenn nämlich Wohngebiete mit einem hohen Anteil von Einwohnern der Unterschicht schlecht ausgestattet sind, so werden ihre ohnehin ungünstigen Lebensbedingungen nochmals eingeschränkt: Sie können weniger Aktivitäten ausüben, weil es an den geeigneten Gelegenheiten in räumlicher Nähe fehlt und sie dies nicht durch Fahrten mit dem Pkw wettmachen können. Faktisch besteht also eine doppelte Disparität von Lebenschancen und Ausstattung der Wohngebiete.

Diese Hypothese der doppelten Disparität hat sich in der Hamburger Studie für Neubaugebiete mit einem hohen Arbeiteranteil nicht nachweisen lassen. Sie waren besser ausgestattet als Wohngebiete der oberen Mittelschicht und der Oberschicht.

Die Disparitäten–Hypothese ist damit nicht widerlegt. Ihre Fruchtbarkeit für die Forschung und ihr praktischer Nutzen für die Stadtplanung liegen vor allem in einer ihr zugrundeliegenden Annahme: Je näher eine Gelegenheit zur Wohnung liegt, desto geringer ist der Aufwand, sie aufzusuchen; je geringer der Aufwand ist, desto eher wird eine in dieser Gelegenheit mögliche Aktivität auch von Personen im Einzugsgebiet der Gelegenheit ausgeübt (z.B. von Personen in einem Umkreis von zehn Minuten Fußweg). Ob diese Annahme empirisch zutrifft, ist aufgrund der bisherigen Forschungen nicht hinreichend zu entscheiden. Sie ist auch nur eine von insgesamt drei möglichen Reaktionen auf fehlende Gelegenheiten (FRIEDRICHS 1983, S. 314; HEUWINKEL 1981, S. 149; SAS 1979). Neben dieser

- Verzichts – oder Restriktions–Hypothese (keine Aktivität aufgrund fehlender Gelegenheit)

gibt es noch zwei weitere:

- die Kompensationshypothese, d.h. wenn die für eine Aktivität erforderliche Gelegenheit in einem Wohngebiet fehlt, fahren Personen zu einer entfernten Gelegenheit;
- die Verlagerungshypothese, d.h. statt der gewünschten Aktivität wird eine ähnliche ausgeübt, für die eine entsprechende Gelegenheit mit geringerem Aufwand erreicht werden kann.

Die Ergebnisse von Studien in Wohngebieten Berlins (HEUWINKEL 1981), Bremens (HAUBOLD 1976), Hamburgs (DANGSCHAT et al. 1982 und Münchens (KLINGBEIL 1978), sowie verschiedene Großstädte (GÖSCHEL et al. 1979; HERLYN 1980) zeigen, daß für Angehörige der Unterschicht eher die Restriktionshypothese gilt, für Angehörige der Mittel– und Oberschicht eher die Kompensationshypothese. Bei gleicher Ausstattung unterscheiden sich die Aktivitätshäufigkeiten nicht, bei geringerer sind in Arbeitervierteln die Aktivitäten bzw. ist die Benutzung von Gelegenheiten geringer. Haushalte der Mittel– und Oberschicht kompensieren Ausstattungsmängel. Sie verfügen über ein höheres Einkommen, mithin häufiger über einen (oder mehrere) Pkw, was ihnen gestattet, weiter entfernte Gelegenheiten aufzusuchen.

3. Objektiver und subjektiver Stadtplan, Aktionsraum

Jede Stadt läßt sich durch ihre Topographie, ihr Straßennetz, ihr Netz von öffentlichen Transportmitteln (U–Bahn, Bus, Straßenbahn) und die Art und Verteilung von Gelegenheiten beschreiben. Das Ergebnis ist ein objektiver Stadtplan, der alle wichtigen Merkmale enthält, um den Bewohnern und den Touristen zu ermöglichen, sich zurechtzufinden.

Kein Bewohner wird jedoch alle Teile der Stadt kennen. Mithin kennt er weder alle Arten von Gelegenheiten, noch alle Gelegenheiten einer Art. Wer weiß schon, wo sich alle Kinos, Sportplätze, Krankenhäuser oder gar Kneipen und Reinigungen in einer Stadt befinden? Vermutlich kennen wir nicht einmal alle Gelegenheiten, die sich in unserem Wohnviertel befinden oder in dem Gebiet, das sich in fünf Minuten Fußweg von unserer Wohnung in alle Richtungen erstreckt. Beides, Stadt und Viertel, vollständig zu kennen, ist auch wahrscheinlich überhaupt nicht erforderlich. Ein gutes Beispiel für sehr spezielle subjektive Stadtpläne gibt der Beitrag von GIESBRECHT, in dem die Probleme der Nichtseßhaften dargestellt werden.

Den Teil der Stadt, den ein Bewohner kennt, bezeichnen wir als seinen „subjektiven Stadtplan". Er ist eine Teilmenge des objektiven Stadtplans, wobei der Maßstab uneinheitlich verzerrt ist, wie wir aus zahlreichen Forschungen über derartige kognitive Karten wissen (u.a. DOWNS/STEA 1977; LYNCH 1965). Aber auch von diesem subjektiven Stadtplan benutzt der Stadtbewohner wiederum nur einen Teil, dieser wird als Aktionsraum bezeichnet.

Der *Aktionsraum* einer *Person* ist die Menge aller von ihr in einem definierten Zeitraum aufgesuchten Orte in einer Stadt (oder einem Gebiet). „Definierter Zeitraum" heißt dabei z.B. alle Aktivitäten innerhalb der letzten sechs Monate; „regelmäßig", daß nur solche Aktivitäten berücksichtigt werden, die mit einer festgesetzten Häufigkeit ausgeübt werden, z.B. einmal im Monat. Berechnet man die Aktionsräume für *Personengruppen*, z.B. für Hausfrauen, so gibt es zwei Formen der Berechnung: man kann die Entfernung der aufgesuchten Gelegenheiten für alle Personen dieser Gruppe berechnen, oder für jene in der Gruppe, die diese Aktivität auch tatsächlich ausgeübt haben. Im ersteren Falle wird der Mittelwert der Entfernung niedriger sein als im zweiten.

Wie entstehen nun subjektive Stadtpläne und Aktionsräume? Auf diese Frage gibt es keine wissenschaftlich vollständigen Antworten. Es ist allerdings gesichert, daß sich die Aktionsräume aus dem Wunsch, bestimmte Aktivitäten auszuüben, bilden. Sie bleiben dann relativ lange stabil, da man nur in längeren Zeitabschnitten Entscheidungen über Aktivitäten, Wege und aufzusuchende Gelegenheiten trifft, kurzfristig jedoch das Handeln weitgehend einer Routine unterliegt (CULLEN/GODSON 1975; HENSHER 1976). Der Aktionsraum von Kindern läßt sich, wie der Beitrag von ZEIHER zeigt, zunächst als eine „aktive Verinselung" kennzeichnen; er vergrößert sich mit zunehmendem Alter.

Veränderungen treten dann ein, wenn a) sich die Wünsche ändern und neue Aktivitäten ausgeübt werden, b) neue Gelegenheiten in den subjektiven Stadtplan aufgenommen werden *und* vorteilhafter zu benutzen sind als die bisherigen, c) das Individuum zu anderen Aktivitäten gezwungen wird z.B. durch die Geburt eines Kindes oder durch Krankheit. Das Kind führt unter anderem dazu, Kinderspielplätze und Läden für Kinderbekleidung zu suchen; die Krankheit führt zur Suche nach einem geeigneten Krankenhaus und/oder einem Facharzt und/oder zur Wahrnehmung von Apotheken in der Nähe der Wohnung.

Ändert sich die Lage der Wohnung durch einen Umzug, ändert sich die Lage der Arbeitsstätte oder lernt man neue Freunde kennen, so ändern sich

168

auch die Wege. Man lernt bislang unbekannte Teile der Stadt kennen. Der subjektive Stadtplan erweitert sich und nimmt Elemente des objektiven auf. Dabei wird man auch neue Gelegenheiten wahrnehmen. Ist die Abwägung von Kosten und Nutzen gegenüber bisher aufgesuchten Gelegenheiten positiv für die neuen Gelegenheiten, so wird eine Person letztere benutzen. Sie wird ihre Aktivitäten in anderen Gelegenheiten der gleichen Art ausüben oder sogar neue Aktivitäten ausüben. Dieser Fall kann eintreten, wenn eine Videothek neben der Arbeitsstätte oder auf der Strecke Arbeitsstätte–Wohnung liegt und man dort Filme ausleiht.

Diese alltäglichen Beispiele beschreiben unsere selektive Art, die Stadt zu benutzen. Aufgrund der Forschungsergebnisse lassen sich die Zusammenhänge von Merkmalen der Person, Aktivitäten und Gelegenheiten genauer bestimmen. Folgende Hypothesen über die Struktur von Aktionsräumen haben sich bewährt:

- Personen versuchen, den Zeit–Kosten–Aufwand zu minimieren (ZIPF 1949).
- Personen wägen aufgrund ihrer Informationen über die Standorte von Gelegenheiten (subjektiver Stadtplan) jene Gelegenheit aus, in der der Nutzen, die Aktivität auszuüben, größer ist als die zeitlichen und monetären Kosten, die Gelegenheit zu erreichen.
- Die Kosten können durch Koppeln von Aktivitäten verringert werden. Personen versuchen daher, mehrere Aktivitäten zeitgünstig zu organisieren. Sie koppeln z.B. Erledigungen in einer Bank, in einer Reinigung und Einkäufe.
- Die hauptsächlichen Aktivitäten nach dem Ausmaß der für sie verwendeten Zeit finden in der Wohnung und in der Arbeitsstätte statt.
- Der Aktionsraum wird durch die Achse Wohnung–Arbeitsstätte strukturiert (FRIEDRICHS 1983; SCHWESIG 1985).
- Die Mehrzahl der Ausgänge (rd. 50%) dienen einem Zweck bzw. einer Aktivität (Einstationen–Ausgänge), rd. 25% dienen zwei, die restlichen drei und mehr Zwecken bzw. Aktivitäten (HERZ 1983; HEUWINKEL 1981).
- Personen fahren eher längere Wege mit *einem* öffentlichen Verkehrsmittel als umzusteigen.
- Je stärker eine Person an eine Aktivität gebunden ist, desto häufiger übt sie diese Aktivität aus.
- Je häufiger eine Aktivität ausgeübt wird, desto kürzer dauert die Aktivität (Ausnahme: Arbeiten).
- Je länger eine Aktivität dauert, desto größer ist die Entfernung zu der für sie aufgesuchten Gelegenheit.
- Je größer eine Stadt ist, desto geringer ist prozentual die Kenntnis der Stadt, die ein Bewohner von ihr hat.

4. Lebenslaufspezifische Aktionsräume

Nachdem die allgemeinen Merkmale von Aktionsräumen dargestellt wurden, wenden wir uns nun den lebenslauf-spezifischen zu. Die im folgenden berichteten Forschungsergebnisse unterliegen zwei Einschränkungen: 1. Die Forschungen über Lebensläufe haben eine Vielzahl von Ereignissen herausgestellt, die das Leben einer Person prägen, ihre Einstellungen und ihr Verhalten beeinflussen, z.B. Eintritt in das Berufsleben, Verlust eines Partners (FRIEDRICHS/KAMP 1978; KOHLI 1985 u. 1986). Die räumlichen Folgen aller Ereignisse sind kaum bekannt.

Es werden daher nicht Ereignisse, sondern Merkmale von Personen herangezogen, hiervon jene, die auch in der aktionsräumlichen Forschung verwendet werden: Alter, Familienstand und Kinder(zahl). Durch sie wird meist die Stellung einer Person im Lebenszyklus gekennzeichnet. 2. Wie die vorangegangene Darstellung gezeigt hat, hängen die Aktivitäten einer Person nicht nur von den eben aufgeführten drei Merkmalen ab, sondern auch von dem Geschlecht, der Tatsache, ob sie erwerbstätig oder in Ausbildung ist, dem sozialen Status (gemessen über die Höhe des Einkommens und/oder die Schulbildung und/oder den Berufsrang), sowie Verfügung über einen Pkw.

4.1 Lebenslauf und Aktionsraum

Die Wohnstandorte einer Person oder eines Haushaltes wechseln mit der Phase im Lebenslauf (WAGNER 1987 und in diesem Band). Jugendliche verlassen nach der Schulzeit das Elternhaus und suchen einen city-nahen Wohnstandort. Personen am Anfang ihrer Erwerbstätigkeit, zumal, wenn sie in eine fremde Stadt ziehen, suchen ebenfalls einen city-nahen Wohnstandort. Personen mit kleinen Kindern suchen eine Wohnung oder ein Haus an der Peripherie der Stadt oder im Umland, ältere Personen häufig einen Wohnstandort in der Nähe der Innenstadt. Auch unverheiratet Zusammenlebende oder Geschiedene (mit oder ohne Kinder) bevorzugen eine Wohnung nahe zur Innenstadt. Es besteht demnach eine räumliche Ungleichverteilung („Segregation") der Haushalte nach dem Alter, wie u.a. SCHÜTZ (1985) und der Beitrag von VASCOVICS in diesem Band nachweisen.

Die Wohnstandorte unterscheiden sich folglich nach der Entfernung zur Stadtmitte und dem Grad der Ausstattung des Wohnviertels. Hiermit sind, wie im Abschnitt 1.4 gezeigt wurde, auch unterschiedliche Möglichkeiten verbunden, Aktivitäten auszuüben. Mit steigender Entfernung der Wohnung von der Stadtmitte wird die objektive Ausstattung der Wohnviertel mit Gelegenheiten schlechter, so z.B. mit Stationen des öffentlichen Personen-Nahverkehrs, mit Läden und mit Gaststätten. Die Ausstattung wird auch schlechter beurteilt. So fanden DANGSCHAT et al. (1982) in Hamburg zwischen den Entfernungen des Wohnviertels der Befragten und ihrem Urteil über die Ausstattung mit Verkehrs–Stationen eine hohe negative Korrelation von r = –.71, selbst für die Entfernung zum nächsten Stadtteilzentrum betrug sie noch r = –.24.

Da die Stadtmitte, die Innenstadt, der Ort höchster Erreichbarkeit und der Ort der größten Vielfalt der Gelegenheiten ist, lassen sich hier auch umso mehr Aktivitäten mit zudem kürzeren Fahrten oder gar Fußwegen ausüben, je näher man zur Innenstadt wohnt. Im Gegensatz dazu ist der Zeit–Kosten–Aufwand für eine Aktivität bzw. das Aufsuchen einer Gelegenheit meist umso höher, je weiter der Wohnstandort von der Stadtmitte entfernt liegt.

Diese Beziehung gilt freilich nicht in allen Fällen. Zum einen gilt sie nicht für alle Aktivitäten/Gelegenheiten. Je peripherer der Wohnstandort ist, desto kürzer sind die Wege/Fahrten zu Parks/Grünanlagen und anderen Naherholungsgebieten. Zum anderen sind in allen Großstädten mit der Verlagerung der Bevölkerung in immer entferntere Zonen von der Stadtmitte auch Stadtteilzentren entstanden oder alte ausgebaut worden. Sie ersetzen nicht die Innenstadt, konkurrieren jedoch seit den 70er Jahren aufgrund der Breite und Tiefe des Waren- und z.T. auch des Dienstleistungsangebotes zunehmend mit der Innenstadt. Bis auf Kino, Theater und Museen sind in ihnen fast alle Gelegenheiten vorhanden, die bislang nur in der Innenstadt zu finden waren. Aus der monozentrischen Stadt ist eine polyzentrische geworden.

Demzufolge hat sich auch das Verhalten der Stadtbewohner geändert: So suchen in Hamburg, einer Stadt mit einer ausgeprägt polyzentrischen Struktur, die Bewohner die Stadtteilzentren im Vergleich zur Innenstadt im Verhältnis 3:1 auf (vgl. ausführlich: FRIEDRICHS/GOODMAN et al. 1987). Dies ist zugleich ein Beleg für die oben aufgeführte Hypothese, daß Personen versuchen, den Zeit–Kosten–Aufwand zu minimieren.

Wie sich diese Unterschiede auf die Aktivitäten auswirken, zeigen die Ergebnisse der Studie von DANGSCHAT et al. (1982) in der Region Hamburg. Die Hamburger Befragten verbrachten werktags durchschnittlich 8,2 Stunden außer Haus, die im Umland Befragten fast ebensoviel: 8,0 Stunden. Sonntags hingegen waren es 7,4 Stunden bei den Hamburgern, bei den im Umland Wohnenden nur 5,3 Stunden. Die gleichen Unterschiede ergaben sich auch für die Zahl der Aktivitäten: Sie waren werktags fast geringfügig höher bei den Hamburgern, am Sonntag übten die Hamburger 4,9 Aktivitäten zuhause, aber 1,8 außer Haus aus, die Bewohner des Umlandes 5,3 zuhause und 1,3 außer Haus. Der periphere Wohnstandort wirkt sich vor allem auf das Verhalten am Sonntag aus; die Bewohner des Umlandes bleiben mehr zuhause und üben dort mehr Aktivitäten aus.

Personen mit peripheren Wohnstandorten, wie solche mittleren Alters mit kleinen Kindern, üben weniger Aktivitäten und zudem weniger außerhäusliche Aktivitäten aus. Das kann sowohl eine Folge der Ausstattung des Wohngebietes als auch der Einschränkungen des Zeitbudgets durch die Kinder sein. Ferner wird der Aktionsraum durch die Verfügbarkeit über einen Pkw bestimmt: Wer über einen Pkw verfügt, kann Ausstattungsmängel durch längere Fahrten ausgleichen. Die Aktionsräume von Personen mit Pkw sind daher größer als die jener ohne Pkw.

Es ist anzunehmen, daß sich Personen bzw. Haushalte des unterschiedlichen Zeit–Kosten–Aufwandes bewußt sind, mit dem sich einzelne Aktivitäten von einem Wohnstandort aus ausüben lassen; sie wägen die Vor- und Nachteile des Standortes nach einem Kosten–Nutzen–Kalkül ab. Haushalte mit einem niedrigen Einkommen sind jedoch, aufgrund eines knappen Angebots an preiswerten Wohnungen, weniger in der Lage, eine Wohnung zu „wählen"; sie müssen daher die für sie eine schlechte Ausstattung und mithin Beschränkung ihrer Aktivitäten stärker in Kauf nehmen als Haushalte mit einem mittleren oder hohen Einkommen.

Ist eine absichtsvolle Wahl des Wohnstandortes möglich, so geschieht sie auch im Hinblick auf die (von) dort möglichen Aktivitäten. Personen oder Haushalte haben zu unterschiedlichen Phasen im Lebenslauf jeweils andere Präferenzen, welche Aktivitäten sie ausüben wollen. Junge Personen legen Wert darauf, rasch ein Kino oder eine Kneipe zu erreichen, Personen mit kleinen Kindern mögen ein Haus mit Garten für besonders wichtig halten, ältere Personen die Nähe zu kulturellen Einrichtungen.

4.2 Aktionsräume nach Lebensphasen

Allgemein gehen wir davon aus, daß mit dem Lebenslauf auch der Anteil der „nicht–gebundenen Zeit" (HERZ 1979) variiert, hiermit wiederum auch das Verhalten im Raum (CHAPIN 1974). Der Aktionsraum eines Kindes ist sehr klein (vgl. den Beitrag von ZEIHER), er erreicht in der Jugend seine größte Ausdehnung, schrumpft dann – abhängig von der Erwerbstätigkeit und Kinderzahl – mehr oder weniger stark, um dann mit zunehmendem Alter sehr klein zu werden. Diese Veränderungen sind die Folge einer Kombination von jeweils unterschiedlicher Anzahl und Art der Aktivitäten und Entfernungen, in denen Gelegenheiten aufgesucht werden. Mit dem Alter verändert sich auch der Anteil der außer Haus verbrachten Zeit. Die Beziehungen zwischen dem Alter und der Ausdehnung des Aktionsraums sowie dem Alter und dem Anteil der Aktivitäten außer Haus haben – vereinfacht – die Form eines umgekehrten U.

Ferner vermutet HERLYN (1988), die Lebensläufe würden sich zunehmend „individualisieren". Lokale räumliche Bindungen, wie z.B. Verwandte,

Freunde und Infrastruktur (Gelegenheiten) schaffen jedoch, so HERLYN, Identität und Sicherheit, diese wiederum begrenzen die Individualisierung. Wendet man die Ergebnisse von BECKER (1977, S. 249) auf den Lebenslauf an, so werden einige Aktivitäten mit steigendem Alter häufiger ausgeübt: Lebensmittel einkaufen, Erledigungen, Waschen, Spazieren gehen, Theater/Konzerte u.ä. besuchen. Andere hingegen nehmen mit steigendem Alter einer Person ab: Versammlungen besuchen, Café/Lokale besuchen ins Kino gehen. Schließlich gibt es Aktivitäten, die eine kurvilineare Beziehung mit dem Alter aufweisen: Beschäftigung mit Kindern, Sich–Fortbilden (dies tun Jüngere selten, Personen im mittleren Alter häufig, Ältere selten, sowie: Einkaufen (ohne Lebensmittel), Sport treiben, Freunde/Verwandte besuchen (dies tun Jüngere und Ältere häufig, Personen im mittleren Alter selten).

Die Aussagen über Aktionsräume werden nun für vier typische Gruppen in unterschiedlichen Phasen des Lebenslaufs differenziert (vgl. die Daten in Tabelle 1).

Jüngere Personen, hier: Auszubildene, Schüler und Studenten, sind die am meisten mobile Gruppe. Sie haben die höchste Gesamt–Ausgangsdauer, üben die meisten Aktivitäten aus und haben die höchste Anzahl an Ausgängen pro Tag. Sie sind es auch, die stärker als alle anderen Gruppen die Innenstadt (u.a. für Kinobesuche, Einkäufe) aufsuchen.

Tabelle 1: *Durchschnittliche Ausgangsdauer, Anzahl von Aktivitäten und Ausgängen pro Tag, werktags (W) und sonntags (S), nach Bevölkerungsgruppen*

Merkmal		S	E 1	E 2	H 1	H 2	R 1	R 2
					Gruppe*			
Gesamt–	W	9,5	8,7	9,8	3,6	3,9	4,2	5,2
Ausgangsdauer	S	7,7	6,6	7,1	5,8	5,7	5,7	6,2
Zahl der untersch.	W	6,9	6,9	7,0	7,6	7,9	7,4	7,7
Aktivitäten	S	6,5	6,5	6,8	6,9	7,1	7,0	7,0
Zahl der untersch.	W	2,5	1,9	2,2	1,9	2,0	1,9	2,2
Außerhaus–Akt.	S	2,2	1,3	2,1	1,8	1,9	1,9	1,8
Zahl der Ausgänge	W	1,9	1,6	1,6	1,7	1,8	1,7	1,6
	S	1,6	1,4	1,4	1,3	1,4	1,2	1,3

*   S = Schüler, Studenten
    E = Männliche Erwerbstätige ohne (E1) oder mit (E2) Pkw-Verfügung;
    H = Hausfrauen ohne (H1) oder mit (H2) Pkw-Verfügung;
    R = Rentner mit (R1) oder ohne (R2) Pkw-Verfügung.
Quelle: dangschat et al. 1982, S. 145 u. S. 150.

Erwerbstätige sind Personen in der Mitte ihres Lebenszyklus. Durch die Erwerbstätigkeit ist die freie Zeit eingeschränkt, sodaß die Zahl der Aktivitäten geringer ist als bei den Jugendlichen, aber höher als bei den – in der Regel gleichaltrigen – Hausfrauen. Da die Mehrzahl der Erwerbstätigen über einen Pkw verfügt, werden die Ausgangsdistanzen höher als bei Jugendlichen und den meisten Hausfrauen, d.h. es werden entferntere Gelegenheiten aufgesucht. Ferner werden in stärkerem Maße Aktivitäten gekoppelt, zumeist in Gelegenheiten in der Nähe der Arbeitsstätte (SCHWESIG 1985), 60% ihrer Aktivitäten liegen in der Achse Wohnung – Arbeitsstätte (SCHWESIG 1984). Dies läßt sich auch an dem Aktionsraum eines Erwerbstätigen in Hamburg erkennen, der in Abbildung 2 dargestellt ist.

Abbildung 2: *Aktionsraum einer erwerbstätigen Person:*
aufgesuchte Gelegenheiten und deren Lage

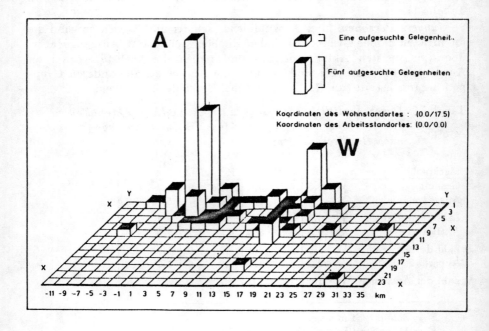

Quelle: SCHWESIG 1985, S. 216.

Hausfrauen sind von allen vier Gruppen die immobilste Gruppe (vgl. auch BECKER 1977, S. 242; BECKER/KEIM 1975; CHAPIN/FOERSTER 1975; HEIDEMANN/STAPF 1969; KLINGBEIL 1978; SAS 1979). Sie üben die meisten Aktivitäten weniger häufig aus und haben die durchschnittlich niedrigsten Entfernungen zu den aufgesuchten Gelegenheiten. Daher haben sie auch die kleinsten Aktionsräume, meist das Wohnviertel und das nächstgelegene Stadtteilzentrum. Das gilt insbesondere für jene Hausfrauen, die nicht über einen Pkw verfügen (H1 in der Tabelle 1). Sie müssen in besonderem Maße ihre Aktivitäten einschränken, wie auch die Protokolle im Beitrag von BERTELS zeigen.

Hausfrauen mit Kindern haben ein besonders knappes Zeitbudget. Personen mit Kindern beschäftigen sich rd. 2,0 bis 2,3 Stunden am Tag mit den Kindern (DANGSCHAT et al. 1982). Je größer die Zahl der Kinder und damit desto geringer die Freizeit ist, desto geringer ist auch die Entfernung der aufgesuchten Gelegenheiten. Je knapper das Zeitbudget ist, weil es durch Pflichtaktivitäten ausgefüllt wird, desto stärker werden aus Zeitersparnis Aktivitäten gekoppelt. Personen versuchen, bei einem Ausgang möglichst mehrere Aktivitäten auszuüben, z.B. in einem Einkaufszentrum, da dort unterschiedliche Gelegenheiten räumlich konzentriert sind (HEIDEMANN/STAPF 1969; KLINGBEIL 1978; KUTTER 1973). Jüngere Hausfrauen tun dies stärker als ältere.

Rentner und Pensionäre. Die Aktionsräume von Personen in dieser Phase des Lebenslaufs sind kleiner als die der Erwerbstätigen, doch bestehen innerhalb dieser Gruppe sehr große Unterschiede. Zahl der Aktivitäten und Ausgangsdistanzen steigen in der Regel mit dem Einkommen, der Schulbildung, der Verfügung über einen Pkw, und sind außerdem abhängig vom körperlichen Zustand. Während die „immobilen" ihre Aktivitäten in einer Entfernung unter 500 m von der Wohnung ausüben, legt ein kleinerer, aber sehr mobiler Teil der Älteren Entfernungen bis zu 10 km zurück. Daher weisen die Rentner mit Pkw (Gruppe R2 in Tabelle 1) auch so hohe Ausgangsdistanzen auf; sie sind vor allem am Wochenende viel außer Haus (vgl. auch BECKER 1977, S. 242).

5. Schlußbemerkung

Diese Ergebnisse zeigen, daß das Verhalten in den einzelnen Phasen des Lebenslaufs von zahlreichen Bedingungen abhängt, vor allem der Erwerbstätigkeit, der Verfügung über einen Pkw, dem Wohnstandort und der Ausstattung des Wohnviertels. Worüber wir bislang sehr wenig wissen, sind die Entscheidungsprozesse, die zu aktionsräumlichen Routinen führen und über die Folgen einzelner Ereignisse im Lebenslauf für das Verhalten im städtischen Raum. Ferner verfügen wir nur über sehr vorläufige Kenntnisse darüber, welche Auswirkungen die neuen Informations– und Kommunikationstechnologien im Haushalt auf die Aktivitäten und Aktionsräume von Personen haben. Wie KROMREY (1988) zeigt, werden am ehesten Routinetätigkeiten elektronisch erledigt. Künftige Forschungen werden sich darauf richten müssen, zu prüfen, ob sich auch die Aktionsräume von Stadt- und/oder Dorfbewohnern ändern.

Literaturverzeichnis

AKADEMIE FÜR RAUMFORSCHUNG UND LANDESPLANUNG (Hg.) 1980: Aktionsräumliche Forschung, Arbeitsmaterial Nr. 45, Hannover

BECKER, H. 1977: „Tagesläufe und Tätigkeitenfelder von Bewohnern", in: BECKER, H., KEIM, K. D. (Hg.): Gropiusstadt: Soziale Verhältnisse am Stadtrand, Stuttgart

BECKER, H., KEIM, K. D. 1975: Wahrnehmung in der städtischen Umwelt, Berlin

BLASS, W. 1980: Zeitbudget–Forschung, Frankfurt–New York

CARLSTEIN, T., PARKES, D., THRIFT, N. (eds.) 1978: Timing Space and Spacing Time, Vol. 1, London

CHAPIN, F. S. 1974: Human Activity Patterns in the City, New York

CHAPIN, F. S., FOERSTER, J. F. 1975: „Teenager Activity Patterns in Low–Income Communities", in: MICHELSON, W. (ed.): Time–Budgets and Social Activity, Vol. 1, University of Toronto: Centre for Urban Community Studies

CULLEN, I. G. , GODSON, V. 1975: Urban Networks: „The Structure of Activity Patterns", Progress in Planning 4 (1975), S. 1–96

DANGSCHAT, J., DROTH, W., FRIEDRICHS, J., KIEHL, K. 1982: Aktionsräume von Stadtbewohnern, Opladen

DOWNS, R. M., STEA, D. 1977: Maps in Minds, New York

FREIST, R. 1977: Sozialgeographische Gruppen und ihre Aktivitätsräume, Unveröffentlichte Dissertation, München: Geographisches Institut

FRIEDRICHS, J. 1983: Stadtanalyse, 3. Aufl, Opladen (1. Aufl, Reinbek 1977)

FRIEDRICHS, J., GOODMAN, A. C. et al, 1987: The Changing Downtown, Berlin–New York

FRIEDRICHS, J., KAMP, K. 1978: „Methodologische Probleme des Konzeptes 'Lebenszyklus' ", in: KOHLI, M. (Hg.): Soziologie des Lebenslaufs, Darmstadt–Neuwied 1978

GÖSCHEL, A., HERLYN, U., KRÄMER, J., SCHARDT, T., WENDT, G. 1977: „Infrastrukturdisparitäten und Segregation", in: KAUFMANN, F. X. (Hg.): Bürgernahe Gestaltung der sozialen Umwelt, Meisenheim

GÖSCHEL, A., HERLYN, U., KRÄMER, J., SCHARDT, T., WENDT, G. 1979: „Infrastrukturdisparitäten und soziale Segregation", in: KAUFMANN, F. X. (Hg.): Bürgernahe Sozialpolitik, Frankfurt/M. – New York

GÖSCHEL, A., HERLYN, U., KRÄMER, J., SCHARDT, T., WENDT, G. 1980 a: „Verteilung von Infrastruktureinrichtungen auf verschiedene Bevölkerungsgruppen", in: HERLYN 1980

GÖSCHEL, A., HERLYN, U., KRÄMER, J., SCHARDT, T., WENDT, G. 1980 b: „Zum Gebrauch von sozialer Infrastruktur im städtebaulichen und sozialen Kontext", in: HERLYN 1980

GÖSCHEL, A., HERLYN, U., KRÄMER, J., SCHARDT, T., WENDT, G. 1980 c: „Ausmaß, Entstehung, Auswirkungen und Abbau lokaler Disparitäten hinsichtlich infrastruktureller Versorgungsniveaus und Bevölkerungszusammensetzung", in: AKADEMIE 1980

HÄGERSTRAND T. 1970: „What about People in Regional Science?" Regional Science Association, Papers 24 (1970), S. 7-21

HAUBOLD, D. 1976: Sozio–ökonomische Situation und Versorgungsniveau in den Ortsteilen der Stadtgemeinde Bremen, Bremen: Senatskanzlei der Hansestadt Bremen

HEIDEMANN, C., STAPF, K. H. 1969: Die Hausfrau in ihrer städtischen Umwelt, Braunschweig

HENSHER, D. A. 1976: The Structure of Journeys and Nature of Travel Patterns", Environment and Planning A 8 (1976), S. 655-672

HERLYN, U. (Hg.) 1980: Großstadtstrukturen und ungleiche Lebensbedingungen in der Bundesrepublik, Frankfurt/M.–New York

HERLYN, U. 1988: „Individualisierungsprozesse im Lebenslauf und städtische Lebenswelt." in: FRIEDRICHS, J. (Hg.): Soziologische Stadtforschung (Sonderheft 29 der Kölner Zeitschrift für Soziologie und Sozialpsychologie.) Opladen

HERZ, R. 1979: „Stadtplanung für den Alltag", in: LAMMERS, G., HERZ, R. (Hg.): Aktivitätsmuster für die Stadtplanung, Seminarberichte des Instituts für Städtebau und Landesplanung der Universität Karlsruhe, Karlsruhe

HERZ, R. 1983: Aktionsräume als Zielgröße der Regionalplanung, Theorie und Wirklichkeit, Institut für Stadt–und Regionalforschung der T. U. Wien, SRF Diskussionspapier Nr. 18 Wien

HEUWINKEL, D. 1981: Aktionsräumliche Analysen und Bewertung von Wohngebieten, Hamburg

KLINGBEIL, D. 1978: Aktionsräume im Verdichtungsraum, Münchener Geographische Hefte, Heft 41 Kallmünz–Regensburg

KOHLI, M. 1985: „Die Institutionalisierung des Lebenslaufs, Historische Befunde und theoretische Argumente" Kölner Zeitschrift für Soziologie und Sozialpsychologie 37 (1985), S. 1-29

KOHLI, M. 1986: „Gesellschaftszeit und Lebenszeit – Der Lebenslauf im Strukturwandel der Moderne", Soziale Welt, Sonderheft 4 (1986), S. 183–208

KROMREY, H. 1988: Auswirkungen der Nutzung neuer Informations– und Kommunikationstechniken in privaten Haushalten, in: BERTELS, L. HERLYN, U. (Hg.): Lebenslauf und Raumerfahrung (Studienbrief der Fernuniversität Hagen)

KUTTER, E. 1973: „Aktionsbereiche des Stadtbewohners", Archiv für Kommunalwissenschaften 12 (1973), S. 69–85

SAS (Sozialwissenschaftliche Arbeitsgruppe Stadtforschung) 1979: Zeitbudget und Aktionsräume von Stadtbewohnern, Hamburg

SCHÜTZ, M. 1985: Die Trennung von Jung und Alt in der Stadt, Hamburg

SCHWESIG, R. 1984: Strukturen raumzeitlicher Aktivitätsmuster von Stadtbewohnern, Unveröffentliche Hausarbeit für das Erste Staatsexamen, Hamburg: Institut für Geographie

SCHWESIG, R. 1985: „Die räumliche Struktur von Außerhausaktivitäten von Bewohnern der Region Hamburg, Eine Anwendung der aktionsräumlichen Dispersionsanalyse", Geographische Zeitschrift 73 (1985), S. 206–221

WAGNER, M. 1987: Räumliche Mobilität im Lebenslauf, Unveröffentlichte Dissertation, Berlin: Technische Universität

ZIPF, G. K. 1949: Human Behaviour and the Principle of Least Effort, Cambridge, Mass.

III. Raumbewältigung in Neubausiedlungen

Die Neubausiedlung als Station
in der Wohnkarriere

Ulfert Herlyn

1. Problemstellung

Im Lebenslauf des modernen Menschen gibt es eine Reihe von Statusüber-
gängen z.b. in Beruf und Familie, die wegen ihrer Diskontinuität mannigfache Konflikte implizieren können. In der Regel sind sie begleitet auch
von räumlichen Veränderungen: „Status–Passagen sind zugleich Raum–
Passagen" (BEHNKEN u.a. 1988, S. 14). So stellen die sich mehrfach im
Leben ereignenden Wohnungsumzüge als „ökologische Übergänge" (BRON-
FENBRENNER 1978, S. 56) die beteiligten Individuen bzw. die ganze Gruppe
(zumeist Familien) vor vielfache Anpassungsprobleme. Sollen solche „Übergänge tatsächlich stattfinden und vom einzelnen bewältigt werden können",
muß mehr als der reine Wechsel geschehen; es bedarf eines Sozialisationsprozesses zur Entwicklung neuer Handlungsdispositionen" (KOHLI 1976, S.
321).

Diese vielfachen und den einzelnen Lebenslauf beeinflussenden ökonomischen wie psycho–sozialen Probleme von Wohnungswechseln, bei denen die
Wohnumwelt an lebenslaufzyklisch veränderte Bedürfnisse und Ansprüche
angepaßt wird, sollen im folgenden am Beispiel der neuen Großsiedlungen
der 60er und 70er Jahre erörtert werden. Die Verknüpfung von Status– und
Raumpassagen an diesem Beispiel zu analysieren erscheint mir besonders
reizvoll, als hier im Zusammenhang mit Neuorganisation, Massenumzügen
und zu erwartender sozialer Heterogenität in der Regel Definitionen sozialer Situationen erst entwickelt werden mußten und insofern die erforderliche
Sozialisationsleistung vom einzelnen sehr viel mehr verlangte.

Die Großsiedlungen der 60er und 70er Jahre (wie z.B. Köln–Chorweiler,
Berlin–Märkisches Viertel, Hamburg–Mümmelmannsberg oder Bremen–
Osterholz–Tenever, um nur einige zu nennen), die auf die „grüne Wiese"
gesetzt wurden, haben aber nicht nur am Anfang einen bis dahin unbekannten Massenumzug ausgelöst, der nicht nur durch Wohnungswechsel,

auch nicht nur durch Quartierswechsel, sondern auch durch Wechsel und Verlust der bisherigen Alltagskultur charakterisiert war. Auch in jüngster Zeit vollzieht sich in vielen dieser Siedlungen wieder ein sozial–räumlicher Umschichtungsprozeß von erheblichem Umfang insofern, als sozio–ökonomisch stabile Mietergruppen diese Siedlungen in großer Zahl verlassen und gleichzeitig ökonomisch wie sozial schwache Mietergruppen in diese Siedlungen eingewiesen werden (vgl. HERLYN u.a. (Hg.) 1987). Diese beiden Phasen bzw. Typen von Wohnungswechseln in den Großsiedlungen scheinen von grundsätzlich unterschiedlicher Qualität zu sein. An ihnen können verschiedenartige Prozesse der Destabilisierung des sozialen Systems der beteiligten Familien wie Desorientierungen einzelner Mitglieder beobachtet werden.

Die spezifisch historische Form des Massenumzugs kann nur deutlich werden, wenn zunächst der besondere Stellenwert der sich alltäglich vollziehenden Wohnungswechsel für die betreffende Wohngruppe erörtert wird. Der immer damit verbundene Bruch in der Kontinuitätserfahrung wird daher im folgenden Abschnitt 2 zu diskutieren sein. Im Abschnitt 3 und 4 schildere ich die Hintergründe der Massenumzüge in die neuen Siedlungen und die mit ihnen verbundenen diversen Hypotheken für das Leben in der neuen Wohnumwelt. Dabei konzentriere ich mich auf den Typ der Familie in der fortgeschrittenen Expansions– und frühen Konsolidierungsphase (vgl. DEUTSCHER BUNDESTAG 1986, S. 159), die den dominanten Einzugstypus ausmachten. Im Abschnitt 5 schließlich sollen die neuerlichen Mobilitätsprozesse erörtert werden, die nicht nur auf eine Verschärfung der Krise vieler Großsiedlungen hindeuten, sondern auch für die neuen Bewohner nicht zu passen scheinen.

2. Umzug als Anpassung der Wohnung an die Menschen

Die folgende Diskussion von Wohnungswechseln soll sich auf die innergemeindliche bzw. innerregionale Mobilität konzentrieren und nicht die überwiegend berufsbedingten übergemeindlichen Mobilitätsprozesse einschließen. Die innergemeindlichen Mobilitätsprozesse sind entweder mit beruflichen Veränderungen im Sinne eines sozialen Auf– oder Abstiegs verbunden oder – was meistens der Fall ist – mit der familialen Entwicklung.

Was die soziale oder berufliche Mobilität anbelangt, so ist mit ihr in der Regel eine räumliche Wanderung verbunden, die umso eher vorgenommen wird, je deutlicher die soziotopische Differenz zwischen verschiedenen Stadtvierteln ausgeprägt ist. Besonders in Amerika, aber auch in anderen europäischen Ländern wie auch in der Bundesrepublik wird nicht selten die

Wohnadresse und auch die Wohnung selbst zum zusätzlichen Statussymbol. „Die Gesellschaft ist auf den Boden geschrieben" (CHOMBART DE LAUWE) und jede Stadt verfügt über relativ deutlich sozial segregierte Wohngebiete. Einen Umzug in London von Ost nach West, in Essen von Nord nach Süd, in Göttingen oder Freiburg von West nach Ost über den sozialen Äquator vorzunehmen, sagt neben allen je besonderen Bedeutungen auf jeden Fall etwas aus über soziale Aufstiegsprozesse, wie auch in umgekehrter Richtung über soziale Abstiegsprozesse. Je länger man in einer Stadt lebt, umso deutlicher prägen sich die sozialen Wertigkeiten spezifischer Wohnlagen im Bewußtsein ein und vermitteln je spezifische Privilegierungen oder Unterprivilegierungen.

Die Abhängigkeit der Wohnbedürfnisse vom Familenzyklus hat wohl niemand prägnanter formuliert als ROSSI: „Der Entschluß umzuziehen ist hauptsächlich eine Funktion des Wandels in der Familienzusammensetzung, wie er im Laufe des Lebenszyklus der Familie passiert" (1955, S. 175). Entsprechend der zyklischen Vorstellung der familialen Entwicklung schlagen sich die verschiedenen Statusübergänge wie Eheschließung, beginnende Elternschaft, nachelterliche Lebensphase im „empty nest" üblicherweise real oder nur intentional in Wohnungsveränderungen nieder. Das drückt sich nachhaltig in den stark autobiographisch gemeinten Äußerungen von POSENER aus: „Wir leben und sterben nicht mehr im Vaterhaus. Aber wir behalten das Bedürfnis nach Permanenz. Wenn es gut geht, so erleben wir eine Kindheit im Garten, eine Jungmännerzeit im Appartment, die Zeit der jungen Ehe, etwa bis das erste Kind zwei Jahre alt ist, in der Wohnung, die Elternjahre wieder im Hause und die alten Tage wieder im Appartment" (1966, S. 774). Eine Entkopplung der engen Verbindung von familialen und ökologischen Übergängen findet mindestens durch zwei Tatsachen statt. Zum einen sind ausreichende finanzielle Ressourcen Voraussetzung dafür, sich auf einem bis in die 70er Jahre hinein angespannten Wohnungsmarkt durchzusetzen. In der Regel konnte man – wenn überhaupt – die gewandelten Wohnbedürfnisse nur mit erheblicher zeitlicher Verzögerung realisieren, so daß eine „erzwungene Seßhaftigkeit" (KREIBICH 1982, S. 25) weit verbreitet war. Zum anderen läßt eine individualisierungsbedingte „Destandardisierung des Familienzyklus" (KOHLI 1986, S. 198) es zunehmend weniger zu, verschiedene Familienphasen zu antizipieren, was die Wohnungsplanung erschwert bzw. verunsichert (vgl. BECK 1986).

Von Entwicklungen im Bildungs- und Berufsbereich spricht man nicht selten von Karrieren als „sozial festgelegte Typisierungssequenzen", die eine „relativ festgelegte Aneinanderreihung einander voraussetzender Stufenelemente" (FISCHER 1978, S. 316) im Lebensverlauf implizieren. Unter der Voraussetzung einer zyklischen Veränderung familialer Stationen hat MATTHES

(1978) von einem „Wohnzyklus" gesprochen, in dessen Verlauf die Wechsel
zwischen verschiedenen Wohnformen erhebliche psycho–soziale Leistungen
hinsichtlich der Integration von Raumerfahrungen und Raumnotwendigkei-
ten in das alltägliche Leben erfordern. M.E. kann man auch hier von einer
Wohnkarriere sprechen, weil mit den einzelnen Etappen auch immer die
Weichen zur Bewältigung der folgenden, durch die Veränderung familiärer
Rollen geprägten Situationen gestellt werden. Deutlich wird der Begriff der
Wohnkarriere in dem Begriff des „Sichhochwohnens", womit eine systematische Verbesserung von Wohnformen und Wohnlage quasi im Sinne einer
Laufbahn gemeint ist. „Zum Beispiel ändert sich der soziale Status durch
den Bezug einer 'richtigen Wohnung' oder den Erwerb einer Eigentumswoh-
nung; der Familienstand wechselt: Heirat und Bezug der ersten gemeinsamen Wohnung fallen zusammen oder Umzugsgrund ist die Scheidung oder
die Geburt eines Kindes; die Berufstätigkeit wird aufgenommen oder aufgegeben; für Jugendliche kann es den Verlust der Freundesgruppe bedeuten;
alte Menschen leben das erstemal allein" (DORSCH 1974, S. 121). Wenn Lehmann aufgrund seiner Untersuchungen in Hamburg (1983, S. 186) feststellt:
„Lebensgeschichte stellt sich als Geschichte verschiedener Wohnungen dar",
dann unterstreicht diese – durch unsere Forschungsarbeit über den Wandel
der Stadt Wolfsburg (HERLYN u.a. 1982) vielfältig belegte – Feststellung die
herausragende Bedeutung der jeweiligen Wohnumwelt für die retrospektive
Verarbeitung von sozialen, insbesondere familialen Konstellationen.

3. Die Massenumzüge in die Neubausiedlungen

In den 60er und 70er Jahren entstanden eine große Zahl hochverdichte-
ter, geschlossener Großsiedlungen mit hochgeschossigen Häusern ("high rise,
high density") überwiegend im öffentlich geförderten Wohnungsbau (vgl.
HERLYN u.a. 1987, S. 13). Heute gibt es etwa 500.000 bis 600.000 Wohneinheiten in diesen Siedlungen (vgl. SCHMIDT–BARTEL und MEUTER 1986, S.
15). Wie lebensstrukturierend sich die Umzüge in die neuen Großsiedlungen der 60er und 70er Jahre darstellen, geht unmittelbar aus einer Reihe
früher veröffentlichter Einzelschicksale hervor, von denen am eindringlich-
sten wohl das Protokoll aus dem Jahre 1971 aus dem Märkischen Viertel,
Berlin ist (vgl. REIDEMEISTER 1972). Einen guten Einblick in die verschiedenen, unmittelbar mit dem Erstbezug einer neuen Großsiedlung verbundenen
Probleme vermittelt die Geschichte der L.:

> „In einer der neu gebauten Trabantenstädte an der Peripherie
> einer Millionenstadt lebt Frau L. mit ihren fünf Kindern. Ihr
> Mann, ein Schichtarbeiter, hat sie vor einiger Zeit verlassen und
> schickt mehr oder weniger regelmäßig kleinere Geldbeträge zur

Unterstützung der Familie. Frau L. selbst arbeitet als Putzfrau und erhält von der Stadt einen Zuschuß für die Miete ihrer Sozialwohnung. Insgesamt reicht das gerade aus, um den Lebensunterhalt der Familie zu bestreiten.

Der Umzug in die große Wohnung hat sie zunächst in finanzielle Schwierigkeiten gebracht, doch nach einigen Monaten waren die meisten Schulden bezahlt. Die Wohnung ist mit dem Notwendigsten ausgestattet: Tisch, Stühle, Kommode und Fernsehapparat. Die größten Kosten hatten die Gardinen für die vielen Fenster und einiges Mobiliar für die Schlafzimmer verursacht. Frau L. ist froh, daß sie die Wohnung hat – es ist die erste richtige Wohnung, in der sie lebt. Trotz „Dringlichkeitsstufe 1" hat sie jahrelang darauf warten müssen. Sie wartete draußen irgendwo am Rande der Stadt, in einer Baracke, auf einem Bruchteil der Quadratmeter, über die sie nun verfügt, ohne sanitäre Einrichtungen, häßlich, woran auch „mit der Hände Arbeit" nichts zu ändern war. Ihr Mann trank und verprügelte anschließend die ganze Familie. Die 'normalen' Leute mieden den näheren Dunstkreis des Lagers. Auch die Geschäftsleute schienen über diese Kundschaft nicht immer erbaut. Aber – und das vergoldet nachträglich die Erinnerung von Frau L. – die Nachbarn waren ihre Freunde, auf sie konnte sie sich verlassen. Sie hatten ähnliche Schwierigkeiten wie sie selbst. Alle konnten miteinander reden und trotz mancherlei Händel waren sie eine Gemeinschaft, in der sich jeder geborgen fühlte. Einige Monate nach dem Umzug besucht sie die alten Nachbarn wieder, die sie um ihre neue Wohnung sehr beneiden. Frau L. zeigt sich zufrieden, aber ihr war schon klar geworden, daß ihr der Umzug nicht nur finanzielle Belastungen gebracht hat: in der neuen Siedlung kennt sie niemand, und sie weiß auch nicht, wie und wo sie Bekanntschaften schließen soll. Alles ist unpersönlich, die Behelfsläden sind teuer, und zu sehen gibt es auch nichts. Sie ist einsam. Und doch fühlt sie sich verpflichtet, ihre neue Umgebung schön zu finden, denn schließlich hat sie die Wohnung zuungunsten eines anderen bekommen. Die neuen Nachbarn beschweren sich über die manchmal lärmenden Kinder und meiden Frau L., nachdem sie erfahren haben, woher sie kommt. Sie fühlt sich beobachtet und ist nun selbst mißtrauisch. Nur manchmal wechselt sie ein paar Worte mit einer Frau aus einem anderen Stockwerk im Treppenhaus.

Ihre zwei älteren Kinder hat sie mit Wohnungsschlüsseln versorgt, sie passen auch auf die jüngeren auf. Die meiste Zeit verbringen sie jedoch vor dem Fernsehen, da sie noch keine Spielkameraden gefunden haben. Das Fernsehen ist auch Frau L.s einzige Zerstreuung, obwohl nur wenige Sendungen ihr wirklich zusagen. Ihr gefällt das Leben in der Siedlung nicht, sie hatte sich alles ganz anders vorgestellt. Obwohl sie weiß, daß es sinnlos ist, spielt sie mit dem Gedanken, wieder wegzuziehen, am liebsten zurück in das Barackenlager. Aber das denkt sie nur laut: „Was würden die sagen, wenn ich die schöne Wohnung aufgäbe?" (DORSCH 1974, S. 120).

Bevor die subjektiven Reaktionen und Erlebnisse analysiert werden ist es notwendig, sich den ökonomischen Hintergrund zu verdeutlichen, vor dem sich die ersten Massenumzüge in die neuen Großsiedlungen abspielten. Die Wohnungsnot war ohne Beispiel: Durch die enormen Zerstörungen während des Zweiten Weltkrieges und die in die Städte vom Land zurückströmenden Flüchtlinge fehlten 1950 annähernd 5 Millionen Wohnungen bei einem damaligen Gesamtbestand von ca. 10 Millionen Wohnungen. Der durch öffentliche Mittel stark angekurbelte Wohnungsbau erreichte zwar in den folgenden zwei Jahrzehnten noch nie dagewesene Neubauraten, doch verzögerten – vornehmlich in den großen Städten – die hohen Geburtenraten wie auch der enorme Zuzug vom Land in die Stadt über einen langen Zeitraum den rechnerischen Ausgleich von Wohnungen und Haushalten, der daher erst in den 70er Jahren erreicht wurde. Zwar leitete das „Gesetz über den Abbau der Wohnungszwangswirtschaft" von 1960 eine allmähliche Liberalisierung des Wohnungsmarktes ein, aber in den großen Städten dauerte es noch unterschiedlich lange, bis sie zum weißen Kreis[1] erklärt wurden. Die Idee der Großsiedlung erschien vielen seinerzeit die einzige Möglichkeit zu sein, den Wohnungsbauboom in einigermaßen geordneten Bahnen abzuwickeln. Der weit überwiegende Teil der Erstbelegschaften in den großen Siedlungen in den 60er und beginnenden 70er Jahren stammte aus der Stadt, in der die Neubausiedlung eine Entlastung des Wohnungsmarktes erbringen sollte. Die Tatsache, daß es sich weniger um Neubürger als um Umsiedler aus der jeweiligen Stadt handelte, bedeutete für den weit überwiegenden Teil, daß die Arbeitssituation sowie soziale Einbindungen in lokale soziale Netzwerke von Bekannten und Verwandten weitgehend konstant blieb (vgl. WEEBER 1971; ZAPF u.a. 1969, DITTRICH 1974). Der größte Teil von ihnen wohnte in quantitativ bzw. qualitativ unzureichenden Wohnverhältnissen in den Stadtkernen und innenstadtnahen Altbaugebieten und wollte mit einem

---

[1] Wenn das rechnerische Wohnungsdefizit (Differenz von Wohnungen und Wohnparteien) weniger als 3% betrug, wurden die Gebiete zum „weißen Kreis" erklärt, womit die Wohnungsbewirtschaftung endete.

Umzug in die neuerbauten Stadtteile die Chance zu größeren und komfortableren Wohnungen ergreifen. Ungefähr die Hälfte der in München befragten Neubürger gab damals die Mängel der früheren Wohnung als wichtigstes Zuzugsmotiv an (vgl. ZAPF u.a. 1969, S. 207) und für ca. ein Fünftel ging es bei dem Einzug um die erste eigene Wohnung überhaupt (vgl. DITTRICH 1974, S. 66; ZAPF u.a. 1969, S. 207); ein weiterer Teil derjenigen, die in die neuen Siedlungen zogen, wollten dort Eigentum erwerben.

Die subjektiv genannten Gründe des Einzugs in die Siedlungen beruhen jedoch nur z.T. auf freien Entscheidungen, sondern sind jenseits der grundsätzlich positiven Erwartungshaltungen in eine wohnungsmarktbedingte Zwangssituation ("man hatte keine andere Wahl, man brauchte unbedingt eine neue Wohnung", WEEBER 1971, S. 39) eingebunden. Normalerweise wurden die Wohnungen über Arbeitgeber und Wohnungsämter nach vorhandenen Wartelisten vermittelt ohne die Möglichkeit, den eigenen Wohnstandort selbst maßgeblich beeinflussen zu können. Neben diesen gewollten Erstbezügen gab es in nicht unwesentlichem Umfang die im Rahmen von Sanierungsmaßnahmen durchgeführten Massenumsetzungen von Bewohnern in sog. Ersatz– und Ergänzungsgebiete nach §11 StBauFG, bei denen überhaupt kein Entscheidungsspielraum vorhanden war (vgl. TESSIN 1977, S. 60 ff.). Vielleicht das größte Beispiel für massenhafte Umsetzungen von Sanierungsverdrängten stellt das Märkische Viertel in Berlin dar (vgl. PFEIL 1972, S. 367). Nicht selten ist es schon im Vorfeld dieser Zwangsumsetzungen zu einem schleichenden Auszug aus den potentiellen Sanierungsgebieten gekommen.

Entscheidend ist nun, daß mit dem anscheinend positiv erwarteten Umzug in eine Neubausiedlung die Familien nicht selten vor ökonomische wie psycho–soziale Zerreißproben gestellt wurden[2]. In der ökonomischen Dimension waren mit dem Umzug in der Regel gravierende finanzielle Belastungen verbunden, die meistens bei drastischen Mietsteigerungen[3] ihren Anfang nahmen. Gleichzeitig wurde die Familie mit erheblichen Anschaffungskosten[4] für neue Möbel belastet, z.T. weil alte Möbel nicht mehr passen, zum größeren Teil aus Gründen der Anpassung des Inventars

---

[2] Vgl. auch den Beitrag von BERTELS in diesem Band
[3] In der Untersuchung von im Rahmen der Berliner Stadtsanierung umgesetzten Mietern heißt es: „Gut die Hälfte der Neubauumgesetzten erlebte Mietsteigerungen (inklusive Heizkosten) von über 200 DM, jeder Vierte von über 300 DM". Etwa 40% betrachteten die gestiegene Miete für zu teuer (TESSIN u.a. 1983, S. 120; vgl. auch ähnlich lautende Ergebnisse von TESSIN am Beispiel der Umsetzungen in Duisburg–Neumühl (1977)).
[4] Nach der Untersuchung von TESSIN hatte ca. jeder 4. Umsetzungsbetroffene Neuanschaffungskosten. Ungefähr ein Drittel gab sogar mehr als 5.000 DM aus (1983, S. 122; vgl. auch TESSIN 1977, S. 135). Deutlich ist die Abhängigkeit von Einkommen und Lebensalter insofern, als mit steigendem Einkommen und jüngerem Alter im Durchschnitt höhere Anschaffungskosten entstanden waren.

an die neue Umgebung; mit dem Umzug in eine neue Wohnung scheinen generell die wohnungsbezogenen Aufwandsnormen zu steigen, da in der Regel ein „neuer Anfang" gemacht wird und der „Aufforderungscharakter" des Umzugs zur Auswechselung des Mobiliars hoch zu sein scheint (vgl. TESSIN u.a. 1983, S. 123). Schließlich treten z.T. unerwartete Mehrbelastungen bei den Raumüberwindungskosten und sonstigen Lebenshaltungskosten auf, die alle zusammen als „indirekte Lohnsenkungen" (TESSIN 1977, S. 144) interpretiert werden. Die vielfältigen Antworten zwangsumgesetzter Haushalte in Berlin auf die Herausforderungen gestiegener finanzieller Belastungen gehen eindrucksvoll aus der folgenden Tabelle 1 hervor.

Tab. 1: Art der Budgetkorrekturen als Folge der Umsetzung
Mehrfachnennungen!
(deutsche Sanierungsbetroffene)

Art der Budgetkorrektur	%
Mehrarbeit des Hauptverdieners	9
Arbeitsplatzwechsel	3
Mitarbeit des Ehepartners	5
Einsparungen im Alltag	15
Einsparungen größerer Art	31
Verwendung von Sparguthaben	62
Verringerung der Sparquote	46
Ratenkäufe	14
Kreditaufnahme	14
Geldleihe bei Bekannten	5
Staatliche Unterstützung	24
nichts davon	25
Befragte (N=)	850

Quelle: TESSIN, W. u.a. 1983, S. 129

Hinsichtlich der sozialen Bezüge wird in der Regel bei einem Umzug in ein Neubauviertel das gesamte nachbarschaftliche soziale Netzwerk ausgewechselt. An die Stelle zumeist eingeschliffener Verhaltensweisen und stabilisierte Normen zwischen Nachbarn tritt zunächst einmal die Aufgabe, ein neues Beziehungsgeflecht mit neuen Regeln des sozialen Kontakts aufzubauen. Auch wenn die Nachbarschaft in der modernen Stadt generell an Funktionen eingebüßt hat, so wird der Verlust enger nachbarlicher Beziehungen ausdrücklich beklagt (TESSIN u.a. 1983, S. 155 ff.). Auch die für alltägliche Unterstützungsleistungen so bedeutsamen Verwandte und Bekannte bzw. Freunde (vgl. DIEWALD 1987) sind zunächst in dem neuen Viertel stark unterrepräsentiert und so fehlt zwischen den Kernfamilien insgesamt der Kitt der sozialen Beziehungen weitgehend gerade zu einer Zeit, in der er mehr als in anderen Zeiten dringend von den umgezogenen Familien in der Expansionsphase benötigt wird, die ohnehin in ihrem internen Beziehungsgefüge infolge der verschiedenen Rollenwechsel mannigfachen Konflikten ausgesetzt sind. Gegenüber dem Leben in den Herkunftsgebieten, in denen sich das soziale Netzwerk in der Regel besonders eng knüpfte und in ein über längere Seßhaftigkeit gewachsenes Milieu integriert war, wirkt die anfängliche Beziehungsarmut wie ein Schock und führt bei vielen zu einer „Trauer um das verlorene Zuhause" (FRIED 1971).

Von entscheidender Bedeutung aber ist die enge Verstrickung von umzugsbedingter ökonomischer Deprivation und sozialen Streßfaktoren, die folgenreiche Knicks in der Wohnkarriere bewirkten. So schreibt P. DORSCH: „Die (durch den Umzug – Verf.) entstehenden Schulden führen dann im schlimmsten Falle dazu, daß die Mieten nicht bezahlt werden können und nach einiger Zeit ein Kündigungsschreiben den neuerlichen Abstieg auch formal einleitet: Endstation ist dann wieder die Baracke oder Nissenhütte. Im Juni 1973 drohte rund 100 Familien der Münchener Siedlung Hasenbergl dieses Schicksal" (1974, S. 121). In der Darstellung von Stationen eines Sozialfalles haben DURTH und HAMACHER das ineinanderverzahnte Zusammenspiel von Mietenproblematik, Arbeitsplatzverlust bzw. Mitarbeit der Frau, innerfamilialen sozialen Beziehungsproblemen und externer sozialer Kontaktlosigkeit anschaulich gemacht (1978, S. 25), was insgesamt – wie wir noch sehen werden – eine schwerwiegende Hypothek für das weitere Leben im Neubauviertel darstellte. Hinzu kommt noch die unumstößliche Tatsache, daß – so der durchgehende Tenor der damaligen Studien – zumindest in der Anfangszeit der Siedlungen es in allen Bereichen des sozialen Lebens an öffentlichen Dienstleistungsangeboten mangelte (z.B. ZAPF u.a. 1969) und von daher von Anfang an quasi ein Zwang bestand, das Leben weitgehend in der Wohnung zu fristen. Die großen Hoffnungen, mit denen die meisten Bewohner entweder ihre erste eigene Wohnung in der Neubausiedlung bezogen oder aber materiell unzureichende Wohnungen verließen, zerplatzten für viele schon bald wie eine Seifenblase: „Die moderne Wohnung wird, so paradox es klingt, zum Hindernis für den Start in ein modernes Leben, den sie doch gerade zu versprechen schien. Der Komfort entschwindet just in dem Augenblick, wo man ihn erreicht zu haben glaubte. Schließlich arbeitet man bloß noch, um das Recht zu haben, dort zu wohnen, unter Verzicht auf alles andere" (BOURDIEU, zit. nach COING 1974, S. 210).

4. Die angespannte Lebensweise in den neuen Großsiedlungen

In diesem Abschnitt konzentriere ich mich auf die spezifischen Probleme der jüngeren Familie mit kleinen Kindern, die den überwiegenden Einzugstypus in den neuen Siedlungen ausmachte. Auf sie trifft m.E. sehr gut die Charakterisierung von MATTHES zu, „daß sich die Wohnerfahrung der Ehepartner über weite Strecken des von ihnen gestifteten Familienzyklus hinweg als ein ständiges Bemühen um Stabilisierung der sozialräumlichen Fixierung ihrer Lebenswelt darstellt, ein Bemühen, das sich gegen vielerlei Widerstände und Belastungen durchzusetzen hat" (MATTHES 1978, S. 163). Diese Widerstände und Belastungen haben nun in vielen Neubaugebieten eine besondere Form und ein spezifisches Gewicht erhalten infolge doch weitgehend enttäuschter Hoffnungen nach einem im großen und ganzen positiv erwarteten Einzug. Die häufigen ökonomischen Deprivations- und sozialen Verlusterfahrungen nach dem Einzug sind für viele zu Belastungen im alltäglichen Leben geworden, von denen sie sich über längere Zeit nicht befreien konnten.

Was die ökonomische Situation anbelangt, so sind die Durchschnittsmieten allein im sozialen Wohnungsbau von 1965 bis 1976 je qm um 123% gestiegen, während der Anstieg der freifinanzierten Wohnungen nur 94% betrug, was mit dem Auslaufen der öffentlichen Subventionierung der Erstmieten zusammenhängt (vgl. GRONEMEYER/HERMANNS 1977, S. 214). Das hat insbesondere jenen häufig vorhandenen Haushaltstyp betroffen, der sich in der Regel in einer sehr angespannten ökonomischen Phase befindet, wenn die Frau wegen der Geburt von Kindern häufig nicht mehr erwerbstätig sein kann (BfJFG 1984, S. 38), aber gerade dann die finanziellen Binnenleistungen im Haushalt enorm zunehmen (vgl. zum sog. Rowntree'schen Zyklus K. SOMMER 1954 und neuerdings DEUTSCHER BUNDESTAG 1986). Das als Ausgleich für zu hohe Mietbelastungen zunehmend in den 70er Jahren gezahlte Wohngeld stellt zwar eine Linderung dar, behebt aber nicht die Problematik im Grundsatz. Hinzu kommt noch, daß die große Entfernung der reinen Wohnsiedlungen von den Arbeitsplätzen gerade in Zeiten der Vollbeschäftigung Teilzeitarbeit der Frauen stark behindert hat (vgl. WEEBER 1971).

Was nun die sozialen Beziehungen anbelangt, so konnte sich die anfängliche soziale Isolation in den Neubausiedlungen zwar im Laufe der Zeit mildern (vgl. DITTRICH/KRUMMACHER 1979, S. 76; HERLYN u.a. 1982, S. 174), aber nicht zuletzt auch wegen der kontakterschwerenden Hochhausarchitektur blieb eine grundsätzliche Kontaktfeindlichkeit weit verbreitet. Die Wohnbevölkerung kam ja überwiegend aus älteren Stadtgebieten, in denen sie in einem System überlieferter Verhaltensregeln aufgewachsen war und in einem weithin vorgegebenen Geflecht sozialer Beziehungen lebte. In einer Neubausiedlung, in die Tausende von Menschen in kurzer Zeit einziehen, muß sich dieses Beziehungsgeflecht erst neu bilden. Wenn auch im allgemeinen die sozialen Netzwerke insgesamt sich in der modernen Stadt enger knüpfen als die gängige Kulturkritik es darstellt (vgl. HERLYN 1988), so trifft doch weitgehend auf die neuen Großsiedlungen zu, daß dort soziale Erosionserscheinungen weit verbreitet sind (vgl. zum Stand der Forschungen BERTELS 1987, S. 31 ff.). Die sich erst allmählich bildende Nachbarschaft ist oft noch nicht so belastungsfähig, daß sie die sonst übliche „Rolle eines Nothelfers in Alltagsangelegenheiten" (DIEWALD 1987, S. 71) übernehmen kann und will und bleibt daher für die Erwachsenen relativ unbedeutend. Die normalerweise weitverbreiteten Hilfeleistungen von nahe wohnenden Verwandten sind im Neubauviertel reduziert, weil dort signifikant weniger Verwandte wohnen (HEIL 1971, S. 56; ZAPF u.a. 1969, S. 160 f.; PFEIL 1965), so daß gerade nicht „die Möglichkeiten des intergenerativen Ausgleichs intertemporaler Belastungsschwankungen" (DEUTSCHER BUNDESTAG 1986, S. 163) ausgeschöpft werden können. Auch hinsichtlich der Freunde und Bekannten bleibt die Kontaktdichte in der Siedlung unterdurchschnittlich (vgl. HERLYN u.a., (Hg.) 1987, S. 115), was vor allem damit zusammenhängt, daß noch für längere Zeit nach dem Umzug frühere Kontakte aufrechterhalten werden. Die Hauptfunktion enger sozialer Netzwerke, durch soziale Unterstützung sich im Lebensverlauf ereignende Belastungs- und Krisensituationen aufzufangen, beschreibt KEUPP nachdrücklich: „Beim Vorhandensein positiver sozialer Unterstützung gibt es weniger Geburtenkomplikationen, länger und positiv erlebte Phasen des Stillens, erfolgreiche Trauerarbeit nach dem Tod einer wichtigen Bezugsperson, bessere Bewältigung von erwartbaren Krisen ("normal crisis") und Übergangssituationen (wie Einschulung, berufliche Veränderungen, Ruhestand), von Ehescheidung bzw. Partnertrennung, von Berufsstreß oder Arbeitslosigkeit" (1987, S. 30). Das in den Neubausiedlungen typischerweise bestehende Beziehungsvakuum ist zwar für die alltägliche Daseinsbewältigung hinderlich, mag jedoch auch Chancen für Individualisierungsprozesse beinhalten und zu selbst initiierten Lebensformen und pluralisierten Lebensstilen freisetzen (vgl. KEUPP 1987; BECK 1986).

Entsprechend des vorherrschenden Familientypus gab es bei Erstbezug einen Kinderberg, der sich wegen der hohen Außenmobilität nur zögernd in einen Berg von Jugendlichen verwandelte[5]. Die erwartbare Stärke von Kindern und Jugendlichen steht nun in auffälliger Diskrepanz zu der Berücksichtigung ihrer typischen Lebensweisen in der Organisation der Siedlungen. Alle frühen soziologischen Untersuchungen der Neubausiedlungen thematisieren alle die anfangs besonders drastische Disparität zwischen der großen Anzahl an Kindern und der geringen Ausstattung mit für sie bestimmten Infrasturktureinrichtungen wie z.B. Kinderkrippen, –horte, Kindergärten, Spielplätze etc. (vgl. K. ZAPF u.a. 1969, S. 309 ff.; außerdem KOB u.a. 1972; WEEBER 1971). In Bezug auf diese Einrichtungen hat sich nun im Laufe der Jahre in der Regel in den Großsiedlungen ein erheblicher Wandel vollzogen, als nachträgliche Ausstattungen vermehrt vorgenommen wurden und bei einer sinkenden Anzahl von Kindern pro Familie einer auf Quantitäten beruhenden Richtwerterfüllung manchmal mehr als Genüge getan wurde, jedoch blieben Defizite im qualitativen Bereich häufig genug bestehen.

Nicht selten geraten die Kinder angesichts eines sich zunehmend verinselnden Lebensraumes (vgl. den Beitrag von ZEIHER in diesem Band) ins Abseits, wenn die Eltern wegen anderer (beruflicher) Verpflichtungen nicht die Koordination von Alltagsorten übernehmen können und so kommt es vermehrt in den Neubausiedlungen zu aggressiven Akten der Zerstörung und des Vandalismus, deren „Umwelt kaum Ressourcen für die Lebensbewältigung" bereithält (MÜLLER 1983, S. 167). In neueren, verschiedene räumliche Umwelten von Kindern und Jugendlichen vergleichenden Untersuchungen wird in Neubausiedlungen die stärkere „Institutionen–Orientiertheit des Lebens" (MÜLLER 1983, S. 156; vgl. auch HARMS u.a. 1985) hervorgehoben, was einen nicht unwesentlichen Einfluß auf Arten der Raumaneignung impliziert. „Die Orte, an denen die institutionellen und kommerziellen Angebote verankert sind, liegen nicht unbedingt in der unmittelbaren Wohnumwelt. Die Kinder und Jugendlichen, die diese Angebote nutzen, überbrücken Entfernungen, lernen neue Orte kennen und sie treffen dort auf andere Kinder und Jugendliche als die, mit denen sie in ihrer unmittelbaren Wohnumwelt spielen oder gespielt haben" (HARMS u.a. 1985, S. 386). Diese mit zunehmendem Alter immer stärker geforderte bewußte Organisation und Veranstaltung der eigenen Lebensplanung mag mit dazu beitragen, daß Individualisierungsprozesse im Sinne einer Herauslösung ihrer Biographie aus vorgegebenen Fixierungen (hier: lokalen Verklammerungen im Wohnquartier) und größerer Entscheidungsoffenheit des einzelnen vorbereitet und evtl.

---

[5] So waren 1982 in 5 Hamburger Großsiedlungen immer noch ein knappes Drittel aller Bewohner im Alter von 0–18 Jahren (vgl. ARGE KIRCHHOFF/JACOBS 1985, S. 98). Eine Analyse von Einzugskohorten in die Hamburger Großsiedlungen zeigt, daß „später in die Siedlung nachziehende Bewohnergruppen eine ähnlich hohe bzw. noch stärkere Besetzung im Bereich der Altersgruppe der 0 bis unter 6jährigen aufweisen (vgl. NAROSKA 1987, S. 232).

sogar eingeleitet werden (vgl. BECK 1986). Es scheint jedoch so zu sein, daß die damit dem einzelnen Heranwachsenden abgeforderten Leistungen eher als Notwendigkeit, denn als eine Befreiung erkannt werden. Erinnert sei in diesem Zusammenhang an die in den Vorbemerkungen zitierten Worte von MITSCHERLICH, der in der modernen Stadt eine asymetrische Chancenverteilung zuungunsten der Heranwachsenden erkennt (1965, S. 91 f.).

Die Einrichtungen zum öffentlichen Gebrauch hätten zwar die schwierige Wohnsituation durch entsprechende Versorgungsangebote verbessern können, aber einmal mangelte es gerade in der Anfgangszeit nicht unerheblich an diesen Infrastrukturangeboten und zum anderen hielt sich die Kritik an dem Gebrauchswert vieler Einrichtungen, nachdem die Siedlungen nach und nach besser ausgestattet wurden. Das betrifft Bildungs– und Weiterbildungseinrichtungen, die Freiflächensituation, wie besprochen die Einrichtungen für Kinder, die Gesundheitsversorgung, die Gastronomie wie auch die Einkaufsmöglichkeiten. Dabei ist jedoch auch zu überlegen, ob nicht die diffuse Unzufriedenheit mit der gesamten Lebensorganisation in den Großsiedlungen nur von den Betroffenen auf solche klar benennbaren Einrichtungen projiziert wird, denn generell kann festgestellt werden, daß die Behandlung infrastruktureller Einrichtungen einen Raum einnimmt, dem die tatsächliche Bedeutung für verschiedene Sozialgruppen gar nicht entspricht. So ist z.B. vor einiger Zeit nachdrücklich auf die größere Bedeutung der Qualität von Freiflächen gegenüber derjenigen von Infrastruktureinrichtungen für die Wohnzufriedenheit und die Qualität eines Quartiers hingewiesen worden (LEIST 1982, S. 142). Es muß jedoch angenommen werden, daß die relativ eindimensionale Struktur von Freiflächen wie auch die in der Regel wenig attraktiven Infrastruktureinrichtungen mit zu der Überbetonung der Privatsphäre beigetragen haben.

5. Der aktuelle sozial–räumliche Umschichtungsprozeß

Ein bundesweit angespannter Wohnungsmarkt in der Bundesrepublik in den 60er Jahren hatte bis in die 70er Jahre hinein verhindert, daß die weitverbreiteten Probleme in den Neubausiedlungen zu Abwanderungen aus den Siedlungen führten. Man muß heute davon ausgehen, daß die wohnungsmarktbedingte „erzwungene Seßhaftigkeit" (vgl. KREIBICH und MEINECKE 1987) die Fluktuation in engen Grenzen gehalten hat. Auf dem Hintergrund einer nachlassenden Bevölkerungswanderung in die Großstädte einerseits und eines negativen natürlichen Bevölkerungssaldos aufgrund eines geänderten generativen Verhaltens andererseits nahm etwa ab Mitte der

70er Jahre die Bevölkerung vieler Großstädte spürbar ab[6]. Besonders in den Großsiedlungen, die in ökonomisch schrumpfenden Städten und Regionen, besonders des west- und norddeutschen Raumes, gelegen sind, kommt es zu arbeitsmarktbedingten Bevölkerungsverlusten, die die Chancen zur Wohnsitzmobilität nicht unwesentlich erhöhen.

Schon vor 10 Jahren analysierten DURTH und HAMMACHER den schleichenden Attraktivitätsverlust vieler Neubausiedlungen bzw. relevanter Teile von ihnen und erkannten drei Haupttendenzen von Prozessen sozialer Umschichtung in Neubausiedlungen:

- „Die Abwanderung der Bevölkerungsteile mit gehobenem sozialen Status und Einkommen, deren ökonomische Lage, objektive und subjektive Möglichkeiten die Entscheidung zum Wegzug erlauben und geradezu erfordern.

- Die fast schicksalhafte Bindung jener Bevölkerungsteile, die sich an der Schwelle der erforderlichen ökonomischen Leistungsfähigkeit auf den Verbleib in der Siedlung eingestellt haben.

- Das Anwachsen eines 'Bodensatzes' von sozialen Problemfamilien und -personen, verursacht durch die kommunale Einweisungspolitik und Prozesse sozialer Verelendung in der Siedlung selbst" (DURTH und HAMMACHER 1978, S. 24).

Was die erste Gruppe der bessergestellten Mietergruppen anbetrifft, führte vor allem das sich durch den Abbau staatlicher Zinssubventionen verteuernde Mietniveau im Vergleich mit zunehmend marginal werdenden Mehrbelastungen im freifinanzierten Wohnungsbau bzw. sogar Eigentum in attraktiveren Gebieten zu einer Verringerung der Akzeptanz der Siedlungen und zu einer Verstärkung von Auszügen. Nicht selten waren die Kinder schon so groß geworden, daß sie einerseits nicht mehr durch schulische Abhängigkeiten zur Immobilität gezwungen waren, andererseits aber auch eher die Frauen wieder erwerbstätig werden konnten, so daß sowohl von der sozialen als auch von der ökonomischen Situation alles für einen erneuten Wohnungswechsel sprach. In einer Untersuchung des Bundesministeriums für Raumordnung, Bauwesen und Städtebau wurde kürzlich ermittelt, daß in über der Hälfte der untersuchten Siedlungen in 10 Städten der Bundesrepublik in den letzten 3 Jahren ein z.T. stark vermehrter Mieterwechsel festgestellt werden konnte, in den Siedlungen mit über 5.000 Wohneinheiten waren es sogar gut zwei Drittel (SCHMIDT–BARTEL und MEUTER

---

[6]So gab es in den 57 kreisfreien Städten der Bundesrepublik über 100.000 Einwohner von 1975–1983 eine Abwanderung von 2,5% der Wohnbevölkerung von 1983. In demselben Zeitraum nahmen die Einwohner in allen Städten über 50.000 Einwohner um 3–4 auf 1.000 Einwohner ab (vgl. BURISCH u.a. 1985, S. 91 und 112).

1986, S. 29)[7]. Für ein Drittel aller Siedlungen und sogar der Hälfte der Großsiedlungen (über 5.000 EW) wird angegeben, daß sich die soziale Zusammensetzung geändert habe (S. 30), was ganz eindeutig im Sinne einer sozialstrukturellen Abwärtsentwicklung gedeutet werden muß. Mit Recht wird in der Untersuchung ein beschleunigter Mieterwechsel als ein „Warnsignal" künftiger Vermietungsschwierigkeiten und sogar Wohnungsleerstände gewertet. Diese waren zwar im Schnitt aller Großsiedlungen noch Mitte der 80er Jahre mit ca. 3% relativ gering (vgl. GEWOS 1985). Die Leerstandsquoten erreichten aber in 13 Großsiedlungen mehr als 15%. Von der Leerstandsproblematik sind die Großsiedlungen härter betroffen als andere Sozialwohnungsbestände in den gleichen lokalen Wohnungsmärkten; gut zwei Drittel der befragten Experten behaupteten das für die großen Siedlungen über 5.000 Einwohner (SCHMIDT–BARTEL, MEUTER 1986, S. 29). Im Zuge des enorm angewachsenen Zustroms von Spätaussiedlern in die Bundesrepublik werden jedoch diese Leerstände zunehmend abgebaut.

Es gibt bis heute m.W. noch keine Untersuchung der Bevölkerungsgruppen, die in den letzten Jahren stark zunehmend die Siedlungen verlassen haben. Fast alle Tagungen, Berichte und empirischen Studien richten ihr Augenmerk auf die Problematik der Neubausiedlungen ohne sich mit den Siedlungsflüchtigen näher zu beschäftigen. Wir wissen nur, daß es eben bessergestellte, zahlungskräftige Personen und Gruppen sind und ich vermute ganz stark, daß es sich vorzugsweise um Haushalte in der späten Konsolidierungsphase bzw. in der Schrumpfungsphase handelt. Nach einer angenommenen Wohndauer von 10–15 Jahren in der Siedlung werden die Kinder in der Regel schon groß und selbständig sein oder schon das Elternhaus verlassen. In dieser Familienphase verbessert sich dann in der Regel die Einkommenssituation zumal dann, wenn die Frau auch (wieder) berufstätig ist. Zusammen sind sie in Massenumzügen eingezogen, vereinzelt zieht die Masse wieder aus, um sich nach ihren Bedürfnissen passendere Wohnungen und Wohnquartiere auszuwählen.

Die zweite Mietergruppe kann man mit DURTH als schicksalhaft an die Siedlung gebunden bezeichnen. Die Daten über vollzogene Wohnsitzmobilität täuschen darüber hinweg, daß bei entsprechender Aufnahmefähigkeit und Transparenz des lokalen Wohnungsmarktes und verbesserter ökonomischer Situation der Einzelhaushalte die Fluktuation noch sehr viel höher wäre. Was damit gemeint ist, kommt sehr gut in der folgenden Äußerung eines jüngeren Mannes aus einer Großsiedlung in Hannover zum Ausdruck: „Ich möchte hier wohnen bleiben, weil es zu schwer und zu teuer ist, auszu-

---

[7]So wird z.B. aus Köln–Chorweiler berichtet, daß im Jahre 1984 40% der Mieter von Wohnungen der Neuen Heimat (744 von 1.871) ihre Wohnung verlassen haben; vgl. GOLDMANN 1986, S. 193.

ziehen. Es ist schwer, eine andere Wohnung zu finden" (HERLYN, NAROSKA, TESSIN 1986, S. 64). In verschiedenen Untersuchungen von Großsiedlungen Ende der 70er Jahre äußerten doch ziemlich große Anteile der befragten Bevölkerung – etwa ein Viertel bis Fünftel – die feste Absicht, demnächst auszuziehen (vgl. GEWOS 1978, S. 66; DITTRICH/KRUMMACHER 1979, S. 72; TESSIN u.a. 1983, S. 161). In einem Neubaugebiet Hannovers waren es sogar bis zu 40%, die eine mehr oder weniger deutliche Wegzugsbereitschaft äußerten (vgl. HERLYN, NAROSKA, TESSIN 1986). Im Vergleich zu älteren Stadtgebieten ist hier die verweigerte Akzeptanz der Siedlung extrem hoch und daher muß man damit rechnen, daß bei weiterer Entspannung der Wohnungsmärkte und Möglichkeiten zum Wohnungswechsel bei den Betroffenen sich in den Neubausiedlungen am Stadtrand weitere Entleerungstendenzen zeigen werden. Selbstverständlich kann und soll hier nicht der Eindruck erweckt werden, daß es nicht doch auch nach längerer Wohndauer einen festen Stamm von Mietern gibt, der aus verschiedenen Gründen gerne dort wohnt.

Sehr viel mehr Aufmerksamkeit als den ersten beiden Gruppen wurden in der aufgeklärten Öffentlichkeit und der Wissenschaft jenen „subventionierten Zwangsbewohnern" (DURTH/HAMMACHER 1978, S. 23) zuteil, womit die aus verschiedenen Gründen auf finanzielle Unterstützungen der öffentlichen Hand (sei es durch Sozialhilfe, Wohngeld, Arbeitslosenunterstützung) relativ dauerhaft angewiesenen bzw. von ihrer sozialen Umwelt mehr oder weniger als Belastung empfundenen Personengruppen wie Sanierungsverdrängte, Ausländer, Sozialhilfeempfänger, Spätaussiedler, ehemalige Obdachlose etc. gemeint sind. Diese in der Bundesrepublik zunehmenden ökonomisch und sozial schwachen Gruppen (z.B. stieg die Zahl der Sozialhilfeempfänger zwischen 1970 und 1984 um 1,1 Millionen) wurden nun verstärkt in die durch den Auszug zahlungskräftiger Mietparteien frei werdenden Wohnungen in den neuen Großsiedlungen von den mit der Wohnungsvermittlung betrauten Institutionen eingewiesen und durch diese Belegungspolitik wurde der Auszug von anderen Mietergruppen beschleunigt. Der Umfang des sich verstärkenden Prozesses sozialer Umschichtung ist kürzlich am Beispiel Hamburger Großsiedlungen empirisch von H. J. NAROSKA dargestellt worden. Er konnte z.B. eine sich dramatisch beschleunigende Zahl von Ausländern ermitteln. In einem Zeitraum von nur 6 Jahren (1978–1984) verdoppelte sich dort die Zahl der Ausländer: HH–Steilshoop von 7,0% auf 16,2%; in HH–in HH–Osdorfer Born von 5,4% auf 10,1% und in HH–Mümmelmannsberg sogar von 8.0% auf 21,1% (NAROSKA 1987, S. 424ff.). So heterogen die Gruppe der neuerdings eingewiesenen Wohnungssuchende auch ist, so kann man doch grob zwei Gruppen unterscheiden: Einmal der größer werdende Kreis von Mietern, die sich auf dem normalen Markt nicht behaupten können und auf die zumeist in Neubausiedlungen konzentrierten Sozialwohnungen mit Belegungsrechten der Kommunen angewiesen sind. Andererseits die Personen, die aus Obdachlosenunterkünften in normale Mietwohnungen 'aufsteigen' und erst durch die Einweisung in das Neubaugebiet den Status eines Mieters erhalten[8]. Gerade für die letzte Gruppe scheint der 'Übergang' in eine Sozialwohnung in einer Großsiedlung als 'normaler' Mieter eine entscheidende Etappe einer positiven Wohnkarriere zu sein. Doch herrscht unter den Experten darüber keine Einigkeit, denn die Konzentration von neuen und alten Randgruppen in einigen Teilbeständen der Großsiedlungen verwandelt sie mittel- bis langfristig in soziale Ghettos.

In diesem Zusammenhang ist besonders wichtig, auf die zu Anfang thematisierte Befähigung und Motivation zur Aufgabe der alten, aber auch zur Aufnahme der neuen Position (vgl. KOHLI 1976) zurückzukommen. Auf die Wohnverhältnisse gewendet, scheint hier eine kaum zu überbrückende Diskrepanz zwischen den Wohnerfahrungen eines großen Teils der Randgruppen und den Wohnerfordernissen in den neuen Wohnsiedlungen zu bestehen. „Diese Siedlungen waren für einkommensstärkere, hochmobile Bevölkerungsgruppen geschaffen worden, deren Interesse an Nachbarschaft und Quartier eher gering, deren Konsum-, Komfort- und Privatisierungsbestreben (teilweise auch lebenszyklisch bedingt) dagegen umso stärker ausgeprägt war" (TESSIN in: HERLYN u.a. (Hg.), 1987, S. 278). Die individualisierende und anonymisierende Wohnumwelt der Neubausiedlungen mit den überwiegend vertikal in Hochhäusern gestapelten Wohnungen ist nun besonders ungeeignet für all die randständigen, ökonomisch wie sozial schwachen Gruppen, die auf die schützende Hülle eines Wohnquartiers angewiesen sind, in dem eine vertraute Solidarität alltäglich erfahren werden kann. Nicht selten äußert sich diese Unangepaßtheit der Wohnumwelt bei den Erwachsenen in resignativer Hinnahme des Unabänderlichen, während bei den Jugendlichen Aggressionen, Zerstörungswut, Vandalismus und Kriminalität häufig registrierte Antworten auf die sozialisationsfeindliche, ihre Möglichkeiten überfordernde räumliche Umwelt darstellen. So vollziehen sich unter veränderten Vorzeichen zum zweiten Male massenhaft ökologische Übergänge, deren Scheitern sich z.T. schon abspielt, auf jeden Fall aber antizipiert werden muß.

---

[8] Es ist wie in vielen anderen Städten so auch in Hannover eine gesetzliche Aufgabe, den Bestand an städtischen Übergangswohnungen zu reduzieren. Im Zuge dieser Maßnahme kommt es auch zu Einweisungen in die belegungsrechtsgebundenen Wohnungen in den neuen Großsiedlungen (vgl. HERLYN, NAROSKA, TESSIN 1986, S. 17 ff.).

6. Schlußbemerkung

Mit dieser Skizze von weitgehend administrativ gesteuerten Wohnungsvermittlungen am Beispiel der neuen Großsiedlungen sollte gezeigt werden, wie lebensstrukturierend bzw. lebenslaufprägend Wohnungswechsel sein können. Wenn die beiden diskutierten Umzugswellen auch viele Gemeinsamkeiten aufweisen, so gibt es doch auch wichtige Unterschiede.

Der Massenumzug in eine neue Wohnung und gleichzeitig ein neues Wohnviertel der Großsiedlungen war zu Beginn mit großen Hoffnungen auf ein 'besseres Leben' verbunden. Die Großsiedlungen selbst waren noch weitgehend ein 'Niemandsland', sie waren noch nicht sozial abgestempelt und mit einem bestimmten Ruf versehen. Doch die in fast allen lebenswichtigen Dimensionen neue Situation, vor allem das soziale Vakuum, überforderte in der Regel die Bewohner, die nun mit dem Einzug in einen „ökonomischen und psychischen Dauerstreß" (DURTH/HAMMACHER 1978, S. 25) gerieten. Mit der Zeit verflogen die Hoffnungen auf eine neue Stabilisierung der durch den Wohnungs– und Quartierswechsel verunsicherten Lebenssituation (vgl. die Geschichte der L. weiter vorn) und spätestens mit den ersten, durch Änderungen des Wohnungsmarktes entstehenden realen Chancen, die Siedlungen wieder zu verlassen, verbreiteten sich Enttäuschungen, Wut und partielle Gegenwehr vor allem unter Jugendlichen.

Bei den sich verstärkt in den letzten Jahren vollziehenden Einquartierungen sozial marginalisierter Gruppen ist das Image der Großsiedlungen weitgehend negativ festgeschrieben und dementsprechend zurückhaltend sind auch die Erwartungen der Neueinziehenden. In vielen Großsiedlungen hat sich durch sozialstrukturellen Wandel inzwischen ein Prozeß sozialer Desorganisation vollzogen, indem traditionell anerkannte Regeln und Formen des sozialen Verhaltens unterhöhlt und in Frage gestellt wurden, ohne daß verbindliche neue Kanons des Verhaltens entwickelt und allgemein anerkannt wurden. Die heute eingewiesenen sozial marginalisierten Gruppen tragen zu einer weiteren sozialen Erosion bei insofern, als sie mehrheitlich nicht in der Lage sind, den allmählichen Zerfall normativer Orientierungen und sozialer Kontrollen aufzuhalten, so daß sich in Teilbeständen einiger Großsiedlungen anomische Zustände beginnen abzuzeichnen.

Gegenüber dem in der Stadtsoziologie und in diesem Beitrag vorherrschenden Deutungsmuster des Verlustes traditionaler Vergesellschaftungsformen sieht ein entgegengesetztes Deutungsmuster „in dem Zerfall traditionsbestimmter Lebensformen die Chance und den Neubeginn einer 'befreiten Gesellschaft'" (KEUPP 1987, S. 23). Diese Deutungsrichtung paßt in die gegenwärtige Diskussion von neuen Individualisierungstendenzen, die bedeuten, „daß die Biographie der Menschen aus vorgegebenen Fixierungen herausgelöst, offen, entwicklungsabhängig und als Aufgabe in das Handeln jedes einzelnen gelegt wird" (BECK 1986, S. 216). Die Individualisierung von Lebenslagen und Lebenswegen wird auch u.a. dadurch möglich, „daß alte Wohngebiete durch neue urbane Großstadtsiedlungen mit ihren lockeren Bekanntschafts– und Nachbarschaftsverhältnissen ersetzt werden" (BECK 1983, S. 39). Es ist keine Frage, daß nicht die enormen Chancen gering geschätzt werden dürfen, durch räumliche Veränderungen in Routine erstarrte soziale Verhältnisse aufzubrechen; die „Stärke schwacher Bindungen" (GRANOVETTER zit. bei KEUPP 1987, S. 23) scheint die sozialen Netzwerke in den Großsiedlungen treffend zu charakterisieren. Der gewaltsame Freisetzungsprozeß durch die Massenumzüge aus gewohnten und vertrauten Bereichen war jedoch so radikal, daß sich nur sehr begrenzt in den neuen Wohnsiedlungen wirklich neue Lebensstile entwickeln konnten. Individualisierte Lebensformen (neue Haushaltstypen, neue Konsum– und Freizeitgewohnheiten) beobachten wir hingegen verstärkt in den alten und z.T. modernisierten innenstadtnahen Wohngebieten. So bleibt abschließend festzustellen, daß der Einzug und das Wohnen in den neuen Großsiedlungen nicht selten Diskontinuitäten in den Wohnkarrieren und Lebensläufen der Beteiligten auslösten, die eher belastende als befreiende Wirkungen erzeugt haben.

Literaturverzeichnis

ARGE KIRCHHOFF/JACOBS 1985: Hamburg – Steilshoop. 15 Jahre Erfahrung mit einer Großsiedlung, Heft Nr. 01.074 des BM für Raumordnung, Bauwesen und Städtebau, Mönchengladbach

BECK, U. 1986: Risikogesellschaft. Auf dem Weg in eine andere Moderne, Frankfurt/M.

BEHNKEN, I., M. DUBOIS–REYMOND und J. ZINNECKER 1987: Raumerfahrung in der Biographie. Das Beispiel Kindheit und Jugend, Fernkurs der Universität Hagen

BERTELS, L. 1987: Neue Nachbarschaften. Soziale Beziehungen in einer Neubausiedlung als Folge von Initiativenarbeit, Frankfurt a.M.

BRONFENBRENNER, U. 1978: Ansätze zu einer experimentellen Ökologie menschlicher Entwicklung, in: OERTER, R. (Hg.), Entwicklung als lebenslanger Prozeß, Hamburg, S. 33–65

BUNDESMINISTER FÜR JUGEND, FAMILIE, GESUNDHEIT (Hg.) 1984: Familie und Arbeitswelt, Bd. 143, Stuttgart

BURISCH, H.R. u.a. 1985: Ein Strukturbericht zum Thema Bevölkerung, Reihe 'Städte in Zahlen', Heft 3, Hamburg

COING, H. 1974: Stadtsanierung und soziale Veränderung, in: HERLYN, U. (Hg.), Stadt– und Sozialstruktur, München, S. 209–237

DEUTSCHER BUNDESTAG (Hg.) 1986: Die Situation der älteren Menschen in der Familie – Vierter Familienbericht –, Drucksache 10/6145

DIEWALD, M. : Sozialkontakte und Hilfeleistungen in informellen Netzwerken, in: GLATZER, W. und BERGER–SCHMITT, R. (Hg.), Haushaltsproduktion und Netzwerkhilfe, Frankfurt/M., S. 51–84

DITTRICH, G.G. (Hg.) 1974: Menschen in neuen Siedlungen, Stuttgart

DITTRICH, G.G. und KRUMMACHER, M. (Hg.) 1979: Untersuchung der Wohnverhältnisse in ausgewählten Demonstrativbauvorhaben, Schriftenreihe 'Versuchs– und Vergleichsbauten und Demonstrativbauvorhaben' des BM für Raumordnung, Bauwesen und Städtebau, Nr. 01.065 , Bonn

DORSCH, P. 1974: Warum machen Trabantenstädte krank? Kommunikationsprobleme und Konflikte in neuen Siedlungen, in: Wohnen, hrsg. von der Landeszentrale für politische Bildung Baden–Württemberg, Heft 2, S. 120–123

DURTH, W. und G. HAMACHER 1978: Stadtentwicklung als Problemverschiebung, in: arch+, Nr. 40/41

FISCHER, W. 1978: Struktur und Funktion erzählter Lebensgeschichten, in: Kohli, M. (Hg.), Soziologie des Lebenslaufs, Darmstadt und Neuwied, S. 311–335

FRIED, M. 1971: Trauer um ein verlorenes Zuhause, in: Büro für Stadtsanierung und Soziale Arbeit Berlin (Hg.), Sanierung: Für Wen? Berlin

GEWOS 1978: Neue Wohnanlagen im Urteil der Bewohner. Analyse der Wohnzufriedenheit, GEWOS – Schriftenreihe 'Neue Folge' Nr. 27, Hamburg

GEWOS 1985: Leerstandsanalyse in sieben ausgewählten Städten, in: Schriftenreihe 'Wohnungsmarkt und Wohnungspolitik' des BM für Raumordnung, Bauwesen und Städtebau, Nr. 07.015, Bonn

GOLDMANN, D. 1986: Stadterneuerung in Großsiedlungen. Lösungsansätze und Erfahrungen in Köln–Chorweiler, in: Gemeinnütziges Wohnungswesen, Jg. 39, Heft 4, S. 186–196

GRONEMEYER, R. u H. HERMANNS 1977: Probleme der Stadtentwicklung, in: Wochenschau für politische Erziehung, Sozial– und Gemeinschaftskunde, Nr. 11/12

HARMS, G., CH. PREISSING und A. RICHTERMEIER 1985: Kinder und Jugendliche in der Großstadt, Berlin

HEIL, K. 1971: Kommunikation und Entfremdung, Stuttgart/Bern

HERLYN, U. 1988: Individualisierungsprozesse im Lebenslauf und städtische Lebenswelt, in: Friedrichs, J. (Hg.), Soziologische Stadtforschung, Sonderheft der Kölner Zeitschrift für Soziologie und Sozialpsychologie, Opladen, S. 111–131

HERLYN, U., A.V. SALDERN und W. TESSIN (Hg.) 1987: Neubausiedlungen der 20er und 60er Jahre. Ein historisch–soziologischer Vergleich, Frankfurt/M.

HERLYN, U., H.J. NAROSKA UND W. TESSIN 1986: Hannover Vahrenheide–Südost. Eine sozialwissenschaftliche Expertise, Hannover

HERLYN, U., U. SCHWEITZER, W. TESSIN und B. LETTKO 1982: Stadt im Wandel. Eine Wiederholungsuntersuchung der Stadt Wolfsburg nach 20 Jahren, Frankfurt/M., S. 11–53

KEUPP, H. 1987: Soziale Netzwerke. Eine Metapher des gesellschaftlichen Umbruchs?, in: Ders. und Röhrle, B. (Hg.), Soziale Netzwerke, Frankfurt/M.

KOB, J. P. u.a. 1972: Städtebauliche Konzeptionen in der Bewährung: Neue Vahr Bremen, Göttingen

KOHLI, M. 1976: Sozialisation und Lebenslauf: Eine neue Perspektive für die Sozialisationsforschung, in: Lepsius, R. M. (Hg.), Verhandlungen des 17. Soziologentages, Stuttgart, S. 311–325

KOHLI, M. 1986: Gesellschaftszeit und Lebenszeit. Der Lebenslauf im Strukturwandel der Moderne, in: Berger, J. (Hg.), Die Moderne – Kontinuitäten und Zäsuren, Sonderband 4 der Sozialen Welt, Göttingen, S. 183-208

KREIBICH, V. 1982: Determinanten des Standortverhaltens von Haushalten, in: Akademie für Raumforschung und Landesplanung (Hg.), Forschungs– und Sitzungsberichte, Bd. 146, S. 19–40

KREIBICH, V. und B. MEINECKE 1987: Wohnungsmarkt, Wohnstandortverhalten und Wohnungsversorgung, in: AFHELD, H. u.a. (Hg.), Wohnungsversorgung und Wohnungspolitik in der Großstadtregion, Beiträge zur Stadtforschung 5, Gerlingen, S. 160–172

LEHMANN, A. 1983: Erzählstruktur und Lebenslauf, Frankfurt/M.

LEIST, P. R. u.a. 1982: Wohnumfeld und Wohnquartiere aus der Sicht des Stadtbewohners, Bonn–Bad Godesberg

MATTHES, J. 1978: Wohnverhalten, Familienzyklus und Lebenslauf, in: KOHLI, M. (Hg.), Soziologie des Lebenslaufs, Darmstadt und Neuwied, S. 154–172

MITSCHERLICH, A. 1965: Die Unwirtlichkeit unserer Städte, Frankfurt/M.

MÜLLER, H.–U. 1983: Wo Jugendliche aufwachsen. Umweltaneignung in verschiedenen Lebensräumen, in der Neubausiedlung, im Altstadtviertel, in der Kleinstadt, München

NAROSKA, H. J. 1987: Sozialstruktureller Wandel in Siedlungen der 60er Jahre und seine Bedeutung für eine quartierliche Versorgungspolitik, in: HERLYN, U. u.a. (Hg.), Neubausiedlungen der 20er und 60er Jahre, Frankfurt/M., S. 224–258

PFEIL, E. 1965: Die Familie im Gefüge der Großstadt, Hamburg

PFEIL, E. 1972: Großstadtforschung, Hannover (zuerst 1950)

POSENER, J. 1966: Das Lebensgefühl des Städters, in: Stadtbauwelt Heft 10, S. 766-774

REIDEMEISTER, H. 1972: „Schöner Wohnen". Protokoll aus dem Märkischen Viertel Berlin, in: ENZENSBERGER, H. M. und MICHEL, K. M. (Hg.), Planen – Bauen – Wohnen, Kursbuch 27, Berlin, S. 1–11

ROSSI, P.H. 1955: Why families move. A Study in the Social Psychology of Urban Residential Mobility, Glencoe, Ill.

SCHMIDT–BARTEL, J. und H. MEUTER 1986: Der Wohnungsbestand in Großsiedlungen in der Bundesrepublik Deutschland, Heft Nr. 01.076, Bonn-Bad Godesberg

SOMMER, K. 1954: Familiengerechte Wohnung – Einkommen, Mietaufwand, in: Sozialer Fortschritt, Heft 5

TESSIN, W. 1977: Stadterneuerung und Umsetzung, Diss. Göttingen

TESSIN, W., TH. KNORR, C. PUST und T. BIRLEM 1983: Umsetzung und Umsetzungsfolgen in der Stadtsanierung, Basel/Boston/Stuttgart

TESSIN, W. 1987: Zu Fragen der Erhaltung und Entwicklung der großen Wohnsiedlungen der zwanziger und sechziger Jahre, in: HERLYN, U. u.a. (Hg.): Neubausiedlungen der 20er und 60er Jahre, Frankfurt/M.

WEEBER, R. 1971: Eine neue Wohnumwelt, Stuttgart/Bern

ZAPF, K., H. HEIL und J. RUDOLPH 1969 : Stadt am Stadtrand. Eine vergleichende Untersuchung in vier Münchener Neubausiedlungen, Frankfurt/M.

Initiativenarbeit im Lebenslauf von Frauen einer Neubausiedlung

Lothar Bertels

1. Einleitung

Satellitenstädte, die nach dem zweiten Weltkrieg entstanden, haben ein schlechtes Image. Die hohe Fluktuation der Bewohner weist auf eine mangelnde Attraktivität hin. Aufgrund ihrer baulichen Struktur gelten diese Großsiedlungen als antikommunikativ. Stadtplaner diskutieren schon den Umbau oder gar den Abriß dieser Wiederaufbaumaßnahmen zur Behebung der Nachkriegswohnungsnot.

Trotzdem gibt es zahlreiche Indizien dafür, daß es auch hier viele und unterschiedliche Formen sozialer Beziehungen gibt und daß sich die Bewohner mit ihrem Stadtteil identifizieren – trotz oder gegen die vorfindbaren sozialräumlichen Arrangements.

Im Zuge der Geschichte dieser Siedlungen hat sich nicht nur das Stadtteilleben normalisiert, indem sich die Bewohner mit ihren Lebensgewohnheiten auf „ihren" Stadtteil eingestellt und an ihn gewöhnt haben, sondern es gab auch aktive Auseinandersetzungen mit dem Stadtteil. Und vielfach entwickelten sich durch diese Initiativenarbeit soziale, nachbarschaftliche Beziehungen.

Um den hier thematisch unterstellten Zusammenhang von Lebenslauf und Raumerfahrung exemplarisch zu verdeutlichen, soll diskutiert werden, wie sich für Frauen in einer besonderen Problemlage das gleiche Wohnumfeld verändert, zu anderen Raumerfahrungen führt, und welche Bewältigungsstrategien von den Bewohnerinnen entwickelt werden.

Durch ihre neue Situation – als Alleinerziehende in einer Satellitenstadt zu leben – ist ein Markierungspunkt in den Lebensläufen erreicht, an dem bisherige Raumerfahrungen brüchig werden und neue Anstrengungen zur Raumbewältigung gefordert sind. Die Vermutung ist, daß das fest gefügte räumlich–soziale Arrangement der Lebensweise von alleinerziehenden Frauen in einer familiär gebrochenen Phase Änderungsstrategien verlangt, die bei einem Normallebenslauf im Stadtteil nicht benötigt werden. Damit ist unterstellt, daß der städtische Raum auch für ein und dieselbe Gruppe von Bewohnern bzw. Bewohnerinnen in bestimmten Alters– und Lebensphasen grundsätzlich unterschiedlich erfahren werden kann. Für sie hat er gleichsam ein anderes Gesicht bekommen. Scheint sich die räumlich–

soziale Struktur normalerweise als unproblematisch zu erweisen, so stellt sie sich gleichwohl im Kontext biografischer Brüche als Barriere dar. Auf der anderen Seite bietet der Markierungspunkt auch eine Chance, die sozialräumliche Umwelt im Zuge der Arbeit von Initiativen zu beeinflussen.

Wie das geschieht,welche Konsequenzen dies bezüglich der Beseitigung oder Bewältigung von räumlichen Barrieren hat und welche grundsätzlichen Überlegungen zum Verhältnis von Lebenslauf und Stadtteil anzuschließen sind, wird hier thematisiert.

Diesen Gedanken liegt eine Studie zugrunde, in der alleinerziehende Frauen in der Satellitenstadt Dortmund–Scharnhorst–Ost über ihre Lebenssituation und ihre Stadtteilerfahrungen im Rahmen von narrativen Interviews Auskunft gaben[1].

2. Die Dortmunder Satellitenstadt Scharnhorst–Ost – Geschichte des Stadtteils

Die im Zuge des Sozialen Wohnungsbaus errichtete Siedlung Dortmund–Scharnhorst–Ost liegt im Norden der Stadt. Mit ihren ca. 13.000 Einwohnern (1987) – unmittelbar nachdem die Wohnbebauung 1972 weitgehend beendet war, waren es ca. 17.500 – hat sie als Siedlungsschwerpunkt eine Versorgungsfunktion für etwa 45.000 Einwohner des Stadtbezirks Scharnhorst zu übernehmen[2].

In ihrer baulichen Struktur entspricht sie weitgehend den zu jener Zeit angelegten Trabantensiedlungen: Eine Ansammlung von quaderförmigen, überwiegend uniformen, grauen Betonkästen, ohne Individualität und kulturelle Ausstrahlung. Die Siedlungsstruktur bietet kaum Orientierungsmöglichkeiten, räumliche Fixpunkte fehlen weitgehend. Wesentliche Gliederungselemente sind die Verkehrsflächen (Erschließungsstraßen, Stellplätze, Stadtbahn). Scharnhorst–Ost besteht aus funktional streng getrennten Bereichen mit ausgeprägter sozialstruktureller Binnendifferenzierung. Ein Eigenheimbereich im Süden, Eigentumswohnungen im Osten, und der weitgehend von der „Neuen Heimat"errichtete Wohnkomplex im Norden (die Gleiwitzstraße ist der „Sozialäquator") trennt „bessere" von „schlechteren" Wohnbezirken.

Schon bald nach dem Einzug der ersten Familien in die Siedlung (1967) gab es kritische Stimmen zur Ausstattung und über die Lebensbedingungen im neuen Stadtteil. So berichtete die Lokalzeitung:

---

[1] Bei der Konkretisierung dieses Problems wird meine Fallstudie über die Entwicklung von Nachbarschaften in der Folge von Initiativenarbeit am Beispiel der Neubausiedlung Dortmund–Scharnhorst–Ost zugrundegelegt (vgl. BERTELS 1987).

[2] Bevölkerungsentwicklung in Scharnhorst–Ost vgl. Tabelle 1.

„Knöcheltiefer Matsch. Kein Wirtshaus weit und breit. Der Weg zur nächsten Bushaltestelle ist lang. Bis auf ein Lebensmittelgeschäft hat noch kein Laden in der Großsiedlung eröffnet ... Es fehlt ein Begegnungszentrum, es fehlen Kirchen, es fehlen Schulen, es fehlen Sportanlagen" (WR vom 5./6.10.1968).

Und:

„Der Glanz: lichte Wohnungen für Familien, die bisher in engen Räumen hausten. Das Elend: die Verbreitung baulicher Langeweile über grüne Wiesen fern vom Mittelpunkt der alten Stadt ... Und wirklich, viel von Stadt ist dort drunten, wo jetzt schon ein paar tausend Menschen wohnen, noch nicht zu spüren ... Für einige Jahre wird das Wohnen in der neuen Stadt mehr nach innen gekehrt sein als nach außen, denn draußen regiert noch weitgehend das Nichts. Eine gleichzeitige Ausführung von Wohn– und Gemeinschaftsbauten ist nicht gelungen. Also zunächst nur Schlafstadt im Grünen mit grünen Witwen und spät heimkehrenden Männern" (WR–Bericht vom 22.6.1968).

Es gab weder Vereine noch Kirchengemeinden, ja es fehlten (wie seinerzeit in vielen Neubausiedlungen üblich) fast alle Infrastruktureinrichtungen. Kindergärten und Schulen waren kaum vorhanden und die wenigen existierenden bis in die siebziger Jahre hinein hoffnungslos überfüllt. „Fliegende Händler" übernahmen die Versorgung mit Lebensmitteln. Die Verkehrsanbindung zur Innenstadt und zu den Arbeitsstätten war fast nur mit dem Auto möglich. Dennoch ist davon auszugehen, daß die Wohnsituation (Neubauten mit relativ hohem sanitären Standard) für die meisten Neubewohner eine Verbesserung war. Sie hatten sich mit dem Einzug „hochgewohnt". Die Stadt Dortmund konnte die materielle Wohnungsnot der Nachkriegszeit auf diese Weise fast mit einem Mal beheben.

Anders als der räumliche und soziale Tatbestand es vermuten läßt, wurden bei der Planung Scharnhorst–Osts einige dieser Mängel bereits antizipiert. Kommunalpolitiker und Planer wollten eben mit baulich durchdachten Anlagen eine urbane Siedlung, eine „Stadt im Kleinen" entstehen lassen. Dies sollte vor allem durch eine hofbildende Anordnung der Baukörper, durch die Schaffung eines Zentrenbereichs (mit Einkaufsgelegenheiten, Einrichtungen der evangelischen und der katholischen Kirchengemeinde, Gesamtschule, Hallenbad usw.), durch die unterschiedliche Staffelung der Häuser und wohnungsnahes Grün erreicht werden.

Die (historische) Entwicklung des Stadtteils wird im wesentlichen durch vier unterscheidbare sozialpolitische und planerische Interventionen gegliedert:

In der ersten Phase – zeitlich den sechziger Jahren zuzuschreiben – wurden die Planungsziele formuliert. Sie waren vor allem durch die Wohnraumbeschaffung für Zielgruppen des sozialen Wohnungsbaus im Zusammenhang mit der Wohnungsnot der Nachkriegszeit bedingt. Die Stadt versuchte unter Verwendung der Leitvorstellungen einer „gegliederten und aufgelockerten Stadt" mit Rückgriffen auf Vorstellungen des „funktionalen Städtebaus" („Charta von Athen") und der „Gartenstadtidee" einen industriell weitgehend vorgeformten, eigenständigen Stadtteil zu errichten.

In der zweiten Phase – den siebziger Jahren – waren es vor allem die sozialen Problemgruppen, die eine gesteuerte Migration aus kommunalpolitischer Sicht erforderlich machten. Die Obdachlosensiedlungen wurden weitgehend aufgelöst und ihre Bewohner zogen zu einem großen Teil nach Scharnhorst–Ost um. Auch viele Alleinerziehende fanden hier eine angemessene Wohnung, die ihnen auf dem „freien Wohnungsmarkt" nicht zur Verfügung stand, und ein erheblicher Teil der Spätaussiedler (Polen) erhielt in Scharnhorst–Ost ein Wohnquartier.

In der dritten Phase – bis Mitte der achtziger Jahre – ging es vor allem darum, den Fortzug aus dem gesamtstädtisch mit negativem Image belegten Stadtteil zu verhindern. Besonders die sozialen Aufsteiger, denen eine hohe integrierende Wirkung aufgrund der von ihnen ausgehenden Aktivitäten und ihres Engagements in der Siedlung zugesprochen wird, sollen durch Schaffung von Eigentumswohnungen und Eigenheimen lokal gebunden werden, um eine Normalisierung des Stadtteillebens zu bewirken. Die Invasionsprozesse im Kontext mit dem Zuzügen von Problemgruppen bei gleichzeitigen Fortzügen von sozialen Aufsteigern sollten verhindert und einer drohenden Sukzession entgegengewirkt werden.

In der vierten Phase – seit Ende der achtziger Jahre – werden vor allem Spätaussiedler in diesem Quartier untergebracht. Die etwa 3.000–5.000 Menschen sind in diesem Zeitraum zugezogen und bewirken vermutlich weitere soziale Umschichtungs– und Spannungsprozesse.

3. Lebenslaufspezifische Aspekte

Mit dem Umzug in eine sozial nicht gefüllte, räumlich jedoch weitgehend vorstrukturierte Umwelt ist für alle Neubürger ein Markierungspunkt erreicht. Damit werden Anstrengungen erforderlich, den Alltag neu zu organisieren, um die ungewohnte sozial–räumliche Umwelt zu bewältigen. Da das gesamte soziale Netz in Folge des Umzugs ausgewechselt werden muß, ein neues jedoch noch nicht geknüpft ist, ergibt sich ein soziales Vakuum. „An die Stelle zumeist eingeschliffener Verhaltensweisen und stabilisierter Normen zwischen Nachbarn tritt zunächst einmal die Aufgabe, ein

neues Beziehungsgeflecht mit neuen Regeln des sozialen Kontakts aufzubauen" (HERLYN 1981, S. 484[3]). Bisher als selbstverständlich vorgefundene
Gelegenheiten, so zum Beispiel eine ausreichende infrastrukturelle Versorgung: Kindergärten, Schulen, Läden, Ärzte, Freizeiteinrichtungen, Öffentlicher Personennahverkehr, fehlten weitgehend oder waren nur unzureichend
vorhanden. Diese Mangelsituation führte jedoch nicht nur dazu, daß ein hoher Koordinations– und Organisationsaufwand erforderlich wurde, um die
Versorgung zu gewährleisten, sondern er bedingte auch Veränderungen im
Lebenslauf der Bewohner. So lassen sich Ereignisketten exemplarisch feststellen: Fehlende Kindergarten–, Schul– und Hortplätze, lange Wege zum
Einkaufen, zur Post, zu den Ärzten und fehlender Öffentlicher Personennahverkehr veränderten insbesondere das Zeitbudget der jungen Mütter. Die
zunächst häufig geäußerte Absicht, eine Erwerbstätigkeit (wieder) aufnehmen zu wollen, mußte zurückgestellt werden. Die fehlenden Einrichtungen
und Schichtunterricht an den Schulen verlangten eine hohe Flexibilität der
Mütter wie auch ein (ungeplantes und ungewolltes) Verbleiben in dieser Sta-
tuspassage. Der Mangel an Arbeitsplätzen in der Siedlung, die Trennung
von Funktionen, fehlende Anschlüsse an den Nahverkehr (der Ehemann be-
nutzte in der Regel das Auto für den Weg zur Arbeitsstätte) machten die
Frauen immobil, fixierten sie auf ihre Wohnung und die neue Siedlung und
führten darüber hinaus aufgrund des fehlenden Einkommens bei gleichzeitigen Ausgaben für Anschaffungen im Haushalt, zu Belastungen des familiären Zusammenlebens. Dies war dann auch ein wesentlicher Grund für
die hohen Scheidungsziffern in Scharnhorst–Ost. Nachdem sich jedoch die
infrastrukturelle Situation verbessert und normalisiert hatte und ein Ver-
einsleben begann, ist nun für viele Frauen ein Lebensalter erreicht, in dem
die Berufs– und Erwerbsmöglichkeiten eingeschränkt sind.

Weniger auf eine dramatische Zuspitzung hin schildert eine Bewohnerin
(Frau A) die Parallelentwicklung von Stadtteil und Lebenslauf:

„Ich sehe das so: In dem Moment, wo die hier einziehen, wollen die sich eine Wohnung neu einrichten, und dann muß das
neu sein. Dann muß wahrscheinlich die Frau mit arbeiten gehen, stundenweise irgendwo, sei es putzen oder sonst was, und
vielleicht hat sie auch noch kleinere Kinder, dann hat sie gar
keine Zeit, ist abends so abgespannt, daß sie abends nirgends
hingehen kann. Oder der Mann muß aufpassen, und dann kann
der auch nicht gehen, wenn die Frau abends putzen geht. So
sehe ich das. Kommen die dann zur Ruhe, dann sind mittlerweile so acht bis zehn Jahre vergangen, wenn sie so einigermaßen
die Kinder groß haben und dann mal an sich denken, und dann

---

[3] vgl. dazu auch den Beitrag von HERLYN in diesem Band.

kommt wahrscheinlich der Punkt, wo sie dann erst mal sagen: Ach, das ist hier, und das möchte ich gerne, und dann erfährt sie das. Mir ist das praktisch so gegangen".

Diese normalbiographischen Aspekte waren jedoch nicht zwangsläufig. Einige Bewohner wurden aktiv und begannen die sozial–räumliche Umwelt zu bewältigen, indem sie sich in Initiativen zusammenschlossen.

Während die evangelische und die katholische Kirchengemeinde (Franziskaner) sich der besonderen Problemlage des Stadtteils bewußt waren und entsprechende, eher sozialpolitisch orientierte Aktivitäten entwickelten durch Unterstützung der Bewohner bei der Verbesserung der Infrastruktur des Stadtteils (Ausstattung der Siedlung mit Arztpraxen, Verbesserung der Kindergartensituation, Einrichtung von Spielplätzen, Unterstützung von Sozialhilfeempfängern), entstanden neben oder in Anlehnung an die Kirchen Bürgerinitiativen, die gegen die bereits genannten Mißstände und weitere Zumutungen (wie zu hohe Heizkosten und Mietabgaben, aber auch Mieterräte, die offensichtlich mehr für die Interessen der Wohnungsbaugesellschaften als die der Mieter eintraten sowie die unwürdige Behandlung von Sozialhilfeempfängern) kämpften[4].

4. Initiativenarbeit

In den Initiativen, die sich in den ersten Jahren der Siedlung bildeten, war die Absicht erkennbar, vor allem einen Beitrag zur Beseitigung materieller Defizite in der Siedlung leisten zu wollen. In dieser Zeit ging es weniger um Fragen der immateriellen Lebensqualität, des „Sichwohlfühlens" in der Siedlung als um Kostensenkung (Miet– und Heizkosten) und die Ausstattung mit materieller Infrastruktur. *Mieterbeiräte, Fraueninitiativen,* die *Bürgerinitiative „Zweite Gesamtschule",* die *Stromgeldverweigerer (Öko–Gruppe),* die *Pflegeelterninitiative,* die *Behinderten–Selbsthilfe,* die *Initiative gegen Berufsverbote,* die *Initiative gegen Mieterhöhungen,* die *Friedensinitiative* und die *Arbeitsloseninitiative* artikulierten konkrete Mißstände oder gesell-

---

[4] Allerdings erbrachte eine Befragung, die kurz darauf von den aktiven Patern der Franziskusgemeinde in Auftrag gegeben wurde, eine hohe Zufriedenheit der Bewohner mit der neuen Wohnung – wenngleich die Höhe der Mieten kritisiert und eine Kategorisierung der Satellitenstadt als „Zwecksiedlung" vorgenommen wurde ... Unzufriedener mit den Lebensbedingungen jedoch war beispielsweise die „Interessengemeinschaft Neuscharnhorst" („Neuscharnhorst" war zunächst als Bezeichnung für diesen Stadtteil diskutiert worden). Sie bemängelte (1970) auf Flugblättern und im Rahmen von Bürgerversammlungen den verspäteten Baubeginn von Wohnfolgeeinrichtungen, die schlechte Verkehrsanbindungen, das fehlende Freizeitangebot für Erwachsene und Jugendliche, die unzureichenden Grünanlagen und die Belästigung durch den Autolärm.

schaftliche Probleme, die zum Teil über den Stadtteil hinaus akut waren und es noch sind.

Der Anlaß für ein „Frauenprojekt" der evangelischen Kirchengemeinde war, daß im Zusammenhang mit Freizeitmaßnahmen ein hoher Anteil von alleinerziehenden Frauen entdeckt wurde. Man erfuhr von dem hohen Problemdruck, der auf diesen Frauen lastete, von ihren Schwierigkeiten mit der Nachbarschaft, sozialen Diskriminierungen, denen sie ausgesetzt waren und von Schwierigkeiten mit dem Sozialamt.

In diesem Kontext erstellte die Initiative eine Dokumentation. Die Frauen hatten sich gegenseitig über ihre Erfahrungen mit dem Sozialamt informiert, untereinander beraten und unterstützt. In mehreren Fernsehbeiträgen wurde über die Auseinandersetzungen berichtet und in Folge dieser Aktivitäten der Leiter des Amtes vorzeitig in den Ruhestand versetzt. Mehrere Mitarbeiter erhielten einen anderen Dienstposten.

Neben den stadtteilpolitischen Auseinandersetzungen, die an Schärfe weitgehend verloren haben, werden von der evangelischen Kirchengemeinde Wochenendveranstaltungen für alleinerziehende Mütter außerhalb der Stadt durchgeführt. Hier lernen die Frauen, mit ihren konkreten Alltagsproblemen zurechtzukommen, ihre Partnerschaftsprobleme „aufzuarbeiten" und auch mit den sozial–räumlichen Defiziten im Stadtteil umzugehen (z.B. die Anlage neuer Kinderspielplätze). Zugleich wird in diesen Seminaren ein hohes Zusammengehörigkeitsgefühl entwickelt.

Das zentrale Anliegen beschreibt eine Sozialarbeiterin der evangelischen Kirche so:

„... was wir hier in der Gemeinde auch versuchen, ist ja im Grunde, einen Ersatz zu schaffen für Nachbarschaft. Also wenn das schon nicht klappt in dem entsprechenden Hochhaus, daß aber doch, sagen wir mal, mehr Bezüge entstehen zwischen Leuten. Es ist nun mal keine gewachsene Siedlung. Die Leute sind hier mehr oder weniger hingetrieben worden. Der Versuch ist ja jetzt eigentlich, hier wieder so etwas wie Nachbarschaft entstehen zu lassen, daß eben so Dinge wieder möglich sind wie gegenseitige Hilfe, und wenn das nun eben nicht im gleichen Haus möglich ist, dann aber zumindest unter Leuten, die aus irgendwelchen Gründen zusammengekommen sind und sich gut verstehen oder so, und das ist eigentlich unser Interesse, und eben auch zu versuchen, zu entsprechenden Punkten auch Initiativen ins Leben zu rufen."

5. Lebenslaufaspekte von Frauen im Stadtteil

Vor dem Einzug in ein Reihenhaus in Scharnhorst–Ost (1971) wohnte die alleinstehende Frau A im südlichen Bereich der Dortmunder City. Ihre Kinder wurden 1963, 1968 und 1975 geboren. Sie hat im kaufmännischen Bereich einen Beruf erlernt und war bis zur Geburt ihres ersten Kindes erwerbstätig. Nach dem Umzug arbeitete sie im Büro ihres Mannes und versorgte die Kinder und den Haushalt. Im Gegensatz zu der Zeit, als sie in der Mietwohnung war, hatte sie kaum Kontakte im Stadtteil. Frau A erhält weder Arbeitslosengeld noch Sozialhilfe. Zur Zeit des Interviews (1982) ist sie in einer Schulungsmaßnahme des Arbeitsamtes in einer Übungsfirma tätig. Sie möchte möglichst schnell wieder berufstätig werden. Aus diesem Grund macht sie an der Volkshochschule in Scharnhorst einen Kurs in Schreibmaschine, einen Englischkurs und möchte noch Französisch belegen. Allerdings fürchtet sie, daß das zuviel ist und das Zusammenleben mit ihren Kindern zu sehr belasten könnte.

Frau A lebt in dieser Zeit bereits von ihrem Mann getrennt. Den Kontakt zur Gruppe hat sie nicht von sich aus gesucht. Auch nachdem sie durch Zufall von einer Sozialarbeiterin der evangelischen Kirchengemeinde angesprochen wurde, weil ihr ansah, daß sie „nervlich nicht ganz intakt war", waren ihre Vorbehalte gegenüber der Gruppe alleinerziehender Frauen („Emanzen") noch nicht beseitigt. Das änderte sich erst nach der Teilnahme an einem Wochenendseminar der evangelischen Gemeinde. Seitdem fühlt sie sich voll integriert.

Im Gegensatz zu Frau A hatte die alleinerziehende Frau B schon während der Zeit, als sie noch mit ihrem Mann zusammen war, das Interesse, in die Frauengruppe zu gehen. Zunächst fühlte sie sich von ihm daran gehindert. Als jedoch die Eheprobleme größer wurden und Kolleginnen aus dem Sportverein sie noch dazu drängten, schloß sie sich der Frauengruppe an, überwand die Schwellenangst, ging ins Gemeindezentrum und fand sofort Kontakt. Frau B wohnt seit 1971 in Scharnhorst–Ost. Zusammen mit 32 Mietparteien lebt sie mit ihrem Kind, das im Einzugsjahr geboren wurde, in einem Haus. Zu den Mitmietern hat sie kaum Kontakt. Sie führt dieses Faktum vor allem darauf zurück, daß die meisten Mieter sich im Jahre 1969 bei der Fertigstellung des Hauses kennenlernten und sie als später hinzugekommene nicht aufnahmen. Frau B lebt von der Sozialhilfe. Mit dieser Rolle hat sie große Probleme. Deshalb sucht sie dringend nach einer Beschäftigungsmöglichkeit. Im Zusammenhang mit ihrer persönlichen Situation – sie ist seit kurzem geschieden – befindet Frau B sich in einer schlechten psychischen Verfassung.

Frau C ist verheiratet. Sie zog 1970 nach Scharnhorst. Eines ihrer beiden Kinder wurde 1968 geboren. Nachdem sie sich das Kind zunächst sehr gewünscht hatte und vier Jahre allein mit ihm zusammen war, wurde sie mit ihrer Situation sehr unzufrieden. Der große Mangel an Kindergartenplätzen in diesem neuen Stadtteil traf mit ihrem Interesse, sich zu aktivieren, zusammen. Deshalb trat sie schon zu Beginn der siebziger Jahre einer Elterninitiative bei. Mit ihrer Wohnsituation – sie wohnt in einem Haus mit 24 Mietparteien – ist sie sehr unzufrieden. In der Fraueninitiative arbeitet sie seit einigen Jahren mit.

Die berufstätige, alleinerziehende Frau D ist zusammen mit ihrem 1977 geborenen Kind und ihrem Mann, aus einer norddeutschen Großstadt kommend, 1980 nach Scharnhorst–Ost gezogen. Nach ihrer Auskunft haben sie sich eher zufällig auf diesen Stadtteil „eingelassen". Daß sie nach Dortmund gezogen sind, lag an den Arbeitsmöglichkeiten, die ihr Mann hier gefunden hat. Sie selbst erhielt nach einem halben Jahr eine Teilzeitbeschäftigung als Apothekerin in Scharnhorst. Mit ihrem Kind wohnt(e) sie in einem Block, der aus vier miteinander verbundenen Häusern besteht, in einer 3 1/2–Zimmerwohnung mit ca. 90 qm. Die Miete betrug (1984) einschließlich der Nebenkosten und der Heizkosten 1.000,– DM monatlich. In diesem 18–Familien–Haus befinden sich fast ausschließlich Eigentumswohnungen. Frau D möchte unbedingt aus diesem Stadtteil wegziehen: „Den nächsten Winter werde ich nicht mehr in Scharnhorst verbringen". Einen Vorsatz, den sie einige Monate nach Abschluß des Interviews (1984) auch realisierte (BERTELS 1987, S. 178 f.).

Während Frau A, B und C in der Fraueninitiative tätig sind, hat Frau D hat in der Friedensinitiative des Stadtteils mitgearbeitet.

Frauen an einem Markierungspunkt im Lebenslauf

Ganz der Norm entsprechend gehörten A, B und C zu den jungen Familien mit kleinen Kindern, die hier eine technisch gut ausgestattete, nach den Kriterien: Belichtung, Belüftung und Besonnung nahezu optimale Wohnung beziehen, oder sich gar ein Eigenheim (wie die Familie der Frau A) leisten konnten. Sie lebten das Leben der Frauen in den Stadtrandsiedlungen jener Jahre und hatten ihren privaten Beitrag zur Bewältigung der Mängel im Siedlungsalltag zu leisten.

Entweder waren sie als Hausfrauen mit der Erziehung ihrer Kinder beschäftigt oder als mithelfende Familienangehörige im Büro des Mannes (Frau A) tätig. Die Männer gingen ihrer Arbeit außerhalb der Siedlung nach. An die sozialen und räumlichen Gegebenheiten hatten sie sich gewöhnt. Das Leben im Stadtteil war mit der Zeit unproblematisch geworden.

Nachdem sie ungefähr zehn Jahre in der Siedlung wohnten, spitzten sich die Ehekrisen (bei Frau A und B) zu und es kam zur Trennung vom Partner. Welche psychischen Probleme damit verbunden sind, soll hier nicht erörtert werden, sondern es wird nach den Veränderungen von sozial–räumlichen Tatbeständen gefragt.

Mit der Trennung ging die Verringerung des Einkommens einher. Sie gerieten in die Abhängigkeit von der Zahlungsfähigkeit und Zahlungswilligkeit des ehemaligen Lebensgefährten (Frau A) oder gar den Zuwendungen aus der Sozialhilfe. Für Frau B ist die Abhängigkeit von der Sozialhilfe ein Einschnitt in ihrem Lebenslauf. Ihre bisherige Lebensweise kann sie nicht fortsetzen.

> „... Ich hätte nie gedacht, daß ich mal auf das Sozialamt hingehen muß, zum Beispiel um Kindergeld zu haben, und dadurch, daß ich jetzt in diese Situation reingezwungen worden bin, da bin ich so am Ende gewesen, daß ich mich gar nicht durchgefunden hab. Das ist ein reiner Kampf gewesen. Das ist heute wieder so gewesen, also da gings um Kleidergeld, ich hab das erste Mal Kleidergeld beantragt, und da hab ich schon gezittert am ganzen Körper, weil ich da nicht wußte, daß da jemand zu mir kommt beim ersten Mal und das überprüft, ob ich das denn auch brauche und so weiter. Das alles habe ich auch nicht gewußt... Ich hab nie Angst vor Behörden gehabt. Das ist erst, seit ich in dieser Situation bin und das machen muß".

Neben den eingeschränkten Finanzen, die zudem vom Sozialamt ständig überprüft und verändert werden können, entpuppen sich auch die sozial–räumlichen Gegebenheiten, die bisher als weitgehend unproblematisch empfunden wurden, als Barriere.

Diese Frauen sind im wesentlichen auf den öffentlichen Personnahverkehr angewiesen, wenn sie bestimmte Gelegenheiten wahrnehmen wollen. Aufgrund ihrer finanziellen Bedingungen ist dies nur selektiv möglich. Damit ist ihre räumliche Mobilität stark eingeschränkt. Die zeitliche Taktung der Verkehrsmittel, die unzulängliche Anbindung der Siedlung an andere Stadtteile wie auch die Fahrtkosten, behindern die freie Arztwahl (für Frau B, die sich in einer psychisch angespannten Situation befand, besonders gravierend), die Chancen, sich günstige Einkaufsmöglichkeiten in der Innenstadt zu erschließen und eine Erwerbsarbeit in einem anderen Stadtteil aufnehmen zu können.

> „Ich laufe sehr viele Strecken, wo ich laufen kann, die gehe ich zu Fuß, da das eben unwahrscheinlich viel Geld verschlingt diese Straßenbahnfahrten. Wenn ich mal nach Dortmund fahre, dann habe ich meistens einen Zettel, wo zehnerlei Sachen draufstehen, die ich dann wirklich an dem Tag erledigen muß, damit ich

nicht dauernd da reinfahren muß, obwohl ich jetzt Zeit hätte, da hinzufahren." (Frau B)

Sogar der Weg zum Kindergeldamt wird zum Problem. Freizeitaktivitäten außerhalb des Stadtteiles Scharnhorst–Ost in Anspruch zu nehmen oder an abendlichen Veranstaltungen in der Innenstadt beziehungsweise in anderen Stadtbezirken teilzunehmen, ist nahezu unmöglich geworden. Ein Wohnungswechsel ist unter diesen Umständen ebenfalls nahezu unmöglich. Die Regelungen nach dem Bundessozialhilfegesetz wie auch die Möglichkeiten als Alleinerziehende auf dem freien Wohnungsmarkt eine Wohnung zu bekommen, bilden hohe Barrieren für die Realisierung derartiger Lebenspläne.

Wenn Gelegenheiten in der Stadt wahrgenommen werden, geschieht dies sehr selektiv und in der Regel sind sie quasi lebensnotwendig (wie beispielsweise die Fahrt zum Kindergeldamt, das in einem anderen Stadtteil liegt)[5]. Die Erschütterungen im Lebenslauf aufgrund der aufgelösten Partnerbeziehungen führen auch zur Veränderung der Einstellung zu sozialen Beziehungen in der Nachbarschaft. Die Frauen registrieren in der aktuellen Lebensphase besonders sensibel die Versuche von Nachbarn, Kontakte aufzunehmen.

„... mir ist vor kurzem passiert, daß ein Nachbar, es gibt ja solche Nachbarn, die warten ja nur darauf, daß eine Frau alleine ist, obwohl wir elf Jahre nebeneinander wohnen, daß der ankommt und sagt: Können Sie nicht Ihre Stereoanlage leiser machen? Ich weiß nicht, um halb drei oder wann das gewesen war, und da hab ich gesagt: Ja gut, das kann ich schon machen. Das hätte der nie gesagt, wenn mein Mann in der Wohnung gewesen wäre". (Frau B)

Aber nicht nur die soziale Situation im eigenen Haus, sondern der gesamte Stadtteil wird in dieser Phase schnell als Gewaltpotential thematisiert.

Frau D: „Also die Angst vor Gewalt, die lähmt die Leute auch, abends meinetwegen aus dem Haus zu gehen, die lähmt auch die Leute, diese Naherholungsgebiete so locker zu benutzen, also viele Frauen haben auch Angst, in den 'Kurler Busch' (Kleines Waldgebiet östlich der Siedlung – L.B.) zu gehen, weil sie Angst haben, daß sie da vergewaltigt werden können".

An diesem lebensgeschichtlichen Markierungspunkt werden zuvor als selbstverständlich beziehungsweise unproblematisch erfahrene Bedingungen des Lebens im Stadtteil als Barriere empfunden. Die sozial–räumliche Mobi-

---

[5] vgl. dazu auch die Ausführungen zu den Aktionsräumen von Stadtbewohnern bei FRIEDRICHS und den Beitrag von ZEIHER in diesem Band.

lität wird – ohne Übergang – herabgesetzt und die Bindung an den Stadtteil zugleich erhöht.

Um aus dieser Situation herauszukommen, muß eine neue Handlungskompetenz aufgebaut werden. Dazu bedarf es realisierbarer Lebensperspektiven. Eine Möglichkeit, dies zu erreichen, ist die Mitarbeit in Initiativen. In diesem Sinne ist die Fraueninitiative der evangelischen Kirchengemeinde in Scharnhorst–Ost tätig. Sie kann als Auffangbecken und als Korrekturinstanz für psycho–soziale Problemfälle der Siedlung gesehen werden. Die Initiative will fehlende nachbarschaftliche Beziehungen in der Siedlung ersetzen und die konkreten Probleme von alleinerziehenden Frauen bewältigen helfen. Diese Ziele werden auch von den Frauen geteilt.

Frau A, die erst seit kurzer Zeit mitarbeitet, sagt:

> „Ja, und das habt Ihr ja wohl auch erreicht. Also bei mir bestimmt. Wenn Sie mich kurz vor den Ferien, vor einem Vierteljahr noch gesehen hätten, ich hätte so nicht reden können wie heute. Da war ich wirklich am Ende, also ich hab inzwischen so viele Bekannte hier gefunden durch diese Gruppe, daß ich wirklich sagen kann, mir geht es gut. Wie die B. hier sagt, wenn ich wirklich am Boden zerstört bin, dann rufe ich irgendjemand an und spreche dann drüber, und dann geht es mir hinterher besser, das könnte ich also mit meinen Hausbewohnern nie besprechen, also das würde ich nie machen, da möchte ich möglichst, daß die gar nichts davon mitkriegen, wie es in mir aussieht."

Frau B:

> „Ich finde, das ist ja auch der Sinn der Sache, daß wir hier zusammensitzen und uns gegenseitig dann helfen. Es sind ja schon durch mich wieder mehrere Frauen hierher gekommen ..., weil ich eben gesagt habe: Das hat mir unwahrscheinlich geholfen."

Frau C:

> „Ja, ich fühlte mich damals auch ziemlich einsam hier, als ich in dieses Haus zog vor 10 Jahren ... und dann hörte ich hier von dieser Elterninitiative (der evangelischen Kirchengemeinde – L.B.), und da bin ich voll eingestiegen ... Erstmal war mein Sohn damals vier Jahre alt, und da hab ich gedacht: Jetzt mußt du dir irgend etwas anderes suchen, außer Haushalt oder das Kind den ganzen Tag versorgen, und abends, bis der Mann nach Hause kommt, das war schon für mich eine sehr gute Möglichkeit da."

Die durch die Mitarbeit in der Fraueninitiative hervorgerufene Umorientierung in der Lebensweise dieser Frauen geht nicht zugunsten einer allgemeinen Öffnung zum Nachbarn hin aus, sondern zur Aufnahme von Sozialbeziehungen zu Gleichgesinnten. Die Distanz zum Nachbarn bleibt unverändert.

Frau B:

„Also, was für mich die Nachbarschaft anbelangt, ist das anonym geblieben. Aber ich habe Kontakt bekommen jetzt mit anderen Frauen in dieser Gemeinde, die die gleichen Probleme wie ich auch haben, und die Verständigung ist jetzt einfach besser, ich hab jetzt die Möglichkeit anzurufen und zu sagen: Hör mal, Brigitte, hast Du heute nachmittag Zeit, können wir irgendetwas unternehmen?"

Die Initiativenarbeit der Frauengruppe erweist sich jedoch nicht in jedem Fall und nicht für alle als Wendepunkt, sondern eher als Markierungspunkt, von dem auch verschiedene Wege eingeschlagen werden können.

Die Sozialarbeiterin der evangelischen Kirchengemeinde spricht von einem in der Regel zweijährigen Entwicklungsprozeß, nach dem eine Entscheidung getroffen wird. Diese Gabelung ist auf verschiedenen Ebenen möglich. Beruflich kann es bedeuten, daß Frauen zur ökonomischen Selbständigkeit gelangen. Es ist aber auch möglich, daß sie an Umschulungsmaßnahmen teilnehmen und auf diese Weise erneut in finanzielle Schwierigkeiten und in die Abhängigkeit vom Sozialamt geraten. Die soziale Abwärtsbewegung kann deshalb so nicht gestoppt werden. Auf der privaten Ebene kann es dazu kommen, daß sich die Frauen anderweitig wieder in Initiativen engagieren, weil sie „stabiler" geworden sind und bei Problemfällen selbständig handeln können.

Andere Lebensformen werden von den Frauen, auf ihre bisherigen Wohnerfahrungen bezogen, in unterschiedlicher Weise konzipiert. So meint Frau A:

„Ich fühle mich hier ganz wohl, und ich möchte auch wohl hier bleiben. Das einzige Problem habe ich nur, ich weiß nicht, wie ich das finanziell schaffen soll bei mir, und ich würde mich ganz gerne kleiner setzen. Das muß ich, und das möchte ich, aber andersrum möchte ich mich nicht in so ein großes Wohnhaus reinsetzen. Wie gesagt, ich hab jetzt dieses Haus da und bin mit meinen zwei Jungs alleine und kann tun und lassen, was ich möchte, denn wenn Sie Alleinerziehende sind, es bleibt nicht aus, daß die lieben Nachbarn dann irgendwie, daß die Jungs dann auffallen, daß es dann Probleme gibt ..., und das hab ich noch nicht, weil ich ganz allein da wohne. Für die Jungs ist Scharnhorst sehr gut. Bernd ist ja im Wasserballverein und geht auf die Gesamtschule, er hat seine ganzen Kollegen hier, er ist praktisch hier zu Hause. Ja und der Kleine wird ja auch groß."

Andere Vorstellungen vom Wohnen hat Frau B:

> „Also das kommt, weil hier zu viele Kinder einfach aufeinander
> wohnen. Wenn Sie jetzt in einem kleinen Häuschen, in einer
> kleinen Siedlung wohnen, da sind zwei Kinder, ...
> ich kenne
> das zum Beispiel auch durch Bekannte, da ist ein Lehrerehepaar
> und da ist ein Architekt und so weiter, da wird das gar nicht
> vorkommen, die haben einen ganz anderen Umgang, und die
> müssen zusammenhalten da. Die kennen sich alle jahraus, jah-
> rein, und dazu erziehen die auch gegenseitig ihre Kinder. Hier
> ist das ja alles anonym, auf dem Gebiet, und da ist es auch
> wirklich schwer, Kinder zu erziehen in dem Sinne, wie die H.
> gerade sagt. Ich mach das meinem Sohn auch immer klar, daß,
> wenn er ankommt und sagt: Der hat zum Beispiel dieses Rad
> bekommen, ich möchte das gerne auch haben. Auch als ich mit
> meinem Mann noch zusammen war, und wir uns das finanzi-
> ell leisten konnten, habe ich das schon versucht, weil ich das
> einfach nicht einsehe, daß sie alles, was sie sich wünschen, ha-
> ben müssen, bloß weil andere das haben, und das ist natürlich
> wirklich schwer hier.“

Frau B orientiert sich an den Lebens– und Wohnvorstellungen einer ge-
hobenen sozialen Schicht und beginnt deren Vorstellungen zu teilen. Dies
wird durch ihre Hinweise auf deren soziale Beziehungsform, Wohn– und
Erziehungsweisen deutlich.

Ähnlich äußert sich auch Frau C, die schon über längere Erfahrungen
mit Arbeit in Initiativen verfügt:

> „Das muß auch nicht Eigentum sein. Aber da könnte man an-
> dere Lebensformen, freier und auch wo die Kinder eben, wo man
> denen das auch erklären kann oder wo andere mitziehen und es
> nicht auf diesen Konsum ausgeht. Ich glaube so bei meinem
> Sohn, ich habe einen vierzehnjährigen Sohn, also ganz stark,
> daß der hier irgendwie, daß der das nicht anders gelernt hat,
> auch von mir natürlich, sondern dann auf diesen Konsum aus-
> weicht. Wenn er natürlich jetzt mehr mit Natur oder mit einer
> größeren Freiheit, wo nicht so viele Menschen aufeinander woh-
> nen, da hätte ich schon andere Möglichkeiten ... Also dieser
> direkte Umgang mit der Natur, das fehlt irgendwie. Ich denke
> jetzt gerade so an einen Kollegen, der ist vom Hochhaus umge-
> zogen in ein gemietetes Einfamilienhaus, und der ist also selig
> und merkt das auch an den Kindern, wie ganz anders das läuft,
> daß man Kindern da auch mehr Freiraum lassen kann, wenn
> man sich eben im Garten aufhält. Dann braucht man da gar
> nicht mehr so hinterherzugucken, sondern die Kinder sind eben

da, und die haben ihren Bereich und spielen miteinander, haben Übergänge in den Gärten, können sich andere Spielkameraden ganz zwanglos suchen und haben ihre Möglichkeiten da. Also ich weiß das von dem Kollegen, daß er das als unwahrscheinliches Glück empfindet, da jetzt wohnen zu können."

Frau D bringt ihre Wohn- und Lebensvorstellungen in einen engen Zusammenhang mit dem psychischen Befinden:

„... und wo ich depressiv war, da hab' ich diese Bauweise hier noch erdrückender empfunden als sonst. Also ich denke, solange ich mich so ganz stabil und ausgeglichen fühle, da bin ich in der Lage, auch hier rauszugehen, also hier diesen Stadtteil zu fliehen und meinen Aktivitäten nachzugehen, nicht nur den Stadtteil zu fliehen, auch im Stadtteil irgendwelche Kontakte zu knüpfen oder in 'ner Initiative zu arbeiten und Leute zu besuchen. Aber sobald ich mich durch irgendwelche psychischen Schwierigkeiten mehr in mich zurückziehe und mehr in der Wohnung bleibe, desto mehr wird das zu so einem Teufelskreis, daß ich denke, daß sich meine Stimmung auch durch diesen Anblick hier, wenn ich länger in der Wohnung bin, verschlechtert, weil ich auf diesen grauen Beton gucke und dann erst recht in Trübsal versinke ... aus dem Wohnen hier in diesem Stadtteil habe ich ... gelernt, daß ich nie wieder in so 'ner Trabantenstadt wohnen werde nach Möglichkeit, also daß ich bewußter mir doch so ein Wohnumfeld suchen werde, ... was älter ist, was gewachsen ist und was von seiner Bebauung her 'ne andere Form hat als diese Betonkästen."

Als zentraler Ansatz für die eigene Planung erweist sich neben den neuen Sozialbeziehungen das Durchdenken der aktuellen Lebenssituation und die Antizipation alternativer Wohn- und Lebensformen.

Im Vordergrund der Überlegungen stehen bei den Frauen die finanzielle Situation, die Kritik am Konsumverhalten, die Entwicklungsmöglichkeiten der Kinder, der Nachbarschaften und die (zerstörte) Partnerschaft. Es scheint, daß sich im Zuge der Initiativenarbeit auch die Wertehaltungen von Frauen verändern.

Als Schlüssel zur Neuorientierung im Lebenslauf wird die (Wieder-) Aufnahme der Erwerbstätigkeit gesehen.

Dabei verfügen Sozialhilfeempfängerinnen über ein vergleichsweise geringes Handlungspotential zur Veränderung ihrer Wohn- und Lebenssituation, wenngleich hier über die Initiativenarbeit Konzepte für mögliche Zwischenlösungen gemeinsam arbeitet werden.

Im Grunde wehren sich diese Frauen gegen einen (vom Sozialamt) administrativ vorgegebenen Normallebenslauf von Sozialhilfeempfängern mit amtlich verordneter Immobilität. Die veränderte Lebensphase führt so zu einer starken, von den Frauen ungewollten Ortsbindung. Dieser weist für sie bislang unbekannte und kaum akzeptable Strukturmerkmale auf und steht damit jenseits gesamtgesellschaftlicher Erwartungen an einen Lebenslauf. Es ist ihr Bemühen, eine Re–Synchronisierung des eigenen Lebenslaufes mit dem Normallebenslauf zu schaffen oder – wie bei Frau C und Frau D – stärker individuell bestimmte alternative Lebensläufe zu konstruieren.

Während die finanzielle Situation der Frauen A und B die gewohnte Lebensweise im Stadtteil ins Wanken bringt, scheint die Trennung in dieser Hinsicht für Frau D vergleichsweise problemlos zu sein.

Zwar wird der Stadtteil von ihr mehr und mehr als abstoßend, kalt und bedrohlich, an ein Gefängnis erinnernd empfunden, doch verfügt sie aufgrund ihrer beruflichen Flexibilität, ihres relativ hohen Einkommens und des eigenen Autos über eine – im Vergleich zu den Frauen A und B – hohe Mobilität.

Frau D wurde im Verlaufe der partnerschaftlichen Probleme und letztendlich der Trennung in ihrer negativen Einstellung zum Stadtteil bestärkt. Noch weniger als zuvor weiß sie sich mit Scharnhorst–Ost verbunden. Sie ist in der Friedensinitiative tätig gewesen, hat dort Kontakte zu bildungsbürgerlich geprägten Menschen aufgenommen (Lehrer, Studenten) und hält diese auch weiterhin aufrecht. Ihre Vorstellungen vom Leben im Wohnumfeld kann sie in Scharnhorst–Ost nicht realisieren. Deshalb hat sie den Wunsch, in einen „gewachsenen" Stadtteil zu ziehen. Die Einrichtungen dieser Trabantenstadt bedeuten ihr wenig, sie nimmt sie nicht in Anspruch. Ihre Vorstellungen (gemütliches Cafe mit Plüschsofa, Pizzeria, Folk– und Jazzmusik u.ä.) sieht sie hier als nicht realisierbar an. So lebt sie auch nicht auf ihr unmittelbares Wohnumfeld im Stadtteil hin orientiert.

Scharnhorst–Ost wird von Frau D mit Negativmerkmalen belegt, die von „totale Trabantenstadt" über „pseudo–Beziehungen" bei „Bumsmusik" im Zuge von Hausfesten, „Videokultur" bis hin zum überproportionalen Psychopharmakaverbrauch von Frauen im mittleren Alter und der Anwendung physischer Gewalt im Stadtteil reichen.

Bemerkenswert ist, daß die Lebensplanungen bei allen Frauen vom antizipierten Wohlergehen der Kinder bestimmt wird. Auch Frau A und B, die wenig Interesse an einem Fortzug haben, heben die Gelegenheiten hervor, die der Stadtteil für ihre Kinder bietet.

6. Zum Verhältnis von Lebenslauf und Stadtteil

Der städtische Raum umspannt das menschliche Leben von der Geburt bis zum Tod, aber er beginnt nicht mit dem Leben seiner Bewohner und endet nicht mit ihrem Tod. Seine Geschichte reicht darüber hinaus. Er kann weder Alter noch Sozialstruktur unterscheiden und auf die menschlichen und sozialen Besonderheiten eingehen. Gleichwohl ist seine Ausgestaltung sozial vermittelt und läßt sich auch – in gewissem Rahmen – korrigieren. Der Raum hat eine Schutzfunktion. Er gleicht einem Mantel, der von Menschenhand hergestellt wird. Aber genau dadurch ergeben sich Unterschiede in der Qualität und im Zuschnitt: Waren hier Könner am Werk, reichte der Stoff, welche Qualität hat das Material und wie ist der Zuschnitt?

Die Antworten ergeben sich häufig erst nach einiger Zeit im Lebensalltag. In der Phase der Kinderheit ist – um bei der Metapher zu bleiben – der Mantel eher zu weit, für viele Berufstätige dann zu eng. Andere bedrückt er, sie fühlen sich wie in einer Zwangsjacke. Wieder andere fühlen sich durch ihn und in ihm geschützt und geborgen. In jeder spezifischen Lebensphase gewinnt der Raum eine besondere Bedeutung. Und diese Bedeutung ist tagsüber eine andere als während der Nacht.

Kann er nicht allen an ihn herangetragenen Wünschen gerecht werden, so ermöglicht er sehr wohl von sich aus ein soziales Leben im Stadtteil, indem er es unterstützt oder aber behindert. Weil er vorwiegend für eine bestimmte Gruppe von Menschen (zum Beispiel für Familien mit kleinen Kindern) konzipiert wurde und indem er am (wie auch immer erdachten) Normallebenslauf von Bewohnern orientiert ist, erweist er sich für viele andere als Barriere. Diese müssen Anstrengungen unternehmen, wenn sie sich den Raum aneignen wollen. Schwieriger wird es schon, wenn das Wohnumfeld für bestimmte Lebensphasen als eigentümlich reklamiert wird, mehr noch, wenn es in diesen Lebensphasen zu Diskontinuitäten oder gar Brüchen kommt. Dann kann der Raum sein Gesicht wandeln und sogar bedrohliche Züge annehmen. Indem Bewohner initiativ werden, eine Auseinandersetzung mit dem Ziel der Aneignung des Umfeldes erfolgt, entreißen sie ihm auch seine Statik, löchern den harten physischen Kern. Dann wird der Raum für bestimmte Zwecke beherrschbar; oft allerdings nur für einige Zeit. Für andere hingegen scheint er unverändert zu sein.

Initiativen können insoweit den Raum mobil machen. Sie wandeln ihn, indem sie auf ihn einwirken. Ein Stadtteil verändert so sukzessive – geplant oder ungeplant – sein Gesicht.

Eine derartige Initiative, die ja eine Form der Raumbewältigung zur Folge haben kann, ist nicht die einzige Art, raumverändernd zu wirken. Vor allem administrative Zumutungen von Wohnungsbaugesellschaften, privaten Investoren und von Stadtplanern können den Raum verändern („Umbau") oder zerstören („Flächensanierungen"). Sie können ihm auch einen modernen Zuschnitt geben, ihn attraktiv machen, erlebbarer gestalten.

Der Einzelne, dem der Raum nicht mehr für seine Lebensweise angemessen erscheint, kann ihn verlassen.

Beim Wechsel von einer Lebensphase in einer andere, durch Veränderungen in der Form des Zusammenlebens, z.B. als (un–)verheiratetes Paar, in Wohngemeinschaften, als (Ehe–)Partner mit und ohne Kinder, in der nach–elterlichen Phase wie auch durch Änderungen im Bildungsverhalten, im beruflichen Bereich und durch eine neue Einkommenssituation, können sich die Ansprüche an die Wohnung und den Stadtteil verändern. Zu diesem Zeitpunkt muß es sich erweisen, ob Wohnung und Wohnumfeld den neuen Anforderungen gerecht werden.

Tabelle 1:

Jahr	Bev. ges.	m	w	Bev. Dichte (EW/ha)	Ausländer	Fortzug	Zuzug
1967	768	410	358				
1968	6.175	3.076	3.099	29,3	(210 ha)		
1969	11.192	5.544	5.648	53,2			
1970	13.533	6.695	6.838	64,3	308		
1971	16.014	7.848	8.166	76,1	352		
1972	17.273	8.465	8.808	82,1	475		
1973	17.437	8.519	8.918	82,9	687		
1974	17.238	8.394	8.844	81,9	712		
1975	17.166	8.328	8.788	81,3			
	16.785	8.148	8.637	59,1	(284 ha)	681	1.083	1.090
1976	16.694	8.106	8.588	58,7	648	1.552	1.358
1977 [6]	16.579	8.006	8.573	58,3			
1982	15.417	7.316	8.101	54,2	630	1.359	899
1983	14.795	6.994	7.801	52,4	607	1.628	1.038
1984	14.148	6.690	7.458	49,7	580	1.908	1.241
1985	13.963	6.909	7.354	49,2	666	1.671	1.408
1986	14.169	6.721	7.446	49,8	832	1.549	1.576
1987	14.415	6.826	7.589	50,7	1.079	1.523	1.276

Quelle: Dortmunder Statistik Hg.: Amt für Statistik und Wahlen
der Stadt Dortmund

---

[6] In diesem Jahr betrug die Siedlungsdichte in Dortmund 21,9 EW/ha, in der Dortmunder Innenstadt: 42,8 EW/ha, in Scharnhorst–Ost: 58,3 EW/ha.

Literaturverzeichnis

BERTELS, L., 1987: Neue Nachbarschaften. Soziale Beziehungen in einer Neubausiedlung als Folge von Initiativenarbeit. Frankfurt a.m./New York

BREUER, R.-H., 1976: Zum Problem der selbstorganisierten stadtteilbezogenen Behindertenarbeit, aufgezeigt am Beispiel „Aktion Behindertenhilfe (ABH)" in Dortmund–Scharnhorst. Dortmund (unveröff. Diplomarbeit)

ENGELHARD, J.–B., 1986: Nachbarschaft in der Großstadt. Neuere Initiativen, dargestellt am Beispiel der Stadt Münster. Münster

HERLYN, U., 1981: Lebensgeschichte und Stadtentwicklung. Zur Analyse lokaler Bedingungen individueller Verläufe. In: Lebenswelt und soziale Probleme. Verhandlungen des 20. Deutschen Soziologentages zu Bremen 1980. Frankfurt a.m./New York

HERLYN, U., SCHWEITZER, U., TESSIN, W., LETTKO, B., 1982: Stadt im Wandel. Eine Wiederholungsuntersuchung der Stadt Wolfsburg nach 20 Jahren. Frankfurt a.m./New York

HILPERT, T., 1978: Die funktionelle Stadt. Le Corbusiers Stadtvision – Bedingungen, Motive, Hintergründe, Braunschweig

HOWARD, E., 1968: Gartenstädte von morgen. Das Buch und seine Geschichte. (Hg.): Julius POSENER: Berlin, Frankfurt a.m., Wien

KLAGES, H., 1968: Der Nachbarschaftsgedanke und die nachbarliche Wirklichkeit in der Großstadt. Stuttgart (zuerst 1958)

REICHOW, H.B., 1949: Organische Baukunst. Braunschweig

TÖNNIES, F., 1963: Gemeinschaft und Gesellschaft. Darmstadt (Nachdruck der 8. verbesserten Auflage, Leipzig 1935)

VIERECKE, K.D., 1972: Nachbarschaft – Ein Beitrag zur Stadtsoziologie. Köln

WESTFÄLISCHE RUNDSCHAU (WR) (Ausgabe Dortmund)

ZEIHER, H., 1983: Die vielen Räume der Kinder. Zum Wandel räumlicher Lebensbedingungen seit 1945. In: PREUSS–LAUSITZ u.a.: Kriegskinder, Konsumkinder, Krisenkinder. Weinheim/Basel

Über die Autorin und die Autoren

BERTELS, Lothar (Jahrgang 1949), Dr. rer. pol; Dipl.-Ing., Berufsausbildung (Steinmetz), Studium der Raumplanung und der Wirtschafts- und Sozialwissenschaften an der Universität Dortmund. Berufstätigkeiten als wissenschaftlicher Mitarbeiter an Forschungsinstituten und als Verwaltungsangestellter. 1981 bis 1985 wissenschaftlicher Angestellter am Lehrgebiet Berufliche Weiterbildung. Seitdem wissenschaftlicher Angestellter im Arbeitsbereich Allgemeine Soziologie an der FernUniversität Hagen. Arbeitsgebiete: Weiterbildung, Alternative Arbeitsformen, Stadtsoziologische Aspekte.

FRIEDRICHS, Jürgen (Jahrgang 1938), kaufmännische Lehre in Berlin, Studium der Soziologie, Psychologie und Philosophie an den Universitäten in Berlin und Hamburg; Promotion 1968. Seit 1969 Assistent am Institut für Soziologie der Universität Hamburg, 1974 Professor, seit 1984 Lehrstuhl für Allgemeine Soziologie und Stadtforschung. Seit 1981 auch Leiter der Forschungsstelle Vergleichende Stadtforschung. Arbeitsgebiete: Methoden der empirischen Sozialforschung, Vergleich von Stadtstrukturen und –entwicklungen, Aktionsräume, Technologiefolgen.

GIESBRECHT, Arno (Jahrgang 1947). Studium der Wirtschaftwissenschaften. Pädagogik und Soziologie an der Universität Hamburg. Examen als Diplom–Kaufmann und als Diplom–Handelslehrer. Promotion zum Dr. rer. pol. mit dem Hauptfach Soziologie. Habilitation (Berufs– und Wirtschaftspädagogik) 1988. Referendarausbildung und Lehrertätigkeit im beruflichen Schulwesen. Wissenschaftlicher Assistent im Arbeitsbereich Berufs– und Wirtschaftspädagogik der Fern-Universität Hagen. Verwalter der Stelle eines Professors für Berufs– und Wirtschaftpädagogik an der Universität Oldenburg. Seit 1986 Leiter des Euregio–Kollegs – Institut zur Erlangung der Hochschulreife – in Würselen bei Aachen.

HÄUßERMANN, Hartmut (Jahrgang 1943), Prof. Dr. rer. pol., Dipl.-Soziologe. Studium der Soziologie, Ökonomie und Psychologie an der FU Berlin, dort Promotion 1975. Ab 1976 Professor für Stadt– und Verwaltungssoziologie an der Gesamthochschule Kassel. Seit 1978 Professor für Stadt– und Regionalsoziologie an der Universität Bremen. Arbeitsgebiete: Stadt– und Regionalentwicklung, Wohnsoziologie, Politische Soziologie. Letzte Buchveröffentlichungen: Süd–Nord–Gefälle in der Bundesrepublik? (Hrsg. zusammen mit Jürgen Friedrichs und Walter Siebel), Opladen 1986; Neue Urbanität (zusammen mit Walter Siebel), Frankfurt/Main 1987.

HERLYN, Ulfert (Jahrgang 1936), Studium der Soziologie, Sozialpsychologie und Volkswirtschaft in Göttingen, Köln und Berlin; Soz. Diplom 1963, Promotion 1969, Habilitation 1973; 1963–1973 als wissenschaftlicher Mitarbeiter am Soziologischen Seminar der Universität Göttingen. Zahlreiche empirische Forschungen auf dem Gebiet der Stadt- und Regionalsoziologie; seit 1974 Prof. für Planungsbezogene Soziologie an der Universität Hannover; von 1979–1982 Vorsitzender der Sektion Stadtsoziologie in der Deutschen Gesellschaft für Soziologie. Forschungsschwerpunkte: Stadt- und Regionalsoziologie, Infrastruktur- und Wohnungsforschung.

IPSEN, Detlev (Jahrgang 1945), Studium der Soziologie, Psychologie und Volkskunde in München, Wien, Mannheim, AnnArbor (USA) und Colchester (GB). Seit 1979 Universitätsprofessor für Stadt- und Regionalsoziologie in Kassel. Arbeiten zur Sozialökonomie des Wohnungsmarktes, der Arbeitsmigration, der Modernisierung des ländlichen Raums, Stadtentwicklung und Semiotik.

PETROWSKY, Werner (Jahrgang 1947), Diplom-Soziologe. Studium der Soziologie, Politologie und Psychologie an der FU Berlin. Berufstätigkeit in verschiedenen Forschungsprojekten und in der Lehre. 1976–1978 wissenschaftlicher Assistent am Institut für Soziologie der FU Berlin; 1978–1982 wissenschaftlicher Mitarbeiter an der Gesamthochschule Kassel und der Universität Bremen; 1983–1985 wissenschaftlicher Angestellter an der Technischen Universität Hamburg–Harburg; seit 1985 wissenschaftlicher Mitarbeiter an der Universität Bremen. Arbeitsgebiete: Arbeitssoziologie, Neue Technologien in Verwaltungen, Lebensverhältnisse von Lohnabhängigen, Wohnsoziologie.

VASKOVICS, Laszlo A. (Jahrgang 1936), 1957–1961 Studium der Soziologie, Philosophie, Ethnologie in Wien, 1962 Promotion zum Dr. phil (Soziologie) in Wien, 1966–1970 Hochschulassistent an der Wirtschaftsuniversität Linz, 1969 Habilitation für das Fach Soziologie, 1970–1976 Professor und Abteilungsvorsteher der Fakultät für Wirtschafts- und Sozialwissenschaften an der Universität Trier, seit 1977 Inhaber des Lehrstuhls für Soziologie I an der Universität Bamberg und Leiter der Sozialwissenschaftlichen Forschungsstelle, 1980–1983 Vizepräsident der Universität Bamberg Forschungsschwerpunkte: Familienforschung, Sozialisationsforschung, Armuts- und Randgruppenforschung, Stadtforschung.

WAGNER, Michael, (Jahrgang 1955), Studium der Soziologie, Philosophie und Volkswirtschaftslehre an der Universität Hamburg, 1983 Diplom in Soziologie. Stipendium der Max–Planck–Gesellschaft, Promotion 1987. Ab Januar 1988 wissenschaftlicher Mitarbeiter am Max–Planck–Institut für Bildungsforschung in Berlin. Forschungsschwerpunkte: Lebensverlaufs– und Migrationsforschung sowie Familiensoziologie.

ZEIHER, Helga (Jahrgang 1937), Dr. phil. an der FU Berlin, Diplom in Soziologie an der Universität Frankfurt. Wissenschaftliche Mitarbeiterin im Max–Planck–Institut für Bildungsforschung in Berlin. Arbeitsgebiete: Soziologie der Kindheit, gesellschaftlicher Wandel und individuelle Lebensformen, Lebensgestaltung und Biographiegenese im Alltag, Raum und Zeit.